大
方
sight

U0521147

全彩修订版

花间十六声

孟晖 著

中信出版集团｜北京

图书在版编目（CIP）数据

花间十六声：全彩修订版 / 孟晖著 . -- 北京：中信出版社 , 2024.6
ISBN 978-7-5217-6467-3

Ⅰ . ①花… Ⅱ . ①孟… Ⅲ . ①妇女－社会生活－研究－中国－古代②词（文学）－鉴赏－中国－古代Ⅳ . ① D691.968 ② I207.23

中国国家版本馆 CIP 数据核字 (2024) 第 059638 号

《花间十六声：全彩修订版》
著者： 孟晖
出版发行：中信出版集团股份有限公司
（北京市朝阳区东三环北路 27 号嘉铭中心　邮编　100020）
承印者： 北京盛通印刷股份有限公司

开本：880mm×1230mm 1/32　　印张：14.25　　字数：271 千字
版次：2024 年 6 月第 1 版　　　　　印次：2024 年 6 月第 1 次印刷
书号：ISBN 978-7-5217-6467-3
定价：98.00 元

版权所有·侵权必究
如有印刷、装订问题，本公司负责调换。
服务热线：400-600-8099
投稿邮箱：author@citicpub.com

目 录

001 　床上屏风
039 　枕前的山水
061 　山枕
097 　水车
117 　口脂
149 　黛眉
193 　添香
213 　熏笼
233 　香兽与香囊
257 　帐中香
289 　宝钿与金粟
321 　结条钗
351 　犀梳与牙梳
381 　金泥衣
401 　金缕衣
433 　红酥

◆ 床上屏风 ◆

一

　　银烛秋光冷画屏，轻罗小扇扑流萤。天阶夜色凉如水，卧看牛郎织女星。

　　再过两代人，要理解这首诗的内容，大概就要发生困难了。截至我这一代，在童年时代的生活中，多多少少，还都有夏夜露天乘凉的经验。但是，进入空调时代之后，城市化成功之后，特别是，一旦中产生活方式确立为全社会的标准之后，夏天在室外乘凉、过夜，也就必然会被人们视为粗鄙作风，而受到摒弃——想要穿得少少，全身放松，享受大自然送来的凉风吗？那就到海滩上去！

　　铺一张席子，或者摆一张竹床在露天的庭院里，一家人都是背心短裤之类的随意穿着，散漫地躺在席、床上，摇着扇子，由大人给孩子讲述各种传说和传闻，直到夜深。难耐的暑热终于有所消退，人们于是酣然一觉，直至天明。这样一种度夏的风俗，实际上已经在急速地从当代生活中退位。当然，我们可以认为，无论多么炎热，一家人都可以安坐在空调制冷的客厅里，盯着电视，接受媒体提供的关于世界各地的信息，这是一种巨大的进步。

到目前为止，只要关于纳凉的传统方式还在人们的记忆中依稀残存，杜牧的这首《秋夕》就几乎是明白如话——它写的，是我们所经历过的生活，并且是经验中最日常最温馨的部分。也许，正是因为这种熟悉感，使人无意对这首诗再作深究。其实细一想是很奇怪的，在一首纳凉的诗作中，怎么会有"画屏"也就是屏风呢？

答案就在宋人绘画中。传世宋元画作之中有几幅描绘人们夏日纳凉的作品，其中，摆设在庭院中或水亭上的凉床，都在床头设有屏风。如宋代佚名画家所作的《槐荫消夏图》，槐树荫下，一位士大夫袒腹仰卧在大榻上"昼寝"，在他头顶的床前，挡着一座落地式大屏风。在《荷亭婴戏图》中，临水的敞亭中摆着一张大榻，一个可爱的婴孩正在床上玩耍，由母亲在一旁照看着，这张大床榻的一端，摆有一座很小的屏风，直接设在床上。同样地，在相传为王诜所作的宋人画作《绣栊晓镜图》上，摆设在露天的一张床榻，在其一端也放有一座小屏风。但是，最典型的是南宋佚名画家（传为赵伯骕所作）作品《风檐展卷图》，图中表现一座用于度夏的敞轩，轩上横放一张凉床，凉床之后竖有一座落地大屏风。一位士大夫随意侧坐在床上，倚着一张当时夏日流行使用的竹枕，就在近枕的床头一端，安放着一座小屏风。

《风檐展卷图》其实对宋人消夏生活方式有最好的展示,值得重点研究。这里只谈画中床头上的小屏风。从唐宋文学中看,

宋人佚名作品《风檐展卷图》。

当时的实际生活中，在安置枕头一端的床头，确实会安放屏风，在宋代，这样的屏风叫作"枕屏"。如南宋人洪迈《夷坚志》支庚卷第九中，讲了一个"程老枕屏"的故事。说有一位叫程景阳的老先生"夜卧，灯未灭"，忽然看见两位美女，对老先生进行骚扰。大家也猜不出是什么缘故，"久之，因碎所卧枕屏，方于故画绢中得二女，盖为妖者，亟焚之"——过了一阵以后，老先生床头的枕屏被搞碎了，这才发现，屏面的内层夹衬有旧绢，这旧绢上原有绘画——实际是把画在绢上的旧画裱做了屏面的内衬——所画内容正是两个美女，不知怎的成精作怪起来。这个故事说明，在宋代人的生活中，"枕屏"是睡床上常见的设置，屏面一般用绢等丝织品制作。

关于枕屏，扬之水先生所著《宋人居室的冬和夏》一文中有相当周全的介绍。使用枕屏的起居风俗并非宋人独有，至迟在唐代，就已经普遍使用枕屏，当时叫"枕障"，如李白就有《巫山枕障》诗。顾况《杜秀才画立走水牛歌》一诗则说："杜生知我恋沧洲，画作一障张床头。"可知枕障与枕屏同属一物，张设在床头。至于其作用，在于为头部挡风。白居易《貘屏赞》前小序就明确说："予旧病头风，每寝息，常以小屏风卫其首。"他曾经害过"头风"，所以睡觉的时候，总是在头前挡一张小屏风，把头部保护起来。

在床畔张设屏风，用以挡风，在当时显然是很普遍的做法，比如《全唐诗》中收有杨衡的《春日偶题》：

>何处春先到，桥东水北亭。冻花开未得，冷酒酌难醒。
>就日移轻榻，遮风展小屏。更无人劝饮，莺语渐叮咛。

非常明确地讲，安放小屏风是为了挡风；这小屏风的安放处，显然应该是在"轻榻"上。白居易《闲卧》一诗表达了完全相同的意思：

>尽日前轩卧，神闲境亦空。有山当枕上，无事到心中。
>帘卷侵床日，屏遮入座风。望春春未到，应在海门东。

说白天闲卧的时候，有屏风来遮风。这种挡在床畔的屏风，有落地式大屏风，也有小屏风。如白居易《自咏老身示诸家属》有云：

>寿及七十五，俸沾五十千。……置榻素屏下，移炉青帐前。书听孙子读，汤看侍儿煎。走笔还诗债，抽衣当药钱。支分闲事了，爬背向阳眠。

床榻置于屏风之"下"，显然这里所言是一座落地式大屏风。但是，必须要说明的是，落地式大屏风的位置，往往并不在设枕一端的床头。这种大屏风更经常被安置在床、榻背沿的一侧，为床上的人挡住从背后袭来的风寒，典型如相传五代周文矩所作的《重屏会棋图》、宋人牟益的《捣衣图》、宋人佚名画作《槐荫消夏图》《羲之自写真图》《荷亭对弈图》等作品中描绘的情景。如此利用屏风的方式，涉及非常古老的起居风俗，这里不作赘述。《风檐展卷图》中，就是在凉床背后安置一张落地式大屏风，挡住从背后袭来的凉风；在枕头所在的床头再放一张小屏风，专为头部挡风。显然，《风檐展卷图》及《荷亭婴戏图》《绣椸晓镜图》中那种放在枕头前的小屏，才是"枕屏"的主流。《槐荫消夏图》中那一在枕前的床头挡一座落地大屏风的做法，实属少见。白居易本人就在创作中一再提及"小屏风卫其首"的对策：

> 短屏风掩卧床头，乌帽青毡白氎裘。卯饮一杯眠一觉，世间何事不悠悠。（《卯饮》）
> 低屏软褥卧藤床，异向前轩就日阳。（《病中诗十五首》"就暖偶酌戏诸诗酒旧侣"）

"短屏风""低屏"及杨衡《春日偶题》中的"小屏"，都显示"掩"在床头的小屏风一般不大。宋人欧阳修《书素屏》一诗中更具体谈到，"我行三千里，何处与我亲。念此尺素屏，曾不离我身""开屏置床头，辗转夜向晨"，用于安放床头的小屏风，可以装在行李中，长途携带，到旅馆之后，随时取出来摆在枕前，可见这种"尺素"小屏体积不大，玲珑得紧。

在唐宋时代，小枕屏被派了大用场。比如白居易诗中喜欢谈的一种享受："低屏软褥卧藤床，异向前轩就日阳。"诗人在病中，不想总憋闷在卧室里，要到比较开敞的轩厅中晒一晒太阳，透一透气，家人就把低屏、软褥、藤床这一套配备都抬到前轩去。藤床显然不是正式的卧床，它轻便，可以四处搬动，属于便榻的范围。杨衡《春日偶题》中说得更清楚："就日移轻榻，遮风展小屏。"这张"轻榻"被搬出了家门，一直抬到"桥东水北亭"，而且，为了享受阳光，还不断地把"轻榻"加以挪移，足见这张榻非常小巧，移动轻便，是便榻。由此可见，唐宋人在比较寒冷的季节，喜欢到通风透气的开敞空间中设放便榻，闲卧休息、做日光浴，在这种场合，会在床头安设小屏风，免得头部受寒。

但是，床头小屏风更重要的用场，是在夏季。正如《风檐展卷图》《荷亭婴戏图》等传世画作所显示，夏天，唐宋人喜欢在开敞的空间中过夜，如水亭、凉殿、除去门窗的堂阁、小楼二层上的阁子等，都是陈设卧榻的地方。一般是安设一架碧纱橱，把藤或竹的凉床设在其中，铺上竹席，摆上石、瓷或竹的硬枕，就在这碧纱橱里午休、过夜。在这种情况下，唐宋人都讲究在床头设一张小屏风，替头部挡一挡风。如宋人李纲《感皇恩·枕上》：

西阁夜初寒，炉烟轻袅。竹枕绸衾素屏小。　　片时清梦,又被木鱼惊觉。半窗残月影,天将晓。

毛滂《烛影摇红·松窗午梦初觉》:

一亩清阴,半天潇洒松窗午。床头秋色小屏山,碧帐垂烟缕。　枕畔风摇绿户。唤人醒、不教梦去。可怜恰到,瘦石寒泉,冷云幽处。

杜安世《合欢带》:

楼台高下玲珑。斗芳草、绿阴浓。药孤栖香艳晚,见樱桃、万颗初红。巢喧乳燕,珠帘镂曳,满户香风。罩纱帏、象床屏枕,昼眠才似朦胧。……到如今、扇移明月,簟铺寒浪与谁同。

宋人蔡确《夏日登车盖亭》一诗交代得更直接:

纸屏、石枕、竹方床,手倦抛书午梦长。

从这些诗词描写可知,《风檐展卷图》《荷亭儿戏图》等宋人画作,对于那一时代人们的过夏方式有非常准确的反映。

如此说来,"银烛秋光冷画屏"中的"画屏",就该是枕屏,安置在床榻的枕头前。诗中是说，把凉床摆在露天，在床头挡一张小屏风，点上一支蜡烛，然后就这样仰卧乘凉，悠然遥看银河横天，牛郎、织女二星悄悄会合。诗中所写大约是七夕之夜，时节已入初秋，暑热消退，凉意轻起，所以说烛光为"秋光"。

挡在床头的小屏风上，画有水墨山水。（传为宋人王诜所作《绣栊晓镜图》局部）

《花间集》中也有类似的描写，如和凝《山花子》有云：

银字笙寒调正长，水纹簟冷画屏凉。

李珣《浣溪沙》有云：

翠叠画屏山隐隐，冷铺纹簟水潾潾，断魂何处一蝉新。

把"画屏"与水纹簟，也就是竹编凉席联系在一起，更加明确地指明了"画屏"是枕屏，摆在夏日的凉床上。明白了这样一种安排，也就可以懂得唐人韩偓的《已凉》何以会写：

碧阑干外绣帘垂，猩血屏风画折枝。八尺龙须方锦褥，已凉天气未寒时。

推其意思，正与《荷亭婴戏图》上所画的环境相类似：这里是一处避暑的场所，水亭之类开敞的堂阁，四周的"隔子门（活动门扇）"都卸下来了，因此，亭阁四面只有绿色栏杆围绕，栏杆外，檐下垂着遮阳光、挡暑气的帘幕。亭中的凉床上，艳红的枕屏画有折枝花，床上铺着藤席一类的凉席，因为秋意已生，所以凉席上添铺了小块的锦褥。暑天已经过去了，天气转凉，可是也还没有真冷，这样的时节，这样的环境，当然让人非常惬意。

宋人佚名作品《荷亭婴戏图》局部。

在堂阁的檐下，连排安装隔子门，门上糊纸，用以代替墙壁，在唐宋时代是非常流行的做法。（宋·马远《华灯侍宴图》局部）

二

由此，我们可以进一步注意到，在《花间集》及众多唐宋诗人的作品中，一旦涉及床，涉及人们的起床与就寝，往往就有"屏风"在其中掺和。如五代冯延巳《更漏子》中明确提到："红蜡烛，弹棋局，床上画屏山绿。"宋人晏几道《浣溪沙》也道："床上银屏山几点。"再次强调了一个事实：当时的床上，安设有屏风。但是，如果琢磨一下就会发现，很多作品中提到的屏风，还不像是《荷亭婴戏图》《绣榻晓镜图》中的那种小单屏：

亭高百尺立春风，引得君王到此中。床上翠屏开六扇，折枝花绽牡丹红。（五代花蕊夫人《宫词》）

床上的屏风有"六扇"，就是六个扇屏相连形成的联屏。

在床上安放多扇联屏，这种习惯，早在《东宫旧事》（见于《四库全书》所录《说郛》）中就有记载：晋代，"皇太子纳妃，有床上屏风十二牒，织成、漆连、银钩钮；织成连地屏风十四牒，铜环钮"。可见，放在床上的屏风与落地式屏风完全不同，有明确的区别。无独有偶，在古老的《女史箴图》上，为"出其言善，千里应之；苟违斯义，同寝以疑"一句所作的插图，是表现一对夫妻坐在他们共同分享感情生活的床上，彼此怀疑地凝视、打量。这里表现的床，形制相当特别，没有安装木制的床栏，在本该是床栏的位置，沿着床沿的四周，安放了一圈联屏式的多扇屏风。实际上，这也是目前我们所掌握的关于"床上屏风"的最完整的图绘资料。《女史箴图》是为西晋张华《女史箴》一文所作的连环插图，相传为东晋顾恺之所作。虽然具体作者今天已经很难断定，但是，画中所表现的诸多细节都显露了它最初的诞生年代。比如服饰，就明显不属于南北朝时期，而呈现为更早时期——东汉到两晋——的流行式样。所以说，这一作品应该是产生于南北朝以前。如此，《女史箴图》的表现与《东宫旧事》的记录互相呼应，说明至迟到晋代，就有了在床上安设多扇联屏式屏风以代替床栏的做法。最惊人的是，《女史箴图》的这一圈屏风在床正面有四扇屏面，相对应地，在床背一面显然也只能有四扇屏面（显露在画面上只有三扇，其余部分被人物与帐帷挡住），左右相对各有两扇屏面，加在一起，正是一组十二扇屏风，与"床上屏风十二牒"的形制完全一致。

近年发现的北周安伽墓浅浮雕贴金彩绘围屏石榻、隋虞弘墓汉白玉石椁上的联屏式浮雕等，应该都与"床上屏风"这一当时日常生活中的实际起居用品相关。同样形式的床，也出现在了多幅以"维摩诘问疾品"为题材的唐代敦煌壁画作品中。题材的内容是讲维摩诘犯矫情，在文殊菩萨面前装病不起，非要歪在床上谈佛法，所以，这类作品总是把维摩诘安置在床上。

敦煌壁画同一题材的不同作品中，维摩诘的床在形式上彼此基本一致，也与《女史箴图》中极为接近：床边缘，用联屏式屏风代替床栏；同时，床四角立有帐杆，支撑起华丽的床帐；床帐的帐帷，如果垂放下来，是围护在屏风之外。

《东宫旧事》中说，床上屏风有"十二牒"，并且配有"银钩钮"——推测就是"交关"，也就是金属合页。这条线索暗示着，床上屏风是可以开合的折叠屏风。唐人王琚《美女篇》

| 同衾以疑。（传为东晋顾恺之所作《女史箴图》局部）

当代人根据南越王墓出土的整套屏风构件，复原出汉代多扇屏风的面貌。

中恰有"屈曲屏风绕象床，菱蕤翠帐缀香囊"之句，明言是由折叠屏风环绕卧床一周。在床上安置一圈折叠屏风，这样一种设置形成了当时很有特色的起居风俗。《女史箴图》中的床上屏风，在其正面——人们上下床的一侧，四扇联屏恰恰是活动的、折叠式的，分为左右两组，一组两扇，如同对开的折叠门：把两组屏扇分别折叠起来，人们就可以方便地上下床；相反，如果把两组屏扇都拉平，就如同在床前树起了一道矮墙。图中，因为做丈夫的正坐在床边，所以，左右两组屏扇上，里侧的一扇屏扇都被打开，悬在半空中。南朝庾信《镜赋》中谈道：

> 天河渐没，日轮将起，燕噪吴王，乌惊御史。玉花簟上，金莲帐里，始折屏风，新开户扇，朝光晃眼，早风吹面。临桁下而牵衫，就箱边而着钏。

床上屏风 / 017

在贵族的居室里，华丽屏风不仅是实用的家具，也是重要的装饰陈设。因此，不仅屏面精美，其金属构件也制作精心。这是从汉代南越王墓中出土的一件鎏金铜屏风托座，采用了"越人操蛇"的构思，造型奇诡，富有地方色彩，如同一件立体的雕塑品。（广东象岗西汉南越王墓出土）

描写早晨起床的过程，女性在"玉花簟上，金莲帐里"里醒来，首先要做的是折合起屏风，然后再去打开房门。根据《女史箴图》中的床上屏风形制，我们可以断定此处的文意，"始折屏风"之"屏风"，是指安置在"玉花簟上，金莲帐里"的联屏式床上屏风，有这样的一圈屏风围在床周围，女性想要下床，就得先把挡在床正面的几扇屏风推合（"始折"），让屏扇折叠到一起，她才能有下床的空间。

"屈曲屏风绕象床"的形式显然一直延续到了五代、宋：

小屏屈曲掩青山，翠帏香粉玉炉寒，两蛾攒。（顾夐《虞美人》）
言匀睡脸，枕上屏山掩。（温庭筠《菩萨蛮》）
屏半掩，枕斜欹，蜡泪无言对垂。（李珣《望远行》）
翡翠屏开绣幄红，谢娥无力晓妆慵，锦帷鸳被宿香浓。（张泌《浣溪沙》）

词中的屏风，与帐帷、枕头等联系在一起，可见是床上屏风，而它们是"屈曲"的，可以"掩""半掩"，还可以"开"，是折叠屏风。

对于这样一种床上设置，宋人作品中涉及颇多。如苏轼《答吴子野书》中说："近有李明者，画山水新有名，颇用墨不俗，辄求得一横卷，长可用木床绕屏。"床上屏风是"绕屏"，四面合围，绕床一周。周邦彦《月中行·怨恨》有句："团团四壁小屏风，啼尽梦魂中。"无意中也强调了床上小屏风的四面合围形式。这类床上屏风在宋代也一样被呼为"枕屏"，宋人在咏及这种多扇联屏式的枕屏时，考虑到它的形式特点，常常用"围"字来形容。如欧阳修《蝶恋花》即有"枕畔屏山围碧浪"之句；赵师侠《酹江月·题赵文炳枕屏》中，借枕屏咏情，有"围幅高深春昼永""曲屏环枕"这样的句子。陈著《沁园春·咏竹窗纸枕屏》则云："小枕屏儿，面儿素净，吾自爱之。向春晴欲晓，低斜半展，夜寒如水，屈曲深围。""屈曲深围"，写出该枕屏为折叠屏风，可开可合，入夜，把所有屏扇拉开，就能围起床内的一方空间；"低斜半展"，则指出了它的灵活，可以应手开合，早晨，床中人起身，把床前的屏扇推开，床上屏风就呈现为半开半合的状态。枕屏，或说床上屏风这一"屈曲"，也就是屏扇来回折叠的形式，也让它在文学中得名"曲屏""屏山"。

从唐宋文学与艺术表现来看，折叠式床上屏风主要用于寒冷的季节，在夜晚，把就寝人整个保护起来，免受风寒侵袭。白居易在《新秋晓兴》中比较清楚地谈到了这一点：

浊暑忽已退，清宵未全长。……枕低茵席软，卧稳身入床。睡足景犹早，起初风乍凉。展张小屏幛，收拾生衣裳。

说难挨的暑夏过去，不那么炎热了，所以"卧稳身入床"，不再在露天或开敞亭轩中设凉床过夜，而是回到卧室中正式的卧床上休息。不过季节转换得很快，凉意乍起，风中带了寒气，于是人们开始做换季的准备。而在唐代，换季的工作有两项重点：一是"展张小屏幛"；二是把夏天的衣服收藏起来，拿出秋衣。"小屏幛"如果安置在地上，起不了什么作用，正如前面所述，"小屏"的角色就是用于床上，而且，诗的前几句一直是在讨论睡觉问题，所以，可以推测这"小屏幛"是指床上屏风；用"展张"二字，则显示其是折叠屏风。单扇的小枕屏一年四季随时都可以在便榻上使用，无须此时特别提起。因此，这简单的一句诗，应该是揭示了消失已久的一项生活风俗：一入秋，人们就会把折叠屏风安置在床四周，用以挡风、御寒；到了热天，折叠屏风就成了通风散热的障碍，所以还要把它撤下、收起，待秋风起时再拿出来。屏风的撤与装，成了每年应对季节转换的一个例项。当然，这也顺带说明了，装在床上的多扇联屏式屏风，是活动的，与床并没有联成一体。

不过，单扇小卧屏用于便榻、用于夏季，折叠小屏风用于冬季正式的床寝，这只是一个大致的使用规律，并非绝对的铁律。如《花间集》中就不乏如此的描写：

荷芰风轻帘幕香，绣衣鸂鶒泳回塘，小屏闲掩旧潇湘。（顾夐《浣溪沙》）

画帘垂，翠屏曲，满袖荷香馥郁。（顾夐《渔歌子》）

鹿虔扆有一首《虞美人》，交代得最清楚：

卷荷香澹浮烟渚，绿嫩擎新雨。琐窗疏透晓风清，象床珍簟冷光轻，水文平。　　九疑黛色屏斜掩，枕上眉心敛。……

明明词中所写的是夏季，但是，度夏的凉床上摆设的却是可以"掩""曲"的折叠屏风。几首作品都是写艺妓们的居处，也许，女性出于谨慎心理，在夏天也仍然习惯在凉床上安放折叠屏风。

应该说，床上屏风的普遍使用，证明当时的中国人，包括贵族士大夫阶级，比后代人要"皮实"得多，远不像明清贵族那样娇气，那样在养生方面穷讲究。典型如杨衡在《春日偶题》中的自叙，在"冻花开未得"的春寒时节，就跑到四面透风的水边亭子上去喝冷酒。把便榻移到有阳光的地方，再在床头放一只小屏风挡风，在他看来，就是很完备的措施，很舒适的享受。这在后世士大夫那里是不可想象的，贾宝玉坐在烧得暖烘烘的热炕上，想喝一杯冷酒，还遭到宝钗从理论高度加以批驳呢。唐时有"探春"的风俗，如五代王仁裕《开元天宝遗事》"探春"介绍："都人仕女，每至正月半后，各乘车跨马，供帐于园圃或郊野中，为探春之宴。"《春日偶题》中云"何处春先到，桥东水北亭"，正是描写作者的一次探春活动，由此，也可以看出唐人的生活风格：在城中、在房屋内"捂"了一个冬天，人们简直多一刻也憋不得了，天气刚一转暖，就要集体跑到郊外去，"探访"，或者不如说感受一下春天的消息。虽说天气还冷，花也根本没开，但大家顾不上那许多，反正有阳光，有鸟叫，这就足够了，足够让人开开心心地享受大自然的亲切。

还有一个必须要考虑的重要因素是，唐宋时代，全球气候，包括中国这一地区的气候，要比今天温暖得多。从文献与艺术表现中看，在当时的气候条件下，无论宫廷、贵族还是民间的建筑，都不是特别注重保暖性。那一时代的建筑，无论南北，看来都更接近今天南方一些地区如徽州等地的古民居，甚至像日本建筑，几乎没有厚砖墙，大量使用薄薄的木板墙；即便使用泥、砖墙，也比较薄，绝没有今天北方民居砖墙的那种敦实劲儿。如白居易在香炉峰下所筑的草堂，竟然是"石阶桂柱竹编墙"（《香炉峰下新卜山居，草堂初成，偶题东壁》），墙壁为竹编而成，根本没用砖砌。不仅如此，这草堂还特意设计成"洞北户，来阴风，防徂暑也；敞南甍，纳阳日，虞祁寒也"，在北墙上开门，以便夏天通风、散热；南面一壁根本不筑实墙，推测起来，这一面也不至于真的空敞无物，估计是安装多扇的格子门，用联扇式的排门来代替了墙壁。今日南方传统民居也仍然常见类似的设置方式，不过，从绘画上来看，唐代的格子门更接近今天日本建筑中的门的样式，是方格为架，通体糊纸、油纸或纱。所以，白居易这座草堂的南面，顶多安了一排纸糊的格子门，外加檐下一道可以卷、放的竹帘。有意思的是，白居易一再强调，这样做的目的是为了取暖，在冬天让阳光充分射进草堂之内，增加室内的温度："南檐纳日冬天暖，北户迎风夏月凉。"（《香炉峰下新卜山居，草堂初成，偶题东壁》）

当然，这座草堂建在庐山，在本就比较湿热的江西地区，所以保暖的需求不明显。但是，从宋代画家张择端所作《清明上河图》等画作中可以看到，直到宋代，即使北方建筑也一样不在意保暖性。像《清明上河图》表现的汴梁，地处今天的河南，画中的房屋在两侧山墙上一律开有门或窗，在今天，这一做法在江南古民居中还可见到，但在黄河流域就显得不可想象。另外，在流传下来的唐宋绘画中，建筑大量使用"日式"的纸或纱糊格子门，这也显示，唐宋时代，人们更关心房屋的散热、通风性能，而不太受保暖问题困扰。

如果说唐宋时代气候温和，是受益于那一时期全球性的气候转暖现象，那么，这个时代风沙少、风力柔和，就是地理环境优越的体现了。在唐宋，乃至更早的南北朝时期，纸糊的一道门、屏风或墙就可以起很大的御寒作用，说明当时一定少有狂风天气，更没有沙尘暴。唐宋房屋中为过冬加设的"暖阁"，往往就是"纸暖阁"，扬之水《宋人居室的冬和夏》中对于这种纸暖阁有很精到的析述，此不赘言。纸糊的暖阁，在今天听来像是笑话，唐宋人却觉得是很好、很有用的保暖方式，一点也不可笑，白居易就在《香炉峰下新卜山居，草堂初成，偶题东壁》一诗的结尾，温情地、带点歉意地说：

来春更葺东厢屋，纸阁芦帘著孟光。

他对太太保证：明年春天，咱们接着修东厢房！在东厢房里给您装上纸阁，外面挂上苇帘等，让贤太太您也有自己的活动空间。

白居易下这样的保证，一点没有耍滑头或敷衍了事的意思。以当时的装修标准，他这样做，完全对得住太太，没有任何亏待的地方。君不见他那刚修起的草堂，前面无墙，后壁开门，竹编的墙上还开有四扇窗，简直是面面透风，而白居易的应对措施，就是在东、西墙前各竖一道素纸糊的屏风。从《庐山草堂记》及诗人专门写的《素屏谣》来看，这"木为骨兮纸为面"的两道屏风，让诗人满意极了。

因为房屋防风、保暖性差，所以，在寒凉、有风的季节，人们想到在床上设一圈纸或绢面的屏风，等于是直接在睡觉人的周围筑起了一道薄墙，挡住外来的阴风。但是，也正是因为当时的气候偏于温暖温润，用来防寒防风的措施才会这样简单。在那时，这样一种御寒、挡风手段想必是很有效的，否则不会那么长久而普遍地流行。白居易在《三年冬，随事铺设小堂寝处，稍似稳暖，因念衰病，偶吟所怀》中，谈到过冬的稳便措施，是：

> 暖帐迎冬设，温炉向夜施。……逐身安枕席，随事有屏帷。

冬天，卧床要安挂保暖的帐子，同时还要加设一圈折叠屏风，这才算装备齐全。正因如此，在当时人的观念中，一套完整的床设是床、帐与折叠屏风三物的组合，屏与帐同为床不可缺少的附属物，以致常常"屏帷"联称。《资治通鉴》"天宝十年"下有云：

> 上命有司为安禄山治第于亲仁坊……有帖白檀床二，皆长丈，阔六尺；银平脱屏风、帐，方丈六尺。

今人不解"屏风"与"帐"有什么关系，所以倾向于将此句断为"银平脱屏风，帐方丈六尺"。但是，考虑到古代的床是帐、屏风同设，这里的意思应该是，床上屏风的框架、床帐的帐架被统一设计，一同采用"银平脱"——一种高级漆工艺——来制作，形成完整、配套的视觉效果。这一豪华折叠屏风四合之后所占的空间，与帐架的平面面积，均为一丈六尺平方，这一尺寸正与帖白檀床"长丈，阔六尺"的尺寸相合，说明它们制作出来恰是为了配备两张帖白檀床。翻成今天的话是说，在安禄山的宅第里，安设了两张用芳香的白檀木贴面的大床，床上屏风的髹漆框架，以及床帐的髹漆帐架，都饰以银箔贴嵌在漆地中形成的花纹。

随着全球气候变冷,以及自然环境在长期开发中被改变,生存条件恶化,古人的这种生活方式,在今天听来也变得如同天方夜谭。《红楼梦》中倒是提到"炕屏"(第六回、七十一回、一零五回),但显然不是御寒的手段,而是好看的摆设。试想,在当今的北方地区,如果在寒风呼啸的冬夜,在身周围放一圈绢面的屏风来抵御寒冷,那管什么用啊。

三

这样一说,"花间"时代的词人们,一涉及卧室,涉及床,总是把屏风也写进来,就不是毫无意义的叠床架屋了。当时的实际情况是,每次就寝之前,都要把帐帷放下,把屏风拉合。欧阳炯有一首《春光好》,是十足的色情作品,格调太低,没有入选《花间集》:

> 垂绣幔,掩云屏,思盈盈。双枕珊瑚无限情,翠钗横。
> 几见纤纤动处,时闻款款娇声。却出锦屏妆面了,理秦筝。

写大白天里背人偷欢,首先要"垂绣幔,掩云屏",当时就寝前的必要程序在这里交代得很清楚。因此，在《花间集》中，一旦说垂放帐帷、掩合屏风，就意味着人儿入寝。如：

> 云澹风高叶乱飞，小庭寒雨绿苔微，深闺人静掩屏帷。（顾敻《浣溪沙》）
> 绡帐泣流苏，愁掩玉屏人静。（冯延巳《如梦令》）
> 独掩画屏愁不语，斜欹瑶枕髻鬟偏，此时心在阿谁边？（欧阳炯《浣溪沙》）

进一步地，这一日常起居步骤也被用来暗示在床上可以发生的一切：

> 掩银屏，垂翠箔，度春宵。（温庭筠《酒泉子》）

把屏风拉合，床内就形成了一个异常狭小的、私密的空间，因此，单提"屏风"之"掩"，也足以暗示男女之间最亲密的交往：

> 何时解佩掩云屏，诉衷情？（毛文锡《诉衷情》）
> 碧烟轻袅袅，红战灯花笑。此是高唐，掩屏秋梦长。（孙光宪《菩萨蛮》）

至于屏风围合之后的效果，则如韦庄《酒泉子》所写：

> 月落星沉，楼上美人春睡。绿云欹，金枕腻，画屏深。

折叠式床上"画屏"会绕床一周，包括在床的正面也竖起一道小小的矮墙，春睡的美人，身影隐藏在这围屏内，所谓"围幅高深""团团四壁小屏风"，因此，用"深"字来形容屏风把床上人遮掩、包围起来的效果，就很生动。李贺在创作中也动用了这一意象：

> 夜遥灯焰短，睡熟小屏深。（《谢秀才有妾缟练改从于人，秀才引留之不得，从生感忆，座人制诗嘲谢。贺复继四首》之一）

知道女性就在小屏风后熟睡，却看不到她的睡影，自然让人更感到诱惑，更要想入非非。因此，《花间集》中就屡屡出现"屏帏深，更漏永，梦魂迷"（冯延巳《酒泉子》）、"惊梦断，锦屏深"（牛峤《更漏子》）、"香断画屏深，旧欢何处寻"（李珣《菩萨蛮》）、"翡翠屏深月落，漏依依"（韦庄《思帝乡》）这类描述。平凡的生活风俗，却成就了独特的文学意境。

而床上的人如果起身，就一定要推开屏风，掀起帐帏，然后才能下床。所谓"翡翠屏开绣幄红，谢娥无力晓妆慵，锦帏鸳被宿香浓",正是实景描写当时女性的晨起:画有青碧山水的床屏拉开,红色的帐帷挂起,女主人公盘坐在床边,睡意未消,也可能是夜里没睡好,总之精神不振,懒懒地无心梳洗。帐中,因为有香炉在夜里燃香,所以此刻帐帷之间、凌乱的被子上,都仍然徘徊着夜香的残韵。

由此,温庭筠《菩萨蛮》中的"小山重叠金明灭"一句也就很好理解了。关于这句词中的"小山"所指对象,近年来讨论颇多,有人认为是女性的画眉;也有人认为是指女性发髻上插饰的梳子;另外则认为"小山"是指"屏山",也就是床上屏风。现在看来,当然是以"小山"为"屏山"之说有理。"小山"而"重叠",说明此处所言是挡在床正面的那几扇折叠屏扇(唐宋时代,一般应为六扇),女性要起床,就得把这些折叠屏扇推开,所以其状态是"重叠"的,堆在一起。顾敻《木兰花》中有"金粉小屏犹半掩"之句,表明当时的屏风装饰流行运用金泥工艺,"金明灭",应是指屏扇上有金泥纹样,在阳光的照耀下闪烁金芒。类似的视觉效果,温庭筠在一首《酒泉子》中也描写过:

日映纱窗,金鸭小屏山碧。

阳光扑上窗纱,映亮了室内的一切,床帐内的涂金铜鸭香炉,以及床上屏风的青绿山水图案,都显得格外鲜明。

确定了"小山"的所指，温庭筠这首词的整体词意也显得流畅了。他是把当时的一个热门题材又写了一遍：女性起床，梳头洗脸。这个无聊题材在很长一个时期内，对于男性文人来说，显得格外有吸引力：

小山重叠金明灭，鬓云欲度香腮雪。懒起画蛾眉，弄妆梳洗迟。照花前后镜，花面交相映。新帖绣罗襦，双双金鹧鸪。

床上屏风终于被推开，此时，射在屏面上的阳光特别明亮，表明时间已经不早，是日上三竿了，睡懒觉的女人蓬头乱发，出现在打开的屏风中——这样用白话来转述当然很漫画化，但词人有本事把女性此刻的形象写得很性感、很动人，何况，词中的女主人公正像出现在《花间集》中的大多数女性一样，是个艺妓，"茶花女"的生活方式中，迟起是最正常不过的事情。懒洋洋地起床以后，她开始梳妆，哎呀，那个仪容不整的女人形象一点点消失了。但见她一番梳头洗脸，画眉毛等脸部化妆步骤当然是一样也不能少，最后再在头上簪上鲜花。打扮停当之后，她穿上了白天的正式服装，绣花上衣贴有金箔鹧鸪纹，光闪闪的。这个女人此刻摇身变得多么华贵、美妙和精致啊，简直就像艺术品一样完美。这就是化妆的奇迹吧。

顺便地，我们还可以注意一下白居易《长恨歌》中的一个

唐代敦煌壁画中，床上折叠屏风画有青绿山水。（榆林25窟北壁）

细节：

> 闻道汉家天子使，九华帐里梦魂惊。揽衣推枕起徘徊，珠箔银屏逦迤开。云鬓半偏新睡觉，花冠不整下堂来。

诗中假设，蜀地道士到达"海外仙山"的时候，已经升仙的杨贵妃正在睡午觉。听到传报，太真仙子被惊动了，急忙起身下床。有趣的是，诗人写下床的过程，是"珠箔银屏逦迤开"，珠串的垂帷、银色的屏风被仙侍们依次打开。显然，这里的珠箔、银屏是指与床配套的帐帷、床上屏风，"珠箔银屏逦迤开"，如同"掩银屏，垂翠箔"这一程序的倒放镜头。文学家不管如何激扬想象，也离不开现实做基础，在白居易的观念中，海外的仙居里，仙子们也要靠在床上安置屏风来挡风寒。

由于屏风就挡在床四周，人们失眠的时候，眼睁睁面对的是一扇扇屏面；从睡梦中醒来，第一眼也是看到面前的屏扇，这种体验给词人们很深刻的印象，也被他们转化成一个个优美的意境：

> 兰烬落，屏上暗红蕉。（皇甫松《忆江南》）
> 梦觉云屏依旧空。（韦庄《天仙子》）
> 小屏狂梦极天涯。（顾敻《浣溪沙》）
> 寂寞对屏山，相思醉梦间。（毛熙震《菩萨蛮》）

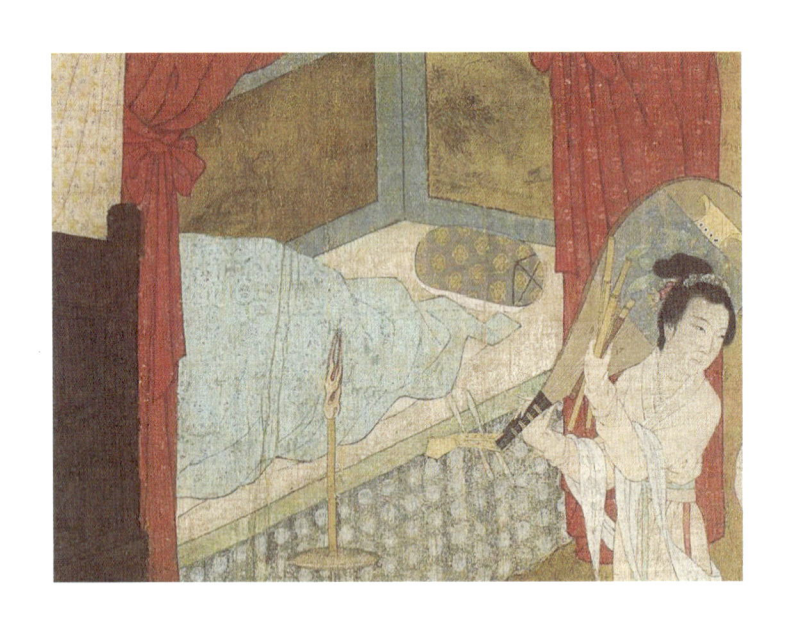

枕倚小山屏。(传为五代顾闳中所作《韩熙载夜宴图》局部)

从汉代起，人们日常所坐的坐榻，也在三面安设屏风，作为挡风御寒的手段。（传为顾恺之所作《列女仁智图》局部）

> 何时休遣梦相萦,入云屏。(尹鹗《杏园芳》)
> ……

当时的床上还有一个场景:枕头的位置在床头,所以不免与床上屏风相依在一起。绘有山水或花鸟的屏面之前,静静卧一只造型优美的枕头,这样一个小细节,也没有逃过文学家们敏锐的眼光:

> 寂寞流苏冷绣茵,倚屏山枕惹香尘。(阎选《浣溪沙》)
> 鸳枕映屏山,月明三五夜,对芳颜。(温庭筠《南歌子》)
> 枕倚小山屏,金铺向晚扃。(顾敻《醉公子》)

古典文学中,喜欢描写无所事事,但满含情思与愁怨的女人形象。在这些模式化的形象中,后人比较熟悉的有"斜倚熏笼""拨尽寒灰""倚栏凝思""卷帘闲望"等,但是,《花间集》中,密集出现的其实是女性"倚屏"的形象:

> 斜倚银屏无语,闲愁上翠眉。(韦庄《定西番》)
> 宝瑟谁家弹罢,含悲斜倚屏风。(韦庄《清平乐》)
> 欲别无言倚画屏,含恨暗伤情。(韦庄《望远行》)
> 宿妆犹在酒初醒,翠翘慵整倚云屏,转娉婷。(顾敻《虞美人》)

敛黛春情暗许，倚屏慵不语。（顾夐《应天长》）
月色穿帘风入竹，倚屏双黛愁时。（顾夐《临江仙》）
愁倚画屏凡事懒，泪沾金缕线。（魏承班《谒金门》）
闭宝匣，掩金铺，倚屏拖袖愁如醉。（魏承班《木兰花》）
愁倚锦屏低雪面，泪滴绣罗金缕线。（魏承班《玉楼春》）
手捋裙带，无语倚云屏。（鹿虔扆《临江仙》）
谁信损婵娟，倚屏啼玉箸、湿香钿。（毛熙震《小重山》）
凝思倚屏山，泪流红脸斑。（李珣《菩萨蛮》）
无语倚屏风，泣残红。（李珣《西溪子》）
倚屏无语捻云篦，翠眉低。（李珣《虞美人》）

在床上设放屏风的方式，大约在宋代晚期就逐步消失，后人不了解这一起居习俗，因此，对于《花间集》中的女性何以爱倚屏风，就得不出合理的解释。明清以来，最常见的是大型落地屏风，安置在房间中的地面上，起分割空间的作用；也有小插屏，放在几案上作为装饰。无论哪一种形式的屏风，人都无法倚靠其上。但是，《花间集》的时代，床、便榻上普遍放置挡风的单扇或多扇屏风，坐在床上的人不经意间依靠屏风，就是很自然的举动。至于女性如此倚屏的具体形象，早在《女史箴图》中已有准确的呈现。在《花间集》里，这一女性形象被表达得千情百态，美人们倚着屏风，愁思远人，暗恨离别，或者因为情感受伤而珠泪长流。不过，要算张泌《柳枝》对于这一形象的运用最为出神入化：

> 倚著云屏新睡觉，思梦笑。红腮隐出枕函花，有些些。

一位女性睡醒之后，不肯起身，倚着床上的屏风半坐半卧，像个猫儿那样慵懒。与其他哀怨悲伤的"倚屏"形象不同，这里的美人之所以拥屏不起，是因为刚做了个好梦，她在细细回味片刻前的梦境。她的腮颊上，还残带着刚才熟睡中在枕面上压印出的花纹痕迹，微笑就在这睡晕未退的腮颊上升起。

参考文章：
《宋人居室的冬和夏》，扬之水著，《古诗文名物新证》（二），紫禁城出版社，2004年，308—335页。

◆ 枕前的山水 ◆

屏风在古代居室中的重要性，在河北曲阳五代王处直墓中，得到了最好的体现。在该墓的主墓室，北壁正中绘有一座落地大屏风。在这座大屏风两侧，同样以彩绘的形式，各延伸出一道折叠屏风，比中央大屏风在尺寸上矮将近一半，左右各五扇，左边的一道屏风从北壁开始延展，占据大半个西壁；右边的一道屏风同样从北壁开始延展，占据了大半个东壁。

落地大屏风上，是一幅标准的水墨山水绘画，手法虽然粗疏潦草，但是，其中构图经营、笔墨技法等与荆、关、董、巨诸五代绘画巨匠的创作之间复杂的呼应关系，足以让任何一位艺术史家在第一眼看到它时，要激动得凝咽。而两侧的折叠屏风上，艳红的牡丹、牵牛、蔷薇花枝，以及花前的蝴蝶、花下的鸟儿，把我们对"黄家富贵"这一著名画风的认识大大推进了一步。实际的情况是，成圹于五代后梁龙德三年，即公元923年的王处直墓，墓室内完全被绘画、浮雕覆满，这些艺术作品不仅水平惊人，而且，其中每个细节，都是艺术史、文化史、文明史上的重要资料。如果这样一座墓室是在日本或欧洲被发现，只怕要举国欲狂，且热闹一阵呢。这座墓室的发现报告被公布的那一天，本应是一个民族、一个国家的盛大节日啊，因为这一发现意味着，中国绘画史上最为辉煌的时代之一从此彻底复活。五代绘画，从此不再是依稀残存的过去，它回到了我们的身边，成为我们审美经验的一部分，让我们的生存更加丰满，这样的福气，并不是世上每个人都有幸可以享受到的啊。

面对如此巨大的幸福，需要学者们通过一点点的研究，一篇篇论文，一本本书，慢慢地来为我们指明接近宝山的道路。

| 王处直墓前室中所绘屏风。

这里当然不可能谈太多，只想谈一谈屏风与绘画的关系，更具体地说，是床上屏风与绘画的关系。实际上，"《花间集》床上屏风装饰画与五代绘画"是一个非常巨大的题目，值得用更严肃的方式，更专门的篇幅，去细细讨论。

王处直墓主室中折叠屏风上的艳红花枝，让我们惊觉到，"床上翠屏开六扇，折枝花绽牡丹红"（五代花蕊夫人《宫词》）、"猩血屏风画折枝"（唐人韩偓《已凉》）、"兰烬落，屏上暗红蕉"（五代皇甫松《忆江南》），展开的是怎样艳丽的画面。

更让人激动的是，在该墓的东、西耳室，各有一幅主题绘画，绘画的题目就是——梳洗床，即洗漱化妆时所坐的专用床。大约在营墓者的心中，这两座耳室类似于"前轩"一类的地方，所以在其中画上梳洗床，在床面上还画满男女主人所使用的各种梳妆用具。东耳室是"男休息室"，梳洗床绘在东壁，床之后，还绘有大屏风，也就是如《重屏会棋图》（传为五代周文矩所作）及宋人佚名作品《槐荫消夏图》《羲之自写真图》中那样的，挡在床背一侧的落地屏风。这座落地屏风上画着水墨山水，虽然笔墨简略，但全然是董源画意。

在西耳室的"女休息室"中，同样绘有挡在床后的落地屏风，那上面对称的、装饰性的花鸟图案，则让我们想起关于"装堂花""铺殿花"的史料记载。喔，原来《花间集》是一部写实主义作品的汇集——如果来一点幽默的话，我们简直就可以这样说。哪怕仅仅快速翻阅这个小集子的时候，床上屏风的

月季图。
(前室西壁所绘屏扇之一)

| 东耳室东壁壁画全景。

唐、五代屏风上的流行风格,是以布局对称、富于装饰味的花卉为主,花下有鸳鸯、孔雀等形态生动的禽鸟,花丛周围则有蜂、蝶、飞鸟自由来去。这应该就是文献中提到的"装堂花"样式。(新疆阿斯塔那唐墓壁画)

枕前的山水

绘画，也是那么醒目地，会突兀地跳入人的眼中。

床上屏风虽然尺寸不大，但位置醒目。它架在床上，等于是处在半空中，当然吸引人的视线，这也许是它在《花间集》，以及唐宋诗词中出镜率惊人的原因。隋虞弘墓汉白玉石椁上的联屏式浮雕，其形制是：后壁及左右两壁，浮雕加彩绘的画面位于内壁；唯有其正面（前壁）左右两块石板，画面位于外壁。我以为，这或许是借鉴了床上屏风的形式，反过来说，床上屏风在形式上应该与虞弘墓汉白玉石椁上联屏式浮雕相近：位于床背一面及左右两面的屏扇，在朝向床内的一侧裱装画面；在床正面，也就是供人上下床的一侧，屏扇是在朝外一面上布满绘画，或者，其内外两侧上皆有绘画。

因为在朝向床内一侧的屏面上满布绘画，所以，在唐宋时代的卧室中，"曲屏映枕春山叠"（宋人贺铸《菩萨蛮》）、"枕畔屏山围碧浪"（宋人欧阳修《蝶恋花》），就是最平常的现象；人生中，也就不乏"晓屏一枕酒醒山，却疑身是梦云间"（五代孙光宪《浣溪沙》）的经验，一觉醒来，发现身周围山影缭绕，恍惚以为到了云乡深处。

床正面一侧的屏扇上，朝外一面布满绘画，于是就会有"红烛泪阑干，翠屏烟浪寒"（五代冯延巳《菩萨蛮》）的场景，杜牧一首《八六子》把这样的夜景阐释得更加细致生动："洞房深，画屏灯照，山色凝翠沉沉。"夜晚，床正面的屏风拉合起来，你看不到屏风后熟睡的美人，只能看到一点烛光照亮屏扇上的青

董源为表现江南景色发展出一套笔墨技法,到了元代以后,成为中国文人画的基础语言。(五代·董源《夏景山口待渡图》局部)

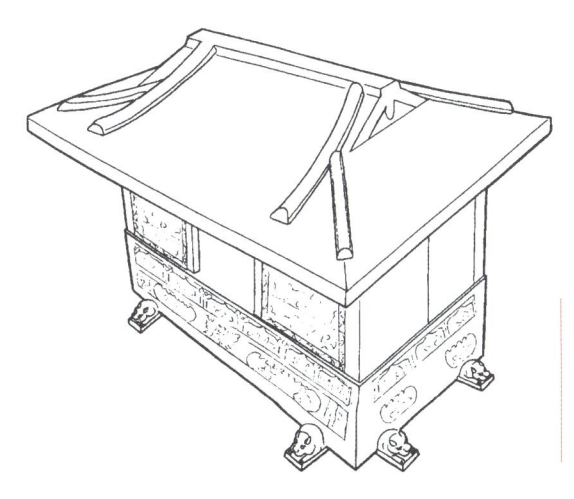

虞弘墓石椁形制示意图。(引自《太原隋代虞弘墓清理简报》,《文物》2001年第1期)

枕前的山水 / 047

山碧水。随着夜色转深,连一点孤烛也被熄灭,只有月色让屏扇上画影隐约:"霜月透帘澄夜色,小屏山凝碧。"(五代魏承班《谒金门》)

如果有人肯把《花间集》中关于床上"画屏"的种种描写,与晚唐、五代的画史资料加以对照,一定会有不少有意思的发现。

比如说,床上屏风所涉及的题材惊人丰富,当时各个"画科"都在这里找到了用武之地,最突出的例子,是"细草平沙蕃马小屏风"(五代薛昭蕴《相见欢》),边地风光、马群牧放这样"男性"的题材,当初曾经招摇在艺妓卧室的床上。再比如,中国人对于山水自然的无比热爱,使得山水题材始终在床上屏风中占据压倒性的地位。对这一现象细加追究,就不难发现,《花间集》中床上屏风所采用的山水画,非常集中地,是以江南山水为内容。画屏上尽是以"九嶷山"为象征的连绵、蓊郁的南方丘陵,或以"巫山十二峰"为象征的长江两岸的崇山叠岭:"九疑黛色屏斜掩"(鹿虔扆《虞美人》)、"屏画九疑峰"(李珣《临江仙》)、"画屏重叠巫阳翠,楚神尚有行云意"(牛峤《菩萨蛮》)、"翠屏十二晚峰齐"(毛熙震《浣溪沙》)。孙光宪《菩萨蛮》中更直接谈道:"晓堂屏六扇,眉共湘山远。"出现在画屏上的水景,也是以"潇湘"名之的江南水乡风光:"小屏闲掩旧潇湘"(顾敻《浣溪沙》)、"展屏空对潇湘水,眼前千万里"(孙光宪《酒泉子》)。显然并非巧合的是,这一时期出现了董源,他以江南丘陵、湖泊为表现对象的绘画创作,最终形成了绘画理念与技法上的一次重要突破，对日后水墨绘画的发展影响深远。王处直墓东耳室壁画中，挡床屏风上"董源画风"的屏画，非常神奇地成了架通《花间集》与绘画史之间对话路径的桥梁。

对话路径一旦接通，我们就会发现，《花间集》与绘画史二者之间如此互相说明，互为补充。如果仅根据王处直墓"董源画风"的画屏，我们当然可以得出一个结论：《花间集》中那些"九疑""潇湘"内容的屏画，是如董源作品一般的风貌。但是，事情并不如此简单，《花间集》中的屏画，实际上流行青绿山水风格："金鸭小屏山碧"（温庭筠《酒泉子》）、"小屏屈曲掩青山"（顾敻《虞美人》）、"暮天屏上春山碧"（毛熙震《酒泉子》）、"小屏香霭碧山重"（毛熙震《浣溪沙》）、"翠叠画屏山隐隐"（李珣《浣溪沙》）。此外，如《全唐诗》中收有魏承班的一首《谒金门》，其中有句"小屏山凝碧"，以及张泌一首《更漏子》，则明言"床上画屏山绿"，都是强调床上屏风上一派碧峰翠嶂风光。大概正是因为这个原因，在《花间集》中，床上屏风才屡屡有"翡翠屏"的美称。在敦煌156窟"维摩诘问疾品"上，维摩诘身后的床上屏风，恰恰采用了这种风格的山水画面，非常清楚地展示出，这种绘画是青绿颜色与水墨的巧妙有机结合，既有青、绿颜彩的施色，又有水墨的皴擦晕染。

因此，《花间集》也许可以说明，董源这样的巨匠是在什么样的绘画背景中被催生的。把长江中下游一带的江南山水风景引入绘画，是五代绘画的一个重大成就，如此艺术现象的出现，当然与这一历史时期的诸多因素有关。《花间集》恰恰记录、展示了这个绘画史上的重要时刻，并且显示，当时绘画的主流，是用青绿山水的方式来呈现这一新发现的题材。是在这样一个大潮流中，董源的出现成了可能，他为江南山水找到了最相称的绘画语汇，顺便地，与其他巨匠一起终结了青绿山水的正宗地位。因此，《花间集》提示着一个"前董源"时期的存在，提示着董源出现之前的铺垫阶段。在五代，似乎是一夜之间就绽放出了董源那样革新的画风，但是，一旦追流溯源，就会发现，董源的出现，其实并不是没因果的。在"前董源"时期之前，中国山水画究竟又是什么样的风貌？

如此的"大哉问"，当然有待长期深入地研究去解答。这里我们感兴趣的是，当时绘画史上最新的动向——五代画家对于江南山水景色的开掘，立即就被传达到了床头上，怒放在枕头前。从这一点出发，我们会发现，唐宋绘画史，包括山水画史上的每一次革新、突破，都以最快的速度反映到床上屏风中。比如，李白《巫山枕障》诗云：

> 巫山枕障画高丘，白帝城边树色秋。
> 朝云夜入无行处，巴水横天更不流。

而据史料记载，恰恰是在同一时期，吴道子"又于蜀道写貌山

敦煌156窟唐代壁画《维摩诘经变》局部。

"翠叠画屏山隐隐",应该更接近这样的画面。
(传为唐人李思训所作《江帆楼阁图》)

水,由是山水之变始于吴,成于二李"(唐人张彦远《历代名画记》卷一"论画山水树石"),这位划时代的大师通过把长江上游的山水样式、自然风貌引入绘画,促成了山水画的成熟。李白所咏的枕障上画有巴山蜀水,显然不是偶然的巧合。

如果看宋代的情况,床上屏风也始终保持着这一"时尚"特色。晚唐五代时期开创了"屏画江南"的风气,此风在宋代仍然盛行不衰:

> 寻思前事,小屏风、巧画江南。(张先《于飞乐》)
> 枕上晓来残酒醒。一带屏山,千里江南景。(晁端礼《蝶恋花》)
> 莲烛啼痕怨漏长。吟蛩随月到回廊。一屏烟景画潇湘。(贺铸《减字浣溪沙》)

不过,入宋之后,水墨山水完全成熟,于是,枕屏上也一律是墨气淋漓。宋代词人丘崟有一首《江城梅花引》,即是专咏"枕屏"的画面:

> 轻煤一曲染霜纨。小屏山。有无间。宛是西湖,雪后未晴天。水外几家篱落晚,半开关。有梅花、傲峭寒。　渐看。渐远。水弥漫。小舟轻,去又还。野桥断岸,隐萧寺、□出晴峦。忆得孤山,山下竹溪前。佳致不妨随处有,小

> 窗闲,与词人、伴醉眠。

单读词句,我们简直就不明白是在说什么。但是,看一看绘画中的表现,《槐荫消夏图》中,落地屏风上画着典型北宋画风的"雪景寒林";《绣栊晓镜图》中,床上小屏风则朦胧着"米氏云山"。拿画面一参照,词意就豁然开朗了:"轻煤一曲染霜绢,小屏山"是说,枕屏很小巧,绢素做的屏面上,画着皴染轻淡的水墨山水。然后就是反复咏叹画的具体内容,湖山清远,小艇独钓,兼雪景寒林,正是北宋末年开始时兴起的"小景山水"绘画风格。词中一句句所咏,与传世宋画,如传为王诜所作的《渔村小雪》图卷、传为宋徽宗所作的《雪江归棹》、传为马远作品的《雪景四段》等,在整体氛围、意境上,在一处处细节上,都宛然相扣合。

宋人陈鹄《西塘集耆旧续闻》卷三"陈述古女题小雁屏诗"记云:

> 陈述古诸女,亦多有文。有适李氏者,从其夫任晋宁军判官。部使者以小雁屏求诗,李妇作黄鲁直小楷,题其上二绝,云:"蓼淡芦欹曲水通,几双容与对西风。扁舟阻向江乡去,却喜相逢一梦中。""曲屏谁画小潇湘,雁落秋风蓼半黄。云淡雨疏孤屿远,会令清梦绕寒塘。"

宋人喜欢拿这样的画面展放在床周围,觉得有助睡眠。
(传为宋人王诜所作《渔村小雪》局部)

从这位陈姓女作家的诗意来看,屏上的绘画内容,具有"却喜相逢一梦中""会令清梦绕寒塘"的功能,让人的睡梦为无尽溪山所缭绕,"与词人、伴醉眠"的意思相同,说明这"小雁屏"恰恰是枕屏。在这处枕屏上,仍然是以"潇湘",也就是江南水景为内容,但是,宋代枕屏上的江南,却既不"凝碧""翠叠",也不像董源笔下那样温润、蓊郁,而是寂寥萧寒,孤清冷落。

陈姓女作家所描述的"小雁屏",与传为梁师闵所作的《芦汀密雪图》在内容上非常相近。宋代山水画喜欢秋景、冬景,喜欢撷取荒寒清冷的自然景色,这一时代趣味也立即体现在床上屏风中。水墨技法又特别擅长于烘染烟雨朦胧、波寒云低的水乡景色,于是,宋人诗词中写到床上屏风,就每每用"寒""秋"这等字眼来形容:

画屏寒掩小山川。(欧阳修《虞美人》)
床头秋色小屏山。(毛滂《烛影摇红》)

宋人佚名《羲之自写真图》中,床后大屏风上的绘画正是"蓼淡芦欹曲水通,几双鸳与对西风",宋代流行的花鸟题材之一种。

唐人描绘花鸟，总是选择春光明媚、草长莺飞的时刻，歌颂生命的幸福感。宋人却异常迷恋寂寥的秋与冬。（宋人佚名《秋浦鹨鹈图》）

> 山寒夕飙急,木落洞庭波。几叠云屏好,一生秋梦多。
> (朱熹《祝孝友作枕屏小景以霜余茂树名之因题此诗》)

睡觉的时候,在身周围铺展开一派萧瑟景色,这对我们来说显得不可思议,但据宋人的说法,这样的"佳致"有助于人做"清梦",神清气爽地进入梦乡。

在相传为五代顾闳中所做的《韩熙载夜宴图》画卷中,出现有两张床,其床帐内所放置的屏风在样式上呈现出新的特色,不再是折叠屏风,而是由三扇单屏组成,围绕起床的三面,床的正面不设屏扇。这一形式,大约是床上屏风向固定床栏的一种过渡。贺铸一首《减字浣溪沙》中涉及妓女的卧室,其中有"三扇屏山匝象床"之句,显然正是指如此形式的床屏,因此,画中的表现是对宋代现实生活的忠实反映。在这"三扇屏山"上,每个屏面都是一幅完整、精到的水墨山水小品,其画意恰恰与前引宋词中的描绘全然一致,比如,两张床在床头一端的屏扇上,都呈现着"小舟轻,去又还""扁舟阻向江乡去"的形象。借助这样的画面,我们也许可以重新回到宋人的生活经验中去:

> 枕上晓来残酒醒。一带屏山,千里江南景。指点烟村横小艇。何时携手重寻胜。

晁端礼在一首《蝶恋花》中，讲述自己与一位"花时长是厌厌病"的柔弱美人共同生活中的温馨一刻。词人带着残醉从午睡中醒来，映现在眼前的，是枕屏上连绵的江南景色。于是，他就指点着画上的景致，对美人回忆起当年，回忆起他在江南的生活经历，怀旧的感觉让词人很动情，以致对美人兴慨道：什么时候能和你一起旧地重游，该多好啊。

对于宋代山水画，似乎最合适的评语就是"元气淋漓""神完气足"，翻译成今天的话，就是"最纯粹的艺术"。这"最纯粹的艺术"当初却一再地被宋人贴到床头上，一如唐宋时代每一次伟大的绘画创新，都迅速地化身成枕头旁的装饰。这样一

《韩熙载夜宴图》局部。

件往事重提，也许有助我们回想起博物馆诞生之前的年代，绘画曾经与人的关系。正如《花间集》所昭示的，就在高级艺妓们的床上，曾经辉煌过五代画家们的勇敢探索。各种绘画上的新画种、新风格、新流派，当年都曾经围绕在床榻的周围，环护起那些个"几见纤纤动处，时闻款款娇声"（欧阳炯《春光好》）的私密时刻。唐宋时代的男男女女，不知是出于什么样的心理需要，在他们"须作一生拼，尽君今日欢"的时候，喜欢由画家把大自然的山水风光、花鸟景致送到他们的面前，与他们共度"粉汗香融流山枕"的销魂时光。艺术与人，大概再也没有结成如此亲密的关系。如果把我们吵嚷不休的一个问题拿去问唐宋人：艺术探索、绘画创新有什么用？唐宋人会回答：用处很多啊，比如说，用来睡觉。

参考文章：

《唐墓壁画中的屏风画》，张建林著，《唐墓壁画研究文集》，三秦出版社，2001年，227—239页。

《五代王处直墓》之"墓内壁画与浮雕"一章，河北省文物研究所、保定市文物管理处著，文物出版社，1998年。

《床上画屏梦中山水》，孟晖著，《艺术世界》2003年第9期，78—79页。

◆ 山枕 ◆

一

五代王处直墓东西两间耳室中,各有一幅"主题"壁画,特别勾人兴致。这两幅画的重点之一是——"梳妆用具",东室壁画上画了全套的男用梳妆用具,西室壁画则展示了一整套女用梳妆用具。这些梳妆用具都摆放在一个低低的平面上,平面前垂有幔帷。研究者们把陈设梳妆用品的这一家具定名为"案",也就是桌子一类的家具。我个人倒是觉得,画中此处所表现的很可能是床。陆游《老学庵笔记》卷四云:

> 徐敦立言:往时士大夫家妇女坐椅子、兀子,则人皆讥笑其无法度,梳洗床、火炉床,家家有之。今犹有高镜台,盖施床则与人面适平也。或云禁中尚用之,特外间不复用耳。

高椅、坐凳虽然在中唐以后就已经很流行了,但并没有完全取代以"床""榻"为坐具的习惯。实际上,在很长一个时期之内，椅、凳与床、榻交混使用，一同作为坐具，在传为五代顾闳中所作、实为宋人作品的《韩熙载夜宴图》中，这一情形就非常突出。一直到北宋前期，在有身份的人家，如果女性以椅子、坐凳为坐具，采用垂腿而坐的姿势，坐下之后双脚落地，还是会被认为没教养。女性梳洗的时候，有专门的"梳洗床"，盘腿坐于其上。为了适合这样的起居习惯、梳妆习惯，古代的镜台都设计成高脚式样，这种高镜台放在坐床上，其高度正好适合于映照面庞。据陆游介绍，一直到两宋之交，皇宫中还保留着这样的起居方式，但是，在民间，坐床已经被高背椅、坐凳代替了。

情况也确实如陆游所记，在北宋末年的白沙宋墓壁画中，镜台被放在一张小高桌上，梳妆的年轻女子站立在镜台前整饰仪容。但是，在更早的时代，女性梳妆的方式，则是如《老学庵笔记》所说，把镜台直接设在所坐之床上。《太平广记》卷二五七"嘲诮·薛能"一条有个很有趣的细节：

> 唐赵璘仪质琐陋，成名后为壻，薛能为傧相，乃为诗嘲谑……又曰："不知元在鞍鞯里，将谓空载席帽归。"又曰："火炉床上平身立，便与夫人作镜台。"

唐人赵璘形象猥琐，特别矮小，所以结婚的时候，受到了傧相薛能的极度嘲弄，说他：如果骑马的话，旁人都看不到马背上有人，以为是马鞍上放了一顶席帽（唐宋士大夫骑马出行，都戴席帽），马驮着这顶席帽，"空载"回了家；又说他：如果站在火炉床上，立直身，就正好给太太充当镜台。

嘲诗很"损"，但无意中反映了一个事实：唐时，女性梳妆的时候，是盘腿坐在"火炉床"一类的床榻上，镜台就直接放置在床面上。这两句诗与陆游的记录完全吻合。

在五代王处直墓中，男式镜台与女式镜台都正是高镜台，而且，直接安放在家具的平面上。其中，三足式造型的男式镜台，与后世日本浮世绘中经常露面的一类 X 式造型镜台，在风格、构造原理上都相近似。浮世绘中，这种 X 式镜台恰是直接安置在席面上，艺妓就跪坐在镜台前，对镜梳妆，镜台的高脚使得镜面"与人面适平"，正好处于适合映照面庞的高度。王处直墓中的高脚男式镜台显然应该采用同样的使用方式。因此，按照唐时的实际风俗，王处直墓壁画中摆满梳妆用具的这两件家具，就该是床，而非"案"。

另外，壁画中，这两件家具都在一侧竖有屏风。在坐、卧的床榻一侧竖屏风，是唐宋时代非常普遍的做法。如相传五代周文矩所作《重屏会棋图》、宋代画家牟益作品《捣衣图》、宋人佚名画作《槐荫消夏图》《羲之自写真图》等作品中都有反映。但是，似乎极少见到在桌、案一侧设置屏风的例子（只在相传苏汉臣所作的《妆靓仕女图》中有一例）。这一点，也证明该家具应该是床，而非案。宋人佚名作品《乞巧图》中，在

| 立在床上的高镜台。（王处直墓东耳室东壁壁画局部）

| 浮世绘中的X型高镜台（日本画家湖龙斋所作《艺女风俗》）

一处室内，放置有一座典型唐代风格的大矮榻，榻的后沿上竖有一道折叠屏风，显然反映了当时床后挡屏风的起居习俗。值得注意的是，榻面上放有一只造型独特的套奁。这只套奁的样式，与王处直墓西耳室壁画中的一只套奁十分相近，区别仅在于，前者是方形直角，后者采用方形的变体，做成四瓣菱花形。因此，《乞巧图》恰恰展示了当时将梳妆奁盒直接摆放在床榻上的用法，与王处直墓东、西耳室所绘，形成互相呼应的关系。

第三条线索是，在堆满女用梳妆具的家具上，放置有一只花枕。此枕的造型很有特点，枕面下低上高，上缘逐渐收拢成尖，还带有对称的波形转折，枕的各面都有精美花纹。近代以来，如此造型的古枕多有出土，其制作年代横跨唐、宋、元，活跃了很长时期。如内蒙古自治区哲里木盟辽国公主墓，就出土有一对錾花鎏金银枕，其形式与王处直墓壁画中所绘的花枕基本一致。辽国公主与其驸马正是各在头下枕着一只錾花鎏金银枕，仰卧在砖砌尸床上长眠，丧葬中的实例恰恰证明，这种花枕的用途在于供人枕在头下。更生动的是，山西高平开化寺壁画上，其北壁"鹿女本生经变"中，所绘茅庐内的床头，赫然摆放着一只枕，与王处直墓壁画中的花枕、辽国公主墓錾花鎏金银枕有着完全一样的造型。开化寺重修于北宋年间，寺内壁画看去像是金代的风格。这个例子也显示，王处直壁画墓中的花枕，在很长时期之内确实是一种实用的物品，具体地服务于人的生活。它不是摆设，是确实让人们枕着来睡觉的，所应该在的位置，是床头。

另外，山西高平开化寺壁画中放有这种花枕的床，是在床上先铺床单，床单四面垂下，形成的垂幔遮住了床的具体形象——画家细心地描绘出垂幔形成的折皱纹；然后，在床单上再铺一张席子。

根据这里的描绘，再重新去观察王处直墓壁画，就会明白，王处直墓壁画中正表现了同样的情形：直接承接梳妆用具的是一条席垫，席垫下是床单，床单垂遮在床前，遮盖住了床脚等部分，并形成褶皱纹。因此，画中表现的对象确实是床。鉴于供人睡觉、休息时使用的花枕也在这里露面，画中表现的对象，

开化寺壁画《鹿女本生经变》局部。

在诗歌和绘画中，镜台有多少次现身？肯定无法统计。在宋代以后，随着人们的起居习惯改变，镜台被安放到桌上，女性坐在桌前梳妆。（明代木刻版画《牡丹亭》插图局部）

辽陈国公主墓出土錾花鎏金银枕。

山枕 / 069

甚至可能不只是"梳洗床"一类的坐具,同时还象征了可坐可卧的便榻。

这可是一条了不得的线索。王处直是唐末、五代早期时人,"义武军节度使",其家族控制着河北境内的一方藩镇势力,据墓中所出墓志,他亡于923年,下葬于924年。墓中壁画当然应该完成于924年或之前,这就是说,壁画内容反映了晚唐、五代上层生活的具体情况。于是,我们居然就看到了《花间集》

瓷山枕倚立在挡床屏风之前,屏面上是"装堂花"风格的花鸟画,恰是《花间集》式的场面。(王处直墓西耳室西壁壁画局部)

时代的床和枕头,而在这集子中,一多半的场景都是围绕着床展开的啊,枕头,又是床上必不可少的配置。

二

如王处直墓壁画中所表现的这种造型的花枕,在出土物中发现甚多,绝大多数都是瓷枕,其他材质,如辽国公主墓以银为枕的情况很少。这种瓷枕实物的风貌,常常是中间凹,外缘高,形成一个弧面。由于枕面下圆上尖、上缘带有对称的波形转折,这一类型的瓷枕实物目前被定名为"如意头形枕"或"叶形枕"。

在陕西铜川黄堡唐代三彩窑、瓷窑的遗址发掘中,"如意头形"枕面的花枕残片是常见的器型之一,三彩、青瓷、白瓷、茶叶末釉瓷、素烧瓷等各陶瓷种类中,都有这种花枕。在瓷窑遗址中作为一种固定器型出现,说明这种瓷花枕在唐代是一种日常用器,在烧瓷业中有稳定、持续的生产。生产一定是为了满足需求,由此得出的结论自然是,"如意头形"陶瓷花枕在唐代生活中必有广泛的应用。

宋元时期的瓷枕,今日所见的传世与出土实物更多,在这一时期的瓷枕中,"如意头形枕"或"叶形枕"也是很突出的一支。

王处直墓壁画中,"如意头形枕"出现在堆满女用梳妆用具的床榻上,可见,在这个时代,这种花枕是女性休息时常用的一种枕头。《花间集》中描写艺妓们的卧室设备时,往往提到一种"山枕"。如顾敻《甘州子》一组五首,一心一意地描写男女最私密的时刻,都是以"山枕上"作结:

山枕上,私语口脂香。
山枕上,几点泪痕新。
山枕上,长是怯晨钟。
山枕上,翠钿镇眉心。
山枕上,灯背脸波横。

以"山枕"在《花间集》中出现之频繁就可以推知,在那个时代,"山枕"是最常用的枕头形式之一。清人陈元龙《格致镜原》卷五十四"枕"记云:"《黄鲁直集》:'支髻枕,庾公所作,盖今俗山枕。'"从这条文字可以推测,"山枕"一直到宋代都是很常见的日常用具,其作用相当于"支髻枕"。宋人欧阳修有《蝶恋花》"咏枕儿"一词:

> 宝琢珊瑚山样瘦。缓髻轻拢,一朵云生岫(疑应为"岫")。昨夜佳人初命偶。论情旋旋移相就。 几叠鸳衾红

浪皱。暗觉金钗,磔磔声相扣。一自楚台人梦后。凄凉暮雨沾裯绣。

说当时有一类枕儿是"山样",也许,这就是"山枕"一名的由来。今天所见的"如意头形枕""叶形枕",其枕面下低上高,外形轮廓下阔上尖,并且往往带有波形起伏,造型有山峦之意。欧阳修词中,有"暗觉金钗,磔磔声相扣"之句,说这"山样"的枕儿,一旦与金钗这种金属物相碰,会发出清脆的声响,这正是瓷器的特点。《磁州窑瓷枕》(张子英编著,人民美术出版社,2000年)一书所介绍的磁州窑瓷枕中,有两件元代"长方形白地黑花人物故事枕",一件墨书题记"古相张家造,艾山枕用功"(125页);另一件题记"相地张家造,艾山枕用功"(145页)。大约是一位艾姓的匠人,因为山枕做得特别好,以致被众人直接呼为"艾山枕",他本人也欣然以此自名。这位艾山枕师傅所"用功"的对象,恰恰是瓷枕,这条线索,也隐约提示了"山枕"与瓷枕之间的联系。从所有这些线索,或许可以推理出一个结论:瓷质的"如意头形枕""叶形枕",就是古代文学中常提的"山枕",今天所见的这些出土实物,当初,也就是五代美人们床上的日常摆设。壁画描绘,出土实物,让时光骤然流回到了十个世纪之前的"山枕上"。

反过来说,"山枕",乃是指有"如意头形枕"这一固定造型、外轮廓近山峦之状的一类瓷枕。魏承班《诉衷情》中有个情节非常说明问题：

> 春深花簇小楼台，风飘锦绣开。新睡觉，步香阶，山枕印红腮。鬟乱坠金钗，语檀偎。临行执手重重属，几千回。

词中写一个刚从床上起身的女人，忙着与意中人依依惜别，一时顾不得仪容不整。此时的她，是"山枕印红腮"。

　　故宫博物院所藏的一件"宋珍珠地'长命枕一只'"山枕，枕面上用划花手法，刻画出花朵、珍珠地，以及"长命枕一只"五字的阴刻线纹。所谓划花，是唐宋陶瓷制作中常用的装饰手法之一，用特殊的尖头工具，在陶瓷表面上划出各种图案的阴线浅纹。这样，枕面就不复平滑，而是布满阴刻的线路。瓷枕，包括山枕，往往采用这样的装饰手法。女人如果在睡觉时无意间把脸颊贴到这样的枕面上，一觉醒来之后，颊腮上不免就会印有枕面的线纹。"山枕"而能"印红腮"，也暗示着其为带划花装饰的瓷枕。

　　张泌《柳枝》说明了同样的问题：

> 腻粉琼妆透碧纱，雪休夸。金凤摇头堕鬓斜，发交加。
> 倚着云屏新睡觉，思梦笑。红腮隐出枕函花，有些些。

词中的她浑身用香粉擦得雪白，穿着半透明的轻纱睡衣，刚刚睡醒，发髻松坠，倚着床上的屏风，默默回味刚才的梦境。显然刚做了个好梦，所以她出神当中，不禁悄悄发出了微笑，而笑意盈动的腮颊上，还残带着刚才熟睡中在枕面上压印出的花纹痕迹。此处不称"山枕"而称"枕函"，也有其道理。今天所见古代瓷枕实物，都是瓷胎做壁，其内中空，并不是"死膛"。因此，也就可以理解当时何以常把枕称为"枕函"——是因为枕的形式很接近函盒：

| 宋珍珠地"长命枕一只"山枕，枕座正面即有散热气的小孔。

> 云鬓坠,凤钗垂。鬓坠钗垂无力,枕函欹。　　翡翠屏深月落,漏依依。说尽人间天上,两心知。(韦庄《思帝乡》)

实际上,古代的硬枕有时特意做成函盒,在其中存放物品。不过,从目前所见的情况来判断,只有瓷枕不仅形式如函盒,而且枕面有阴阳花纹,可以在脸腮上印出花纹。了解到这一点,对于体会李清照那首著名的《浣溪沙》,也许不无帮助:

> 淡荡春光寒食天。玉炉沉水袅残烟。梦回山枕隐花钿。海燕未来人斗草,江海已过柳生绵。黄昏疏雨湿秋千。

词中一句句几乎是白话,不难理解,但是,非常美,让人回味。唯有"梦回山枕隐花钿"一句,在今天读来有些晦涩。不过,一旦弄清山枕是瓷枕,而且枕面上有阴线划花,这句的意思也就变得明白了。"隐花钿"之"隐",显然是取"隐起"之意。"隐起"是一个非常古老的工艺专业词汇,指工艺品上浅浮雕式的凸起花纹,如《新唐书》"车服志"中记录唐代官员腰带的形制:

> 起梁带之制:三品以上,玉梁宝钿;五品以上,金梁宝钿;六品以下,金饰隐起而已。

三品以上重臣的腰带，在玉带銙上镶宝石；五品以上大员，在金带銙上镶宝石；六品以下官员的腰带，只采用金带銙或涂金带銙，其上做出浅浮雕花纹。

"隐起"一词从汉代就使用，直到宋代也还流行，如宋人吕大临《考古图》卷二关于"上旅鬲"的介绍云：

其文皆隐起，作兽面，亦饕餮象……

所以，"梦回山枕隐花钿"，是说女词人一觉醒来，山枕在腮颊上"隐起"花钿，显然的，这是指山枕上的划花线纹转印到倚枕人的脸颊上。花钿本是女性贴在脸上的小朵花饰，在这里，大约枕面上正好有小朵的刻线花纹，恰恰印到人颊上，效果仿佛花钿一般。在暮春渐渐变热的天气中，瓷炉散着一缕若有若无的香烟，一位女性从午睡中醒来，睡眼迷离，腮颊上显现出山枕的花纹，仿佛贴了一朵小花钿。过了一会儿，下起了沥沥的黄昏雨，打湿了花园中无人光顾的秋千架……

在目前所见到的山枕实物中，枕面采用划花装饰的占一定比例，可见，这样的山枕当年还是蛮流行的。因此，女性睡觉之后脸带枕痕，也就不是少见的情况，这给男性词人们留下了很深刻的印象。大约女性脸上的枕痕无意地暗示着她刚才的睡态，也就让人不免浮想联翩。所以，在男性眼里，此时的女性，很性感，很诱惑。宋代词人陆淞有一首《瑞鹤仙》，云："脸霞

红印枕。睡觉来、冠儿还是不整……"陈鹄《西塘集耆旧续闻》卷九"陆放翁陆子逸词"条云:

> 士有侍姬盼盼者,色艺殊绝,公(陆淞)每属意焉。一日宴客,偶睡,不预捧觞之列。陆因问之,士即呼至,其枕痕犹在脸,公为赋《瑞鹤仙》,有"脸霞红印枕"之句,一时盛传之,逮今为雅唱。

从这个故事,可见"脸霞红印枕"的形象,曾经多么深地打动中国男人的心。

| 枕面上的小朵印花,恰如花钿。(宋白釉刻印梅花鹿纹腰圆枕)

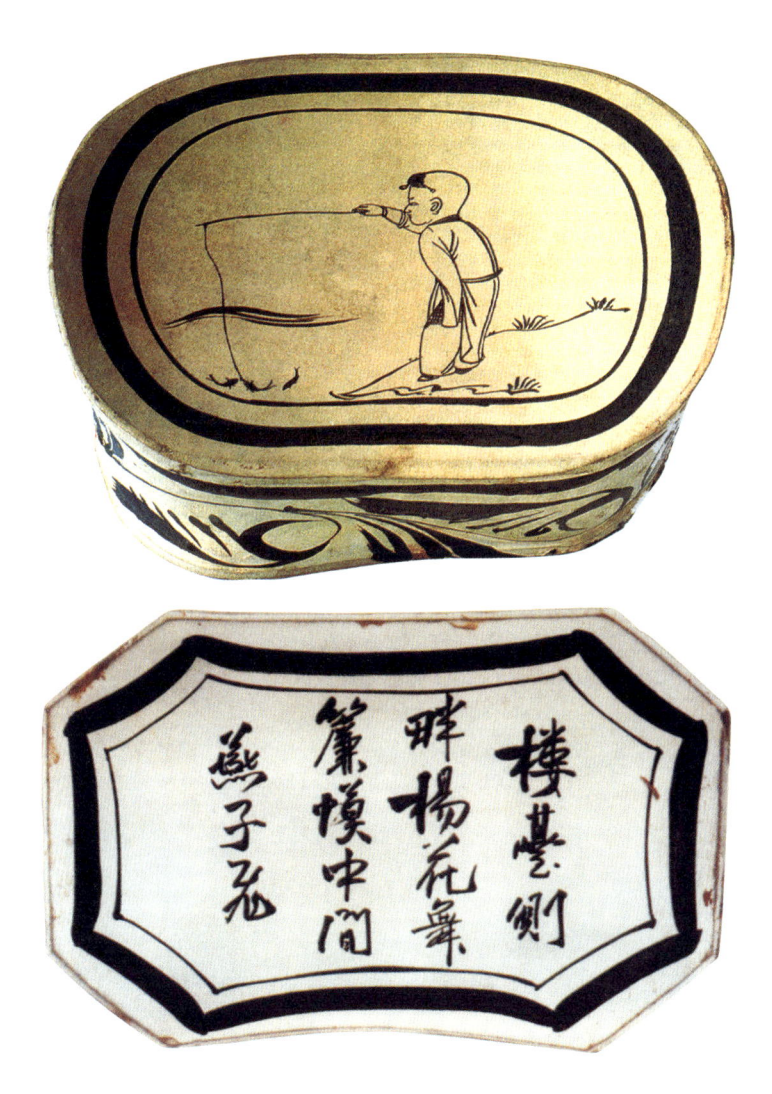

关于瓷枕，还有很多探讨没有充分展开。比如，瓷枕上的装饰绘画水平之高，为后世难以企及。另外，诗词也被移上枕面，那个时代的日常生活与"纯艺术""纯文学"的关系，很值得研究。（宋腰圆形瓷枕、金八角形瓷枕）

山枕 / 079

瓷枕，包括山枕，也常不加划花，而采用彩釉画花等装饰。但是，由于瓷枕，特别是山枕的下缘总是采用圆弧形，于是，就有了另一种可能：女性偎枕熟睡时，瓷枕的圆形边棱在她的腮颊上压印出一道圆痕，这也是宋代词人非常喜欢描写的细节，如欧阳修一首《虞美人》就有"睡容初起枕痕圆"这样的句子。利用这种日常生活中常见的现象，宋代的男性词人们可以把异性形容得非常肉感：

昼日移阴，揽衣起、春帷睡足。临宝鉴、绿云撩乱，未忺妆束。蝶粉蜂黄都褪了，枕痕一线红生肉。背画栏、脉脉悄无言，寻棋局。（周邦彦《满江红》上阕）

沉烟篆曲。可庭轩、翠梧荫绿。挂晚景、寒林数幅。对冰盘莹玉。　　印枕娇红透肉。眼偷垂、睡犹未足。试纤手、清泉戏掬。看风动槛竹。（袁去华《金蕉叶》）

三

瓷枕，乃至木枕、竹枕、石枕等硬枕头，在今天的人看来不可思议，对于古人来说却是最寻常的东西。唐人沈既济著名的《枕中记》里，道士吕翁拿给卢生的枕头就是瓷枕，"其枕青磁，而窍其两端，生俛首就之，见其窍渐大明朗，乃举身而入"，这个青瓷枕两端各有一个小孔，卢生恍惚间觉得腾身进入了那小孔里，然后展开了一场梦幻人生。作者在这里所编撰的情节，也是建立在现实的基础上。瓷枕"在烧制过程中，为了减轻枕腔内空气受热膨胀造成的箱体变形，制造者在枕箱的侧壁、底部……开有通气孔，便于排出膨胀的空气"。（《故宫藏瓷枕》，蔡毅编，紫禁城出版社，2002 年，14 页）也就是说，出于工艺的需要，所有的瓷枕在侧壁或其他部位一定要开有一双小孔，以便在烧制过程中排放枕函中的热气。沈既济是受到瓷枕这一具体形态的启发，才妙想出千古流传的"黄粱"故事。瓷枕最重要的作用，是夏天枕在头下取凉，这一点，宋人张耒《谢黄师是惠碧瓷枕》中交代得最清楚不过：

> 鞏人作枕坚且青，故人赠我消炎蒸。持之入室凉风生，脑寒发冷泥丸惊。梦入瑶都碧玉城，仙翁支颐饭未成。鹤鸣月高夜三更，报秋不劳桐叶声。我老耽书睡苦轻，绕床惟有书纵横。不如华堂伴玉屏，宝钿欹斜云鬟倾。

瓷枕正是用来"消炎蒸"的。有意思的是，诗的最后两句点出，这样的瓷枕，供华堂中的美人享用才最匹配，似乎暗示女人与瓷枕有着非同一般的联系。古代女性都蓄长发，夏天，头上一窝浓发，当然很难忍受炎热，这时候，头垫瓷枕，也就可以借几分凉意，有"脑寒发冷"的妙处。在晚唐、五代时，女性更是头髻高大，两鬓蓬撑如翼，黄庭坚说山枕相当于古代的"支髻枕"，也许，这种面如碗底的奇特枕头，主要就是为了女性在睡觉时保持发型不乱而设计的。

宋代的词牌中有"玉山枕"。诗词中提到枕时，往往称为"玉枕"：

> 日照玉楼花似锦，楼上醉和春色寝。绿杨风送小莺声，残梦不成离玉枕。（欧阳炯《木兰花》）

目前，研究者们普遍认为，诗词中屡屡出现的"玉枕"，就是瓷枕的美称。间接的证据是，一件出土瓷枕上题有自赞云："久夏天难暮，纱橱正午时。忘机堪昼寝，一枕最幽宜。"（转引自扬之水《宋人居室的冬和夏》）说自己最适合夏天在碧纱橱中午睡时枕用。而李清照著名的《醉花阴》中恰恰谈道："佳节又重阳，玉枕纱厨，半夜凉初透。"瓷枕自道：我最适合放在碧纱橱里；李清照则告诉我们：我过夏的碧纱橱中放有玉枕，而且这玉枕特别容易生凉意。两相对照，似乎可以确定玉枕实为瓷枕的真实身份。另外，一件磁州窑金代长方形瓷枕（杨永德先生收藏）上，题有一篇《枕赋》，宛然便是古代瓷枕的长篇自白。其中谈道，"有枕于斯……产相州之地，中陶工之度"，摆明了是古相州特产的瓷枕；其作用为，"是时也，火炽九天，时惟三伏，开北轩，下陈蕃之榻；卧南薰，簟（蕲）春之竹。睡快诗人，凉透仙骨"，正是大暑天用来取凉的；而其质地，则"藏之若授圭，出之如执玉"，这一形容，也可以视为一条旁证，显示唐宋人把瓷枕称为玉枕的原因——瓷枕莹润冰滑，富有玉质之感。实际上，古人习惯于以玉来喻瓷，如宋人刘敞《戏作青瓷香毬歌》，就把青瓷比喻成美玉，把烧瓷工艺的精湛，夸张为仙人琢玉的鬼斧神工："蓝田仙人采寒玉，蓝光照人莹如烛。蟾肪淬刀昆吾石，信手镂花何委曲。"唐宋诗词中频繁提到焚香的"玉炉"，而这一时期的香炉出土实物中，瓷香炉所占比例很大，是其中的大宗，结合刘敞之诗意，可知文学中美称的"玉炉"实际就是各式瓷香炉。同样可以推理出的结论，"玉枕"即是指瓷枕。

古人夏日生活中离不开瓷枕，长期的耳鬓厮磨，也就对这玩意有了种种微妙的体验。比如，"报秋不劳桐叶声"，瓷枕与凉席一样，总是能够最快最早，最机敏地向人的身体报警：季节开始了转换，夏日已过，秋天来矣。而这种时光流逝的怅惘，又自然地与各种人生情绪联系在了一起，如宋人晏几道的《南乡子》：

> 新月又如眉。长笛谁教月下吹。楼倚暮云初见雁，南飞。漫道行人雁后归。　意欲梦佳期。梦里关山路不知。却

> 待短书来破恨，应迟。还是凉生玉枕时。

已经从瓷枕上感觉到了凉意，可是，思念中的人一点消息也没有，让人——显然是女人——在新月如眉，群雁南飞的夜晚，只能独自品咽一腔无奈的幽怨。至于到了"佳节又重阳，玉枕纱厨，半夜凉初透"的地步，秋意则不再是"凉生玉枕"的隐约暗示，而是一种笼罩一切的确凿存在。

从《花间集》及众多五代、宋词中都可以观察到，那时的女性在睡觉时，总是要至少插一只钗子，把头发盘绾成松髻：

> 双眉澹薄藏心事，清夜背灯娇又醉。玉钗横，山枕腻，宝帐鸳鸯春睡美。（牛峤《应天长》）
>
> 云髻坠，凤钗垂。髻坠钗垂无力，枕函欹。（韦庄《思帝乡》）
>
> 娇鬟堆枕钗横凤。（冯延巳《菩萨蛮》）

于是，还出现了一种意想不到的情况，女性在枕上的时候，发髻中的簪钗会不时碰到瓷枕，发出轻微的声响：

> 香侵蔽膝夜寒轻，闻雨伤春梦不成。罗帐四垂红烛背，玉钗敲著枕函声。（韩偓《闻雨》）

因为"梦不成",也就是失眠,所以女性在枕上辗转反侧,结果搞得头上的玉钗不断与瓷枕相碰,发出轻响。

不过,不太像话的是,宋代词人把这样一个生活细节,成功地转化为一种充满暗示性的色情描写。最有代表性的就是欧阳修的那首《蝶恋花》"咏枕儿",这"山样瘦"的枕儿:

> 昨夜佳人初命偶。论情旋旋移相就。几叠鸳衾红浪皱。暗觉金钗,磔磔声相扣。

艺妓初次接待一位客人,被翻红浪、颠鸾倒凤的过程中,一直有她的金钗不断碰撞瓷枕发出的"磔磔声",这里头的暗示,自然不难领会。

大约"玉钗敲着枕函声"在那个时代的性生活中是相当普遍的现象,所以宋代男性词人们不止一次地涉及这个细节。比如贺铸的一首《菩萨蛮》描写:

> 章台游冶金龟婿。归来犹带醺醺醉。花漏怯春宵。云屏无限娇。　　绛纱灯影背。玉枕钗声碎。不待宿醒销。马嘶催早朝。

倾诉一位贵族少妇的苦恼:夫婿虽然出身很好,身份地位都很优越,但是个纨绔,总是在外寻欢作乐。半夜,这位"良人"

才醉醺醺地回到家中，女主人公算是能够享受到一点夫妻生活的乐趣了——云屏无限娇、玉枕钗声碎。可是好景不长，夫婿还没有彻底酒醒，就又得离家外出了，他必须一大早去"上班"。

周紫芝的一首《菩萨蛮》更为露骨：

翠蛾懒画妆痕浅，香肌得酒花柔软。粉汗湿吴绫，玉钗敲枕棱。　鬟丝云御腻，罗带还重系。含笑出房栊，羞随脸上红。

写一双男女在酒醉之中，趁人不注意悄悄欢爱一回，事后还假装没事人儿，依旧走出房来。其中，词人特意提到"玉钗敲枕棱"，好像这是该过程中比较突出的、有代表性的细节。

应该说，这是宋代比较独特的一种色情描写，似乎在其他时代的文学中见不到。显然，具体的生活情境，总是文学家们发挥才气的基础，即使对于色情描写，也同样不例外。

四

瓷枕的造型极富变化，并不止山枕一种样式。人们所用的枕，也不止于瓷枕一种。夏日取凉用的枕，还有琴枕。如唐人张籍《和李仆射西园》云：

> 遇午归闲处，西庭敞四檐。高眠著琴枕，散帖检书签。

宋人赵师侠《沁园春》也道：

> 羊角飘尘，金乌烁石，雨凉念秋。有虚堂临水，披襟散发，纱帱雾卷，湘簟波浮。　远列云峰，近参荷气，卧看文书琴枕头。蝉声寂，向庄周梦里，栩栩无谋。

南宋佚名画家所作《荷亭对奕图》《风檐展卷图》《薇亭小憩图》诸作品，都表现士大夫夏日闲卧于凉床之上，头下所枕之物，恰恰形如琴几，所谓"琴枕"，当是指这个样子的竹、木枕。另外，琴枕，在诗词中也会简称为"琴"，如白居易《闲卧有所思》：

> 向夕搴帘卧枕琴，微凉入户起开襟。

因此，顾敻《临江仙》中之句："象床珍簟，山障掩，玉琴横。"其中的玉琴便是指琴枕，而非作为乐器的琴，其样式想来就如《荷亭对奕图》诸图中所绘。

另外，特别需要注意的是，温庭筠《菩萨蛮》中有句："水精帘里颇黎枕。""颇黎",今日写作"玻璃",在唐代,是指天然宝石。1970年,陕西西安何家村窖藏出土,其中有一件莲瓣纹提梁银罐,罐盖上有墨书记录:"琉璃杯碗各一、颇黎等十六……"罐中所贮之物,恰好有一只玻璃杯、一只玻璃碗,以及十六块天然宝石。后人由此才恍然大悟:在唐代及以前的时期,琉璃,是指我们今天所说的人工制造的玻璃;而颇黎——玻璃,在当时却主要是指天然宝石。因此,温词中无疑是说,美人就寝时,枕着一只天然宝石的枕头。这种说法听起来让人难以置信,然而,在陕西西安法门寺地宫出土的珍贵唐代宝物中,有一只天然水晶枕,同出的"衣物帐"内也赫然记明:"水精枕一枚,影水精枕一枚。"可惜的是,衣物帐中所记的"影水精枕"在出土物中却全无踪影。

法门寺出土的这枚水晶枕,整体用天然水晶琢磨而成,呈莹澈的半透明状。长12厘米,宽7厘米,高9.8厘米,体积不大。但据介绍,唐代各地名窑所产陶枕出土实物,往往很小,"长度多在10—20厘米,以11—15厘米的较为常见。其高度一般在10厘米左右",研究者认为,"这种体积娇小的唐代瓷枕的出现,与唐代人梳理成高大膨胀的发髻有关。……将枕垫在颈部以上靠近头的根部,这样,发髻就不用与陶枕直接接触……"(《故宫藏瓷枕》,8页)。

法门寺出土水晶枕恰恰与这类"娇小"陶枕的大小一致。另外,此类陶枕"其造型多为长方形及外观呈扁平的箱形。枕面有的为平面,有的内凹,这是为了在使用时更好地支撑头部"(《故宫藏瓷枕》,8页)。水晶枕也是长方形,枕面内凹,与陶枕造型完全一样。它在外形上还有一个特点,就是上宽下窄,而这一特点也同样呈现在小陶枕上。因此,水晶枕在尺寸、形状等方面,都与唐代普遍流行的陶枕相一致,这说明,它是一件实用品,供皇帝或后妃睡觉时枕在头下。

令人吃惊的是,《全唐诗》收有崔珏《水晶枕》诗一首,诗的最后说:"蕲簟蜀琴相对好,裁诗乞与涤烦襟。"似乎这位崔诗人在谁家看到了这么一件"千年积雪万年冰"的水晶枕,就

| 琴枕,唐诗中偶尔称之为"夹膝"。(《羲之自写真图》局部)

想打抽丰，生要到手。他说：在我那里，有蕲簟这种优质竹席，也有蜀竹制的琴枕，倒也很搭配，但就是没这么一件水晶枕。求求您把它让给我吧，好让我过个清爽的夏天，我这儿可给您写诗了！

把诗作为"生磕"的工具，是士大夫文人的一大发明。不过，这首迹近无赖的诗作透露了一个消息：在唐代，如法门寺出土水晶枕这样贵重的东西，并不只由皇帝、后妃独占独享，官僚阶级也一样有这份福气（据《全唐诗》的生平简介，崔珏官至侍御）。实际的情况是，唐代后期吏治腐败，官员有时比皇帝还奢侈：

法门寺出土唐代水晶枕。

> 福建盐铁院官卢昂坐赃三十万,简辞按之,于其家得金床,瑟瑟枕大如斗。昭愍见之曰:"此宫中所无,而卢昂为吏可知也!"(《旧唐书》"卢简辞传")

抄贪官的家,结果抄出了一只瑟瑟枕。瑟瑟在唐代专指半透明的蓝色玻璃,斗大的蓝玻璃枕,在那个时代确实属于稀罕物,难怪唐昭帝见了都惊呼"没见过"。

此外,古代文献中,屡屡出现各种真天然宝石材质的宝枕,像琥珀枕(《宋书》)、白玉枕(《太平广记》"田膨郎")、翡翠枕(《宋史》)、碧玉宝枕(《元史》)等。至于考古发现的实物也非止一件,如河北满城西汉中山靖王刘胜墓中,出有双兽头镶玉鎏金铜枕,是鎏金铜铸的枕框,四面镶嵌雕花玉板,枕内还填有香料花椒。(《世界博物馆巡礼·河北省博物馆》,15页)

| 刘胜墓出土西汉双兽头镶玉鎏金铜枕。

据说，甄后死后，曹丕曾经把她的"玉镂金带枕"赏给曹植，所谓"玉镂金带枕"显然应该与刘胜墓出土的这件镶玉鎏金铜枕相仿佛。此外，河北省定县北庄东汉墓出土一件青玉枕，通体用青玉琢就。（同上书，22页）广州西汉南越王墓中甚至有珍珠枕，是用丝囊满盛珍珠而成。（《南越藏珍》，李林娜主编，中华书局，2002年，54—55页）。由此说来，法门寺水晶枕重见天日，其实也不是多么惊人的孤例。

不过，温庭筠词中所谈的"颇黎枕"，想来并非指水晶枕那般用真宝石做的枕，毕竟词中所描写的环境只是一个艺妓的卧室。"颇黎枕"，应该是指当时很流行的各种美石制成的石枕。从文献记载来看，石枕在古代生活中相当流行，仅《全唐诗》中就收有关于白石枕（钱起）、花石枕（白居易）、文石枕（刘禹锡、元稹）、石膏枕（薛逢）、桃花石枕（皎然）的诗篇。钱起《白石枕》有一篇短序，把石枕的用途交代得很清楚：

起与监察御史毕公耀交之厚矣。顷于蓝水得片石，皎然霜明，如其德也。许为枕赠之，及琢磨将成，炎暑已谢。俗曰：犹班女之扇，可退也。君子曰：不然，此真毕公之佳赏也。故珍而赋之。

钱起得了一块美石，特意做成枕头，准备赠给好朋友。不料等石枕做好的时候，夏季已过，石枕似乎一时派不上用场了。皎然《桃花石枕歌赠康从事》中，也有"六月江南暑未阑，一尺花冰试枕看。高窗正午风飒变，室中不减春天寒"之句，说，在暑夏中枕靠石枕，可以感到明显的凉意；薛逢《石膏枕》诗则说"朝来送在凉床上"，在口径上很统一，一致声明石枕是专门用于夏季暑热时节。白居易《新构亭台，示诸弟侄》一诗，描写自己怡然自得的消夏生活：

平台高数尺，台上结茅茨。东西疏二牖，南北开两扉。芦帘前后卷，竹簟当中施。清泠白石枕，疏凉黄葛衣。

石枕就像竹席一样，是士大夫生活中最日常的用具。从这些描述来看，石枕，在唐代是很流行的夏季避暑之器。河南偃师杏园唐李郁墓中出土有那个时代的滑石枕实物，"扁长方形，打磨工整，周遍圆润。长 27.4 厘米、宽 15.4 厘米、高 5.6 厘米"（《河南偃师杏园唐墓》，中国社会科学院考古研究所编著，科学出版社，2001 年，224 页），不过，这种置于墓中的滑石器，很有可能是专为陪葬的冥器，并非生活实用品，因此，此件滑石枕仅可备作参考。（参见《本草纲目》卷九"滑石"条）

唐人使用的石枕，虽然没有水晶、白玉那样珍贵的质地，但在力所能及的情况下，也讲究利用各种质感莹润、纹理美观的美石。实际上，水晶枕、瑟瑟枕一类宝枕的出现，乃是上层社会过于追求石枕材质的结果。正如唐诗所反映，白石枕是"皎然霜明""捧来太阳前，一片新冰清"；石膏枕"表里通明不假雕，冷于春雪白于瑶"。桃花石是一种很独特的石材，其截面上呈现如同桃花一般的花纹，所以皎然诗中有"片片桃花开未落"之句。用这种石头做成的枕，不仅滑凉，而且表面浮有朵朵花影，感觉很奇妙，故尔皎然夸之为"花冰"。（后世喜用这种石材制砚）"文石"，据说是土产的玛瑙。（参见《本草纲目》"金石二·玛瑙""草十一·名医别录"）从这些选材上，就可以大致想象唐人石枕的美观程度。温词中的"颇黎枕"，想来应该是这类美石制成的枕头。

崔珏《水晶枕》诗有两句非常精彩的描绘："黄昏转烛萤飞沼，白日褰帘水在簪。"黄昏时，点起烛火，水晶枕上会出现一点反射的亮光，并且，随着烛焰在微风中摇摆跳跃，这一点反光也移动不定，就像一点萤火在水沼中轻飞；白天，美人卷起门帘的时候，室外的阳光照进室内，落在水晶枕上，水晶枕立刻折射起一片水波似的反光，倏地反打到美人发髻畔的宝簪上。这两句诗把水晶枕的晶莹明澈形容得出神入化。石枕中，有一些类型是透明或半透明质地，有接近水晶枕的效果。如石膏枕不仅洁白细腻，"冷于春雪白于瑶"，而且"表里通明"，通体半透明，不含杂质。白石（阳起石）枕也差不多，色泽是"皎然霜明"，质地则"捧来太阳前，一片新冰清"，像冰一样的半透明。温庭筠用天然宝石之名"颇黎"来形容词中之枕，所描写的对象多半属于这类透明或半透明的美石枕。

现在已经搞明白，所谓"水晶帘"实际是用人造玻璃珠串成的门帘，其效果是"水精帘影露珠悬"（毛熙震《浣溪沙》）、"红丝穿露珠帘冷"（温庭筠《春愁曲》），半透明的玻璃珠就像是无数露珠挂在帘上，一旦有风吹过，还会"风触绣帘珠碎撼"（李珣《酒泉子》），玻璃珠相碰，发出细碎的声响。温庭筠把玻璃珠帘与半透明的晶莹石枕放在一起，显然有其用意。这是一个夜晚，实际上，夜色已深。水晶帘在夜色中，据说，如果站在帘外看的话，是"珠帘烛焰动"（李世民《冬宵各为四韵》）、"灯影斜穿细细红"（元人马祖常《咏琉璃帘》），有烛光灯影在帘上闪烁；如果在帘内看的话，是"珠帘隐映月华窥"（唐人刘宪《夜宴安乐公主新宅》），满帘的朦胧月色，甚或"珠帘月上玲珑影"（温庭筠《菩萨蛮》），一袭如水的半透明珠帘上隐约映出一弯低月。在月光明亮的夜晚，庭中的树影也会在珠帘上洇晕："寒月沉沉洞房静，真珠帘外梧桐影。"（白居易《空闺怨》）

正如崔珏《水晶枕》所交代，透明或半透明的石枕，对射来的光，包括烛光、月光等，也非常敏感，会有种种意想不到的反应。"水精帘里颇黎枕"，温庭筠一下就注意到了一间豪华卧室里最有特点的两样物品，抓住了这间卧室与众不同的独特气质。如果把这句词的意思补充完整，应该是说：挂着玻璃珠帘的豪华卧室内，床卧已经安排停当，晶莹的美石枕摆放在床头。烛影下，玻璃珠帘与石枕遥遥相对，究竟在一间卧室里产生了什么样的光影效果，后人是无从想象。接着，词人继续形容华床上的配备,却转向了质感完全不同的对象:"暖香惹梦鸳鸯锦。"一条织满鸳鸯纹的五彩锦被,刚刚从熏笼上撤下,香气浓郁,带着烘熏的暖热。这条锦被,以它的香,它的暖,它的纹锦灿烂,以及它的丝织品的柔软手感,与前一句珠帘、石枕的滑凉、澄莹,形成了截然相反的心理效果。更绝的是,词人忽然笔锋一跳,直接到了室外:"江上柳如烟,雁飞残月天。"一个无比辽阔、寂寥的夜的意境,展开在读者的眼前。这夜色也正像水晶,像玻璃,明净得纤尘不染,与首句的珠帘、颇黎枕形成奇妙的呼应。我们永远也无法得知,温庭筠当初创作这半阕词的时候,是出于什么样的动机,怎样获得了灵感。但不得不惊叹的是,这位"八叉"才子感受世界的方式,以及在创作时对世界重新加以组织的方式,实在是奇妙而特别。

参考文章:
《磁州窑瓷枕》,张子英编著,人民美术出版社,2000 年。
《故宫藏瓷枕》,蔡毅编著,紫禁城出版社,2002 年。

◆ 水车 ◆

在《旧唐书》中，东罗马帝国的首都君士坦丁堡的形象真是巍峨灿烂，神奇无比。在有关这座不朽城市的记述中，有一条说，那里的宫殿，"至于盛暑之节，人厌嚣热，乃引水潜流，上遍于屋宇，机制巧密，人莫之知。观者惟闻屋上泉鸣，俄见四檐飞溜，悬波如瀑，激气成凉风，其巧妙如此"（"西戎·拂菻国"）。按这一说法，在盛夏苦暑的时节，拜占庭人利用某种奇妙的设置，设法把水暗暗引到宫殿的屋顶上，随着屋顶上一阵流水声，宫殿的四檐就会有水流飞溅而下，如同瀑布一般，在空中激起凉风阵阵，起到去暑消烦的效果。

也许就是因为受到了这一远方消息的启发，唐人似乎很动了些心思，试图也创造出同样的设置，例如，唐玄宗时的奸相王鉷就在自己的豪宅内造了一座"自雨亭"，"从檐上飞流四注，当夏处之，凛若高秋"（宋人封演《封氏闻见录》"第宅"）。

制造这类能够"自雨"的建筑，关键是要想法把水引到屋顶上去，然后再让它从屋檐上落下来。为了这个目的，唐人想出的办法倒是丰俭随人，颇为灵活。如白居易贬居江州的时候，曾造一朴素的草堂，这一草堂得地利之便，其西面正好倚着山崖，"堂西倚北崖右趾，以剖竹架空，引崖上泉，脉分线悬，自檐注砌,累累如贯珠,霏微如雨露,滴沥飘洒,随风远去"(《草堂记》),他还真像古罗马人那样,用剖开的竹筒相接,做了一小段"高架引水渠",一直延伸到草堂的屋檐头。崖上的泉水被引入竹筒"引水渠",然后从檐头泻下,落到台基上。白居易在其《香炉峰下新卜山居,草堂初成,偶题东壁》中形容这一措施的效果:"洒砌飞泉才有点,拂窗斜竹不成行。"从檐上洒下的水流是很细微的,点点滴滴,这是因为引水管很细小,引来的泉流很弱,所谓"脉分线悬",于是产生的泄流也就"累累如贯珠,霏微如雨露",配着草堂的朴雅,周围自然景色的清幽,倒确实是别有一番意趣。

但是,大贵族、皇宫中的"自雨"设施就没这么简单了,要利用当时最先进的水力设施。正像五代花蕊夫人在一首《宫词》中所介绍的:

水车踏水上宫城,寝殿檐头滴滴鸣。助得圣人高枕兴,夜凉长作远滩声。

是利用水车,把水提到高处,大约是在皇宫的内城墙上铺设了小水渠,提到高处的水,就被倾入墙头的水渠中,然后经由水管引到天子寝殿的檐顶,再从檐头喷泻而下,落到地面。诗中形容落水的声音是"檐头滴滴鸣",似乎流量也不大。但是,水车轧轧运转,檐前落水滴沥,彻夜不息,仿佛把大自然的河滩野趣送到了深宫的天子寝殿，成了给皇帝催眠的柔和小夜曲。

水车在当时首先是农业灌溉的重要工具，到了唐代，已经在民间用得相当普遍。如《旧唐书》"文宗纪"："闰三月丙戌朔，内出水车样，令京兆府造水车，散给缘郑白渠百姓，以溉水田。"水车分两种，一种是靠人力，由人用脚踏的方法来带动水轮，提水到高处。《太平广记》卷二百五十"诙谐·邓玄挺"条引《启颜录》："唐邓玄挺入寺行香，与诸僧诣园观植蔬，见水车以木桶相连，汲于井中，乃曰：'法师等自踏此车，当大辛苦。'答曰：'遣家人挽之。'邓应声曰：'法师若不自踏，用如许木桶何为？'僧愕然，思量，始知玄挺以'木桶'为'檬秃'。"可见脚踏水车在唐代的农业灌溉中使用得多么普遍，寺院附属的菜园中也会有这样的设施来取水浇园。特别重要的是，这里提到水车的装置上"以木桶相连"，邓玄挺由此利用木桶和檬（懵）秃来对和尚开玩笑，是一个非常重要的细节。这一细节显示了两种可能性：一是，水轮上绑有一只只木桶，在设计上比较接近元人王祯《王氏农书》中介绍的"筒车"；二是，考虑到此设施是"汲于井中"，井水总是有一定深度，且井口总不会太宽敞，所以，这一水车所带动的，更可能是一个由一只只木桶连成的链条式"传送带"，如此，就与王祯《王氏农书》中介绍的"高转筒车"基本一致了。也就是说，唐代的人踏水车，与汉代毕岚的"翻车"、三国马钧的"翻车"相比较，在构造上已经有很大的改进。

把水提到高处的水动水车——筒车。（《天工开物》）

靠人踏来运转的"踏车"，也是重要的灌溉机械。（宋人佚名《耕获图》局部）

然而，唐代的水车，已经不仅有人力推动的一种，利用水力推动的水车也大大发展起来。唐人陈章《水轮赋》中对水力水车有很清楚的介绍，说这种"升降满农夫之用"的"水轮"，其运作原理是"鄙桔槔之烦力，使自趋之转毂"，不由人力，靠水击推动而自动运转不休。这样的水车装置，今日在南方的一些乡村地区，以及丽江等地，也还能够看到。

皇宫中的"自雨"装置，正是靠这种水力推动的水车来运行的。宋人王谠《唐语林》卷四"豪爽"中记载了一出闹剧，就是围绕着这一设施展开的：

> 明皇起凉殿，拾遗陈知节上疏极谏。上令力士召对，时暑毒方甚，上在凉殿，座后水激扇车，风猎衣襟。知节至，赐坐石榻。阴霤沉吟，仰不见日，四隅积水成帘飞洒，座内含冻。复赐冰屑麻节饮。陈体生寒栗，腹中雷鸣，再三请起方许，上尤拭汗不已。陈才及门，遗泄狼籍，逾日复故。谓曰："卿论事宜审，勿以己方万乘也。"

风流天子唐玄宗造了一座"凉殿"，同样是在殿的四角有水流喷泻而下，形成水帘，而在殿中的御座之后，设有"水激扇车"的装置。"水激扇车"，明言是用水流的冲击力来推动机械运转。参考花蕊夫人作品的描写，可以推测，凉殿屋顶四周能够有水帘流泻，一定与这一机械装置有关，是由水力推动的水车首先把水提到高处，倾入殿顶的水槽，然后才会有"自雨"奇观的。反过来说，"水车踏水上宫城"一句的"踏"，也并非指由人用双足来踏动水轮产生动力，其意思应当是形容水轮的刮水板不断击入水面，仿佛在"踏"水波而转。

古人在谈论水动水车的时候，总会提到其优点之一是运转不已，即使入夜也劳作不息。如《水轮赋》赞其"既干流于浪面，终夜有声"；《王氏农书》在介绍靠水力驱动的"筒车"时，引南宋张孝祥咏"湖湘以竹车激水"之诗，有句云："神机日夜运，甘泽高下普。"最后还说："江吴夸踏车，足茧腰背偻。此乐殊未知，吾归当教汝。"明确地说"神机日夜运"的"竹车激水"装置，并非辛苦人力的"踏车"；《王氏农书》在介绍水力带动的"水转翻车"时，也称赞"其日夜不止，绝胜踏车"，而"水转高车"则是"日夜不息，绝胜人牛所转"。这一特点，与"助得圣人高枕兴，夜凉长作远滩声"的描写正相符合，同样证明了花蕊夫人所写、西蜀宫中的水车，不是人力"踏车"，而是水力驱动的先进设备。蜀主固然昏聩荒淫，但是，这首诗的意思，却不是要表现蜀主竟然荒淫到逼着臣民没日没夜踩水车，仅仅为了给他去暑。相反，这里是在表现宫廷生活的奢华，舒适，精巧与"先进"。

需要特别注意的是，在《唐语林》所载的凉殿故事里，"水激扇车"可能有双重作用：一是带动水车将水送上屋顶；二是以水力带动木风扇不停转动，产生人造风。

宋画中的水车。(宋·李唐《清溪渔隐》局部)

在古人的著述中，提到水车时，往往强调其运转本身就会产生一定的人造风，同时，因为水被提到半空，然后泻下，会有水星在半空中飞溅，增加了空气的湿润度，也会产生寒凉的感觉。如《水轮赋》："始崩腾以散电，俄宛转以风生。"唐人郑谷在其《宣义里舍冬暮自贻》一诗里也说："水车新入夜添寒。"但是，"扇车"在唐宋时代很具体地是指"风扇"式设备。扬之水在《宋人居室的冬和夏》一文中研究指出，到了宋代，宫廷与士大夫居室中，在夏季普遍安装"扇车"，也就是人工产生凉风的风扇。不过，这类夏日安装在室内的"风扇"一般都是靠人手拉动相关装置而带动。同时，农家用来扬谷的"扇车""飏扇"也都是靠手动产生风力。在《唐语林》所载这个故事里，却明确提到了水动的风扇。要考虑到的是，《王氏农书》中介绍了靠水力驱动的"水排"，根据史料记载，这种设备早在东汉时代就已出现了，是在冶金中用于鼓风吹火。当然，其设计与"扇车"有很大差异。但是，古人早就知道利用水力来制造人造风，却是事实。（参见《王氏农书》"杵臼门"之"飏扇"、"利用门"之"水排"）因此，"水激扇车"一语显然是指水力推动的风扇。

如果真可以如此理解的话，那么，综合整个故事来看，这里似乎涉及了一种水力的联动装置，利用一套用水流冲击驱动的装置，既让扇车旋转生风，同时，还带动水车不断提水到高处。这并不是天方夜谭，《王氏农书》中就提到类似的复杂设

传统的水排（上）与飑扇（下）。

备，如"水转连磨"，是利用"急流大水"冲击一架巨大的水轮，使之旋转，然后通过一套齿轮系统，使得水轮的转动同时带动多只磨或碓工作；如果在作为驱动装置的大水轮上再绑上一个个水筒，那么，这水轮就变成了水车，在带动磨、碓的同时，还进行向高处提水的工作。作者王祯本人在江西等地亲眼见到过这类联动设施，因此，书中的介绍是来自元代的生活实际，而非停留在纸上的设想。用类似的联动装置，让水车在携水上殿顶的同时，还带动风扇不断生风，应该也是可能的。当然，我们目前似乎还没有资料证明，早在唐宋时代，这种复杂的联动装置已然被发明出来。不过，如果我们相信《唐语林》中叙述的可信性，那么，唐玄宗建凉殿的故事恰恰是暗示当时已有这类发明的重要线索。

按照《唐语林》的说法，唐宫中"自雨"与"风扇"相结合的方式，威力是非常大的，简直就与今天高档写字楼里的空调差不多，让人一进凉殿就冻得打哆嗦。谏官陈知节极力反对皇帝如此奢侈无度，结果遭了报应：唐玄宗恶作剧地把这位陈拾遗传到凉殿来，让他坐在石榻上，还给他搋冰屑的解暑冷饮吃，闹得这位刚正臣子当场就肚子里咕噜乱响，差点在主上面前出洋相。这样的描写，显然带有很大的文学夸张色彩，不能全信，"自雨"设施在暑热的降温效果究竟怎样，今天已经很难猜测了。

唐玄宗建凉殿，遭到谏官的极力反对。王鉷造"自雨亭"，

水转连磨。(《王氏农书》)

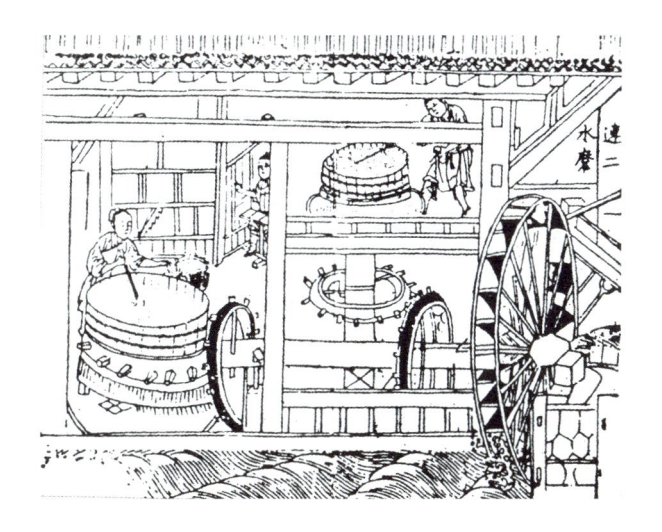

连二水磨。(《王氏农书》)

也被列为他的一项代表性罪状。说明用水轮来制造"自雨"建筑，在唐时算是非常出格的行为。但是，到宋代，情况似乎变了。元僧念常所著《佛祖历代通载》中的一则公案，无意中提供了有趣的信息。

那则轶事道是，北宋士大夫政治家张商英"元祐六年奉使江左……遂入兜率，抵拟瀑亭。公问：'此是什么？'悦曰：'拟瀑亭。'公云：'捩转竹筒，水归何处？'曰：'目前荐取。'公伫思。悦曰：'佛法不是这个道理。'"

张商英崇信佛法，用心于禅学，在元祐六年（1091）到江西兜率院，向名僧从悦禅师参学。在兜率院内有一所"拟瀑亭"，张商英与禅师到达亭子前，便以亭子的特殊形制为话头，试图参悟禅机。他与从悦的对话却揭示，在11世纪，作为佛寺的兜率院内筑有一座自雨亭。这所亭子附有输水装置，利用人工机关（"捩"）带动竹筒不断转动，把水提上高处，然后当场落下（"目前荐取"）。"拟瀑亭"一称则显示，之所以安排如此的人工输水装置，乃是为了制造一处人工瀑布，因为是模拟天然瀑布，所以名为"拟瀑"。

"拟瀑亭"乃是"捩转竹筒"而形成模拟的瀑布，显然，这是一处与唐宫凉殿、西蜀寝殿性质相同的建筑，也是利用水车让亭檐有泻瀑不绝落下。禅寺中也会出现如此精巧的构筑，证明利用水车而"自雨"的亭楼在宋代并非仅限于皇室、贵族显要的享受，在民间也有一定的普及性。这是一个小小的例子，证明科学技术在宋人生活中所起的作用远比我们以为的重要。

同样说明情况的是，张商英见到拟瀑亭，并不惊讶，他非常明白这座亭子运作的原理，所以立刻用亭子的机关来打禅语。从悦也一样懂得亭子是怎样挂上瀑布的，于是形成了会心的问答。

张商英的发问是，水车在水流击打下，不断轮转，通过绑在轮扇的一圈小筒把水携带到高处。水冲不止，便轮转不止，于是水便持续地升到高处。那么，反复由小筒舀离水面，升到高处的水，接着又回归到哪里呢？一筒筒水抬升到高处的意义是什么？水车在水击之下机械地反复重复抬水升高的过程，最终的意义何在？

从悦回答：随着轮扇的持续运转，筒中水泻下，落到亭顶，再从亭檐流下，形成瀑布，水并不去往其他地方，水车在我们眼前取水，就为了我们眼前看到的目的。在机械作用下，水在原地升高，再在原地落下，虽然是原地的盲目循环，但形成了目的和功能，制造出瀑布。瀑布既是水，又不是水，而流成瀑布的水仍然是水，但也不能说完全是原来的水，因为它变化出了瀑布的形态。但是，落回到地面的溪流中之后，瀑布的暂时形态消失，水又变成了经历升落之前的水。

张商英听了从悦的话，感到水车把水变成瀑布的现象很有启发性，便凝立着默然沉思。但从悦明确地打碎他的迷思，告诉他，佛法的道理并不是认为，这种机械的轮回就是万事万物的真谛。

自雨建筑可以用于参禅，正说明了那一类设施在宋代、元代并非特别稀罕之物，士大夫精英们对之了解，因此把此般设施作为话头的时候，交流起来没有障碍。然而，颇令人惊讶的是，王祯在《王氏农书》"水转高车"条后注云："今都城已有高车，用水飞上楼阁，散若雾雨，颇闻费力。"元大都也有用水车提水形成的"自雨"建筑！王祯为诗咏此事云："通渠激浪走轰雷，激转筒车几万回。水械就携多水上，天池还泄半天来。竹龙解吐无云雨，旱魃潜消此地灾。安得临流施此技，楼居涤去暑天埃。"这些描写，与花蕊夫人的作品倒是有互相照应的意义。据王祯所说，元大都的自雨装置，是利用复杂而巨大的"水转高车"。这种"水转高车"的好处，是"欲用高水，则用此车"，但是，"须水力相称，如打碾磨之重，然后可行"，必须有足够强大的水流，产生足够的力道，才可能驱动这一装置运行。

从文献来看，自唐以后，自雨建筑虽说有，但也没有真正普及开，没有成为广泛应用的避暑措施。原因很可能在于，利用水车把水提到建筑屋顶的高度，以从前的技术条件，是不太容易的事情，参考《王氏农书》的介绍可知，那要足够猛劲的急流来产生巨大的冲击力；否则，就得在不同的高度建立一系列水车，用接力的方式，把水依次提到高处。另外，制作水车也需要很高超的技巧和经验。这些限制，显然都使得自雨建筑建造起来不那么容易。元大都的自雨装置就"颇闻费力"，也许，北京城内及近郊

运用水力带动磨、碓来碾磨、舂打面、米，是古代水力器械的另一大用途。宋代，水磨非常发达，水磨房也成了当时绘画中的一个热门题材。（宋·王希孟《千里江山图》局部）

地势比较平坦,河流的流势平缓,缺乏流量大、落差悬殊的瀑布,也少有激流险滩,想要制造出猛烈的水流产生强劲的水力就吃力了。

另外,引水渠分布在屋顶的四檐,只怕很容易引出漏水浸坏屋顶等问题,所以,自雨殿亭作为一种很有想象力也很具诗意的建筑设计,只是零星地出现过,绝对难以成为普遍现象。

要说明的是,具有自雨功能的建筑,很可能早在北朝时代就在中国出现了。《十六国春秋》中讲述石虎的都城建设,其中有很多奇异的现象,初读只觉得不可思议,如:

> 又于太武殿前起高楼……集诸氐于楼上,或时亢旱,春杂宝异香为屑,使数百人于楼上吹散之,名曰"芳尘台"。台上有铜龙,腹可盛数百斛酒,使胡人于楼上噀酒,风至,望之如露,名曰"粘酒台",引以洒尘。

在了解到古代的自雨建筑之后,这段奇怪的文字就有了新的理解方向——其实,石虎所建的这座高台,也正是一座自雨建筑,不知采用什么方式将水提引到楼上的铜龙造型蓄水池中,楼台四周安置了异族人风貌的雕像,雕像口中有机关、暗管与蓄水池相通,一旦启动机关,水流就从这些雕像口中喷出,泻洒到楼下,在干热的天气起到湿润空气、减少浮尘的调节作用。这样的设置在当时人,尤其是淳朴的游牧民族眼中,一定带有魔法般的奇异,所以在口口相传中，被讲述得走了样。

唐宫凉殿、自雨亭、西蜀寝殿、拟瀑亭等，都是利用水车一类设施。由于中国古代水资源丰富，农业发达，所以水力灌溉设施也很早就发展起来，自雨建筑，往往是挪用、改造这些农业水力设施而成。唯有石虎的"芳尘""粘雨"之台，倒真可能是引进了拂菻等异域国家的自雨建筑方式，毕竟，那是一个异域文明、异域技术大量引进的时代。令人感到惊奇的是，一本名为《拜占庭》（米歇尔·卡普兰著，郑克鲁译，上海书店出版社，2004年）的小册子里，引载了阿拉伯人哈伦·伊本·雅希亚写于10世纪的《对君士坦丁堡的描述》中的片段，其中有云：

> 这个教堂有四个院子……院子里有一个在大理石中挖出来的5米见方的水池，耸立在一根离地5米高的大理石柱子上。上空有一个铅做的圆顶，另一个银穹顶耸立其上，12根2米高的柱子承载着这银穹顶。在每根柱子的顶端是动物塑像……在这个穹顶附近，离院子200步的地方，有一个蓄水池，水从这里流到柱子顶端的动物塑像那里。每逢节日，在这个蓄水池里灌满1万双耳尖底瓮容量的酒和1,000双耳尖底瓮容量的白蜜，蜜和酒混在一起。还用一只骆驼能负载的甘松茅、丁子香花蕾和肉桂使酒发出香味。蓄水池装满了，看不到里面有什么东西。当皇帝从宫里出来，走进教堂时，他的目光落在这些塑像和酒上，酒从塑

像的嘴里和耳朵里流出来,聚集到灌满的池子,皇帝周围每一个同他一起参加庆典的随从喝上一口这种酒。

在这段文字中,一些描写与《十六国春秋》中石虎的"芳尘台""粘酒台"依稀暗合。一是对后赵邺城的描述,一是对君士坦丁堡的描述,地理上遥隔万里,时间上相距几个世纪,二者之间何以会有如此神奇的共同处?这些喷香流酒的神话般的装置,与唐人所说的拜占庭那一"四檐飞溜,悬波如瀑"的奇特技术之间,又是什么关系?也许,研究东罗马文明的学者能够帮助我们找出答案,顺带搞清楚,"芳尘""粘雨"之台,究竟是怎样的构造与风貌。

参考文章:

《宋人居室的冬和夏》,扬之水著,《古诗文名物新证》(二),紫禁城出版社,2004年,308—335页。

《碓》,阎艳著,《〈全唐诗〉名物词研究》,巴蜀书店,2004年,1—6页。

◆ 口脂 ◆

一

用一种梦幻般的笔调，描写和妓女——相熟也罢，初识也罢——所共度的枕上时刻，是《花间集》中最频繁出现的主题之一。逢到进行这种描写的时候，词人们个个来得细腻、具体、大胆而微妙，把这种场面写得充满了逗人的情致。顾敻有一组《甘州子》，专门着力于青楼中"山枕上"最私密的时刻，其一道是：

> 一炉龙麝锦帷傍，屏掩映，烛荧煌。禁楼刁斗喜初长，罗荐绣鸳鸯。山枕上，私语口脂香。

夜深了，但是一对有情人还在悄悄低诉着心事，细语呢哝中，充盈着从女性红唇上飘来的香气。

《花间集》的时代，女人涂口红的方式，与明清时代很不相同。到了明清时代，女性涂嘴唇的时候，主要是使用绵胭脂。这时期绵胭脂的做法，大略如《天工开物》"彰施·燕脂"所言：

> 燕脂，古造法以紫矿染绵者为上，红花汁及山榴花汁者次之。近济宁路但取染残红花滓为之，值甚贱。

不管用什么样的原料，大概的做法，都是把原料浸、榨出红色汁液，再以丝绵薄片浸到其中，然后将染红的丝绵晒干。如此保存胭脂的方法非常古老，如宋人罗愿《尔雅翼》卷三"燕支"条即云：

> 又为妇人妆色，以绵染之，圆径三寸许，号绵燕支。又小薄（箔）为花片，名金花烟支，特宜妆色。

因此，古时的所谓"胭脂"，一般都是指"成张"的染红的丝绵薄片。明清女性化妆的方式，是用的时候，小手指把温水蘸一蘸洒在胭脂上，使胭脂化开，就可以涂手涂脸了，但涂唇是不行的。涂唇是把丝绵胭脂卷成细卷，用细卷向嘴唇上转，或是用玉搔头（簪子名）在丝绵胭脂上一转，再点唇。（《宫女谈往录》，金易、沈义羚著，紫禁城出版社，2001年，94—95页）

《红楼梦》中，怡红院使用的胭脂要讲究得多，"也不是成张的，却是一个小小的白玉盒子，里面盛着一盒，如玫瑰膏子一样"。据贾宝玉介绍，这是用经过淘澄的胭脂汁，配上芳香的花露，"蒸叠"成的。其使用的方法是——

> 只用细簪子挑一点儿抹在手心里，用一点水化开，抹在唇上，手心里剩的就够打颊腮了。

虽然胭脂的形式有所不同，但是，使用的方法一致：都是利用胭脂化开后形成的红色水液，同时作为唇红和腮红使用。

在《花间集》的时代，女人的口红很是不同，更接近今天唇膏的形式，叫作"口脂"。北朝贾思勰《齐民要术》里有"合面脂法"：

> 用牛髓。（牛髓少者，用牛脂和之。若无髓，空用脂亦得也。）温酒浸丁香、藿香二种。（浸法如煎泽方。）煎法一同合泽，亦著青蒿以发色。绵滤，著瓷、漆盏中令凝。若作唇脂者，以熟朱和之，青油裹之。

不知是否受游牧民族生活习惯的影响，北朝的"唇脂"与擦脸油"面脂"一样，是用牛髓或牛脂制作，因此是油脂状的。到了唐代，口脂的基本原料变成了蜡，如孙思邈《备急千金要方》卷六"七窍病·唇病"列有"炼蜡合甲煎法"：

> 蜡、紫草，各二两。右先炼蜡令消，乃内紫草，煮少时，候看，以紫草向指甲上研之，紫草心白即出之。下蜡勿令凝，即倾弱一合甲煎于蜡中，均搅之，讫，灌筒中，

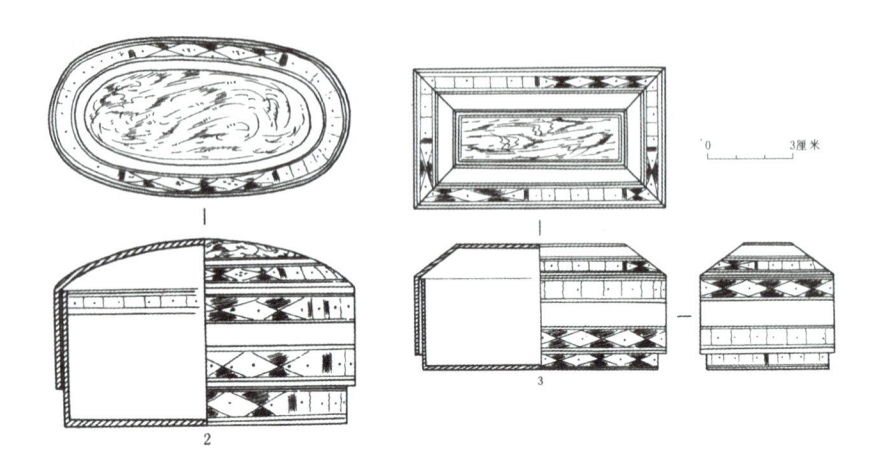

西汉马王堆三号墓出土"盛脂"小漆奁。[引自《长沙马王堆二、三号墓汉墓（第一卷）——田野考古发掘报告》]

三足鎏金"银器"内的唐代化妆品遗存、应为面脂。（河南洛阳东明小区 C5M1542 唐墓出土）

> 勿触动，候冷凝，乃取之，便成好口脂也，傅口面，日三。

将蜡融化后，加入紫草，煮到一定火候，再加入香料"甲煎"，搅匀，灌到竹筒中，待冷凝之后取出，就是"好口脂"。紫草，据《齐民要术》"种紫草"引《广志》，是一种可做紫色染料的植物，掺加到蜡中，是为了让口脂带有紫红色。

需要注意的是，口脂并不仅仅限于女人专用，唐宋时，男士也把口脂当作必要的保养、美容用品。每年腊日这一天，唐朝皇帝都要向一些重要大臣赏赐应节礼物，其中不可或缺的内容之一，就是面脂和口脂。杜甫《腊日》诗即云："口脂面药随恩泽，翠管银罂下九霄。"《文苑英华》卷五九四收录了若干唐代官员感谢皇帝恩赐口脂等物的上表，从其中的描述来看，皇帝赐的口脂，赏赐的对象既是这些大臣们的女眷，也包括男性大臣本人。如韩翃的谢表中，先说"并赐臣母申国太夫人口脂一合、面脂一合、澡豆一贴"，但是，随即又谈到"兼赐将士口脂等"；李峤《谢腊日赐腊脂口脂表》中，歌颂皇帝所赐的口脂等美容品，是"旋顾妆奁，遂成箕帚之多幸"，说明这些御赐美容品是供其夫人（"箕帚"）使用，但是，常衮的谢表中，表述受赐"面脂、口脂、香药、澡豆"的恩泽，是"以疵贱之质，忽降御香；以酕冒之容，忽澡天泽"，在此人另一关于受赐"衣一副，腊日口脂、红雪一合"的谢表中又说："欲臣永驻衰容，故馨香流润"；吕颂的谢表中，则称"龟首既沐其芳馨，香膏又需于唇吻。贲饰之道，备幸于臣"，都说明，男性大臣本身也会使用这些赏赐的口脂。从唐朝皇帝总是在腊日这一天赏赐口脂、面脂的做法来看，当时的观念中，显然是把口脂当作一种冬天的护唇用品。特别是如韩翃谢表中所提到的，皇帝也会把口脂赐给军人，这样做的目的不会是为了美容，而是让将士们冬天防护嘴唇皴裂。《备急千金要方》中有一条"甲煎唇脂治唇裂口臭方"，也说明唇脂——口脂在当时有"治唇裂"的意义。不过，在注重仪表的男人那里，涂口脂却不分季节，是日常美容保养的常项。北宋李廌《师友谈记》"苏叔党言蒲传正奉养过度"就写道：

> 叔党又言：蒲公有大洗面、小洗面、大濯足、小濯足、大澡浴、小澡浴。……口脂、面药、薰炉、妙香次第用之，人以为劳，公不惮也。盖公以文章显用，为时大臣，志气磊落，奉养雅洁故也。

可见，唐宋时代，有身份的男人日常使用口脂，是比较普遍的现象。因此就有了《任氏传》中的一个好玩细节：阔少爷郑崟准备拜访一位不相识的美人，"遽命汲水澡颈，巾首膏唇而往"。风流少年为见美人所做的准备之一，就是"膏唇"，用口脂把嘴唇涂得光润诱人。

很可能是为了满足男性的需要，唐代还特别发明了肉色口

脂,见于唐人王焘《外台秘要方》卷三十二"崔氏烧甲煎香泽合口脂方":

> ……煎紫草尽一斤,蜡色即足。若作紫口脂,不加余色。若造肉色口脂,着黄蜡、紫蜡各少许。

单加紫草,得到的是紫红色口脂,如果再加入一点黄蜡、紫蜡,就成了肉色口脂。

煎紫草而成的"紫口脂",应该属于女性专用的口红。另外,也可以在口脂中掺加朱砂粉,使其呈现鲜艳的红色。《齐民要术》就提到,"若作唇脂者,以熟朱和之""甲煎唇脂治唇裂口臭方"也是"乃内朱砂粉六两,搅令相得"。根据"甲煎唇脂治唇裂口臭方"这个配方介绍,制好的红口脂被灌到竹筒里,用纸裹住竹筒,再缠以麻绳。等口脂冷凝后,再拆开竹筒。因此,那时的口脂,是一段段圆柱状的凝蜡,以"挺(铤)"为量词。由此,我们就可以明白,为什么张生送给崔莺莺的礼物之一是"口脂五寸"(唐人元稹《莺莺传》)。总之,口脂的成品是红色、紫色或肉色的凝冻状固体膏脂,宋人词作中就有把口脂呼为唇膏的例子:

> 拾翠人寒妆易浅,浓香别注唇膏点。(王安中《蝶恋花》)

一直到宋代，女性都是使用口脂涂唇：

> 宝奁常见晓妆时，面药香融傅口脂。（赵长卿《瑞鹧鸪》"遣情"）

画口红的时候，是用指尖挖起一点口脂，直接向嘴唇上"点""注""匀"：

> 朱唇素指匀，粉汗红绵扑。（白居易《和梦游春诗一百韵》

五代南唐后主李煜的一首《一斛珠》，专以女人涂了口脂的嘴唇为主题，词中谈道：

> 罗袖裛残殷色可，杯深旋被香醪涴。绣床斜凭娇无那。烂嚼红茸，笑向檀郎唾。

唇妆画好之后，总是面临着遭到破坏的危险：会不小心沾到袖子上，或者喝酒当中被酒水洗退颜色。做针线的时候，常要咬线头、抿线，也会把口红染到丝线上。所以，不时地补一补妆，就十分必要。今天，翻开任何一本教习化妆术的书，都会读到一个郑重的告诫：女士补唇妆的时候，一定不可以当众进行，要到盥洗室去，私下完成——这才是有教养的行为方式。中国古代倒是没有这样的讲究，女性，特别是妓女们，只要背过身去，或者找个安静的角落，就可以添画口脂：

> 背人匀檀注，慢转娇波偷觑。（顾夐《应天长》）
> 揉蓝衫子杏黄裙。独倚玉阑无语、点檀唇。（宋人秦观《南歌子》）

"独倚玉阑无语、点檀唇。"在七夕的夜晚，立在楼栏前，用手指匀一点口脂，向嘴唇上补妆。（宋人佚名《乞巧图》局部）

二

照这么一说,古代的口脂,与今天女士们的口红简直差不多,然而,那年月的口脂有个现代口红难比的巨大优势:带有奇异的香气。北朝时代,口脂中要加丁香、藿香二味香料;到了唐朝,则时兴甲煎口脂,甲煎,是一种人工制作的复合香料,从南北朝时期起曾经风行一时。"甲煎唇脂治唇裂口臭方"不仅展示了当时制作高档口脂的相当复杂的工艺,而且竟然动用甘松香、艾纳香、苜蓿香、茅香、藿香、零陵香、上色沉香、雀头香、苏合香、白胶香、白檀、丁香、麝香、甲香(也就是甲煎)十四味不同的香料,其中有好几味属于昂贵的进口香料。"崔氏烧甲煎香泽合口脂方"所需的香料与之相仿佛,但多了兰泽香与薰陆香,而无苜蓿香、茅香、雀头香和白檀。正因为口脂总是散发着贵重香料的气息,李煜专写女人口脂之妙的《一斛珠》中,就干脆用"沉、檀"这样的香料名来指代口脂:

晚妆初过,沉檀轻注些儿个。

由此可以肯定,唐宋诗词中每每把女性的嘴唇形容为"香唇",并不是夸张,而是写实:

花袍白马不归来,浓蛾叠柳香唇醉。(李贺《洛姝真珠》)

有意思的是,据《旧唐书》"职官志"记载,负责"天子服御"的"六局"之一"尚药局",专设"合口脂匠四人",《新唐书》"百官志"则说是"合口脂匠二人",专人负责制作口脂一类的美容化妆品,可见唐代举国上下对于口脂这项美容品重视非常。李峤谢表中形容这种由宫廷制造、赏赐给大臣的口脂、面脂,是"因三冬之吉庆,造六宫之脂泽。糅以辛夷、甲煎,燃之以桂火兰苏。气溢象奁,香冲翠幄",吕颂则在同样内容的谢表中,有"芬馥兰膏,出于中禁"之句,在其另一谢表中则称"香膏又需于唇吻",都是强调口脂,包括男用口脂的沁人香芬。

盛口脂等化妆品的唐代蚌形鎏金银盒,錾有成双的鹨鹈鸟纹。(河南偃师杏园唐墓出土)

在晚唐、五代，鸂鶒与鸳鸯一样，被养在园林中，供人观赏。

这种形制特别的唐代玉盒，盒盖与盒身相分离，在一侧雕有凸出的柄手，柄手当中有镂空花纹，可以穿系手巾、裙带。柳氏所送的玉盒，或许就是如此的形式。

口脂造价这么贵重,这么芳香悦人,况且无论男女人人都离不开,情人之间拿它来当作表达感情的礼物,也就成了很自然的选择。张生特意从长安买了口脂,托人送给莺莺,正是追随着当时年轻男女中流行的风气。唐人许尧佐《柳氏传》中就有一处情节,柳氏被番将沙吒利霸占,无法与韩翊重新团圆,只好相约在道政里门前见一面。到了约会的时间,韩翊等在门前,但见一辆牛车辘辘驶过,柳氏忽然掀开车帘——

> 以轻素结玉合,实以香膏,自车中授之,曰:"当遂永诀,愿置诚念。"乃回车,以手挥之,轻袖摇摇,香车辚辚,目断意迷,失于惊尘。翊大不胜情。

在这个伤感的场面中,柳氏用玉盒(合)盛满芳香的口脂,再将那只小盒系在手帕上,送给所爱的人,作为永远的纪念。见不到思念的人儿,对方所送的口脂却芳香不断,仿佛他或她的气息一直萦绕、陪伴着自己,仿佛他或她的唇吻就在自己的脸畔,这种幻觉更让人心生怅惘:

> 罗囊绣两凤凰,玉合雕双鸂鶒。中有兰膏渍红豆,每回拈著长相忆。　　长相忆,经几春?人怅望,香氤氲。开缄不见新书迹,带粉犹残旧泪痕。

口脂 / 131

在韩偓这首题为《玉合》的"杂言"诗中,唐代多情男女用口脂表达思念的方式,着实细腻而华丽。玉盒上雕有象征爱情忠贞的成双鸂鶒鸟纹,套裹在罗囊里,罗囊上也绣着两两对舞的凤凰。玉盒中盛着香口脂,另外,还特意在口脂里嵌上象征相思之情的红豆,让爱情的信号加倍强烈。

情人们互相赠送口脂,要用玉盒来盛装,可见口脂的身份之娇贵。杜甫有"口脂面药随恩泽,翠管银罂下九霄"这样的句子,唐人段成式《酉阳杂俎》卷一记载,唐中宗景龙年间(707—710),"腊日,赐北门学士口脂、蜡脂,盛以碧镂牙筩"。皇帝赏赐给文臣的口脂、面脂,是盛装在染绿、镂花的象牙筒中,"翠管"显然是指这种染绿刻花象牙小筒。雕花玉盒,碧色刻花象牙筒,在唐代,是这样的精美玩意充当高档口脂的盛器。

三

女人涂得艳红的嘴唇上,永远散发着昂贵的、奢侈的香气,这一点让男性诗人非常迷醉。韦庄《江城子》写到准备与之共度一夜的一位女性:

> 恩重娇多情易伤,漏更长,解鸳鸯。朱唇未动,先觉

> 口脂香。缓揭绣衾抽皓腕，移凤枕，枕檀郎。

还没听到她的声音，先感受到了她唇上的香气，这的确是很撩人的体验。必须说明的是，男性诗人们的这类描写中，对象一般都是妓女，似乎没有哪个士大夫在诗中歌颂自己太太嘴唇上的口脂之香。男性看待妓女这类特殊女性时，抱着狎亵的态度，很喜欢她们所给予的种种肉欲的刺激，从嘴唇上散来的浓香，无疑正是这样一种很肉感的诱惑。《全唐诗》中有一首归在白居易名下的《江南喜逢萧九彻因话长安旧游戏赠五十韵》，就很坦白地回忆了一次士大夫的集体狎妓活动，那场面在我们看来很是不堪，诗人本人却觉得很有趣，甚至有些为之得意：

> 留宿争牵袖，贪眠各占床。绿窗笼水影，红壁背灯光。索镜收花钿，邀人解袷裆。暗娇妆靥笑，私语口脂香。怕听钟声坐，羞明映缦藏。

女人嘴唇上的香气，是这类像梦一样混乱、聚散匆忙的夜晚中，给人留下深刻感受、日后能够长久记得的印象之一。

艺妓们越到夜晚，越要打点起精神，她们在就寝时并不卸妆，相反，还要重新上一回"晚妆"，所以，即使在夜深时分，在最幽密的时刻，也会有唇香轻漾：

> 画屏绣阁三秋雨,香唇腻脸偎人语。语罢欲天明,娇多梦不成。(欧阳炯《菩萨蛮》)

在长期分别的前夜,一对男女终夜偎依着,彼此细诉情感。窗外秋雨霖霖,女性带着香气的嘴唇轻贴着他的脸颊,情语呢喃,让即将远行的男子感到一丝凄凉的甜蜜。

实际上,口脂,曾经是晚唐妓女的致命诱惑武器。宋人陶谷《清异录》"装饰·胭脂晕品"条记载:

> 僖、昭时,都下倡家竞事妆唇,妇女以此分妍否。其点注之工,名字差繁,其略有胭脂晕品、石榴娇、大红春、小红春、嫩吴香、半边娇、万金红、圣檀心、露珠儿、内家圆、天宫巧、洛儿殷、淡红心、腥腥晕、小朱龙、格双(格一作晕)、唐媚花、奴样子。

从这些名目不难推测,当时青楼中盛行的唇妆,有颜色浓淡、深浅之别,也有唇形大小、形状之别,对于这些花样,今天的人并不陌生。但是,我们想不到的是,当时唇妆中所比赛的,恐怕也还有唇膏所散发的香气之别。《千金方》所记两例口脂配方中,所用的香料就彼此不同,与《外台秘要方》"崔氏烧甲煎香泽合口脂方"列出的香料也不一样,三个方子共同的特点则是,都不惮大肆利用贵重香料,其中一些属于价格不菲的进口货。可以想见，当时艺妓们各自掌握的时髦口脂，根据不同的配料，既有颜色的变化，也有香气的不同。她们就利用这些颜色与香气变幻不定的口脂，涂画出各式各样的、精巧的唇形。

这些芬馨的、如花朵般形态各异的、浓艳的嘴唇，于是给士大夫君子们造成了很大的迷惑。艺妓们也特别善于利用形势，她们发明那么精彩丰富的"唇妆"，可不仅仅画给人看看就了事。利用口脂变出的花样可多着呢。

现代女性涂了口红之后，会遇到一个小小的烦恼：嘴唇沾到的地方，难免会留下口红形成的唇印。古代的口脂也制造了同样的问题：

檀膏微注玉杯红。（贺铸《浣溪沙》）

嘴唇接触酒杯，会在杯壁上留下红印，这在今天常会看到的情景，对于唐宋人也不陌生。这样一种不便，到了艺妓手里，也被赋予了奇妙的功能。

现代文学作品不乏这样的描写：丈夫从外面回来，妻子在他的衣领、前襟上发现陌生女人的口红印，于是一场风波平地而起。同样的情节，也出现在了我们的古典文学中：

暮烟笼薜荔，戟门犹未闭。尽日醉寻春，归来月满身。
离鞍偎绣袂，坠巾花乱缀。何处恼佳人，檀痕衣上新。（尹

鹗《醉公子》）

天色已晚，可是院门仍然打开着，因为家中的浪荡子还没归来，不得不为他"留门"。在外面胡混了一天之后，这位哥儿总算乘着月色回到家里，下了马，醉得自己立不住，要由家中女性搀扶着。被眼巴巴盼回来的公子此刻是什么模样？他头上的插花凌乱欲坠，衣服上清楚地带有陌生女人的红唇印。这一天是怎么过的，不用问也清楚了。

在那一时代的青楼中，流行一种有点变态的作风：艺妓为了表达眷恋、娇嗔、怨怪，总之，为了表达对某个男人特别有感情，会在此人的脖颈等处使劲咬，诗中的公子就是因为"恼"了"佳人"，有幸受到挨咬的待遇，所以衣服上才会沾有唇痕。韩偓就得意洋洋地描述自己的亲身经历：

人许风流自负才，偷桃三度到瑶台。至今衣领胭脂在，曾被谪仙痛咬来。

诗的题目叫《自负》——被咬，让他觉得特光彩！在韩偓看来，能遭名妓痛咬，说明自己风流，有魅力，所以沾了唇痕的衣服都舍不得下水洗，要留着作为情场胜利的证据。

风流客们最常挨咬的部位，是手臂：

> 偷期锦浪荷深处，一梦云兼雨。臂留檀印齿痕香，深秋不寐漏初长，尽思量。(阎选《虞美人》)

依词意猜测，艺妓是在与风流客交欢的过程中，故意使劲狠咬对方的手臂，直到咬出牙印。这大约是青楼中互相传授的一种小把戏，首先是在过程中让客人很有刺激感；其次，事过之后，留一点余韵，让客人无法立刻忘记这次聚会，有所回味，有所留恋。艺妓们在夜晚都是带妆上阵，于是，红唇痕就连同牙印一起留在客人的手臂上：

> 烛销红，窗送白。冷落一衾寒色。鸡唤起，马驰行。月昏衣上明。
> 酒香唇，妆印臂。竟夜人人共睡。魂蝶乱，梦鸾孤。知他睡稳无。(宋人石孝友《更漏子》)

与伊人("人人"，即"可人儿"之意)共度一夜之后，天还未明，男子就仓促离开了，他要为功名继续奔波。但是，他的手臂上，昨夜的香唇印依然鲜明，这让他的思绪不由得飞回到刚刚离开的人儿身边，对她产生一丝牵挂。男性文人故意用怅惘的笔调，把这种遭遇讲述成疑似的痛苦，但是，内心里，其实对这样的体验非常陶醉，非常享受：

> 玉漏迢迢尽，银潢淡淡横。梦回宿酒未全醒。已被邻鸡催起、怕天明。　　臂上妆犹在，襟间泪尚盈。水边灯火渐人行。天外一钩残月、带三星。（秦观《南歌子》）
>
> 髻子偎人娇不整，眼儿失睡微重。寻思模样早心忪。断肠携手，何事太匆匆。　　不忍残红犹在臂，翻疑梦里相逢。遥怜南埭上孤篷。夕阳流水，红满泪痕中。（秦观《临江仙》）

"唇妆印臂"，往往与不得不尔的分离联系在一起，很可能也是风月场的惯例：某位关系亲密的客人一旦因事要离开本地，双方面临长时间的分别，青楼中人会特意对客人施以"檀印齿痕"，有"啮臂为盟"的意思。在秦观笔下，伴随着"檀印齿痕"的，是泪水，是断肠的离痛。至于其中几多是真情，几多是逢场作戏，恐怕当事人自己也闹不清。

元稹《莺莺传》中有个细节，莺莺半夜不意而至，然后在天亮之前又悄然而去，让张生觉得像是经历了一场梦。等到天亮之后，张生"睹妆在臂，香在衣，泪光莹莹然，犹莹于茵席而已"，这才肯定自己真的与心上人欢会了一场。那些都不是随手乱写，"妆在臂"，便是"一梦云兼雨"当中"臂留檀印齿痕香"的结果。但是，一位官宦人家的小姐初尝禁果，怎么会懂得这些风月场的把戏呢？当然，关于崔莺莺之原型的真实身份，学者们有很深入的讨论。文中出现这样的描写，也有一个可能是，元稹久涉风月，对平康美人的行为方式有太深的印象，所以，在写作的时候，不自觉地就照搬她们的做事风格——他已经忘了什么是纯洁。

在唐末、五代，那些花样百出的唇妆，什么大红春、半边娇、内家圆等，想必都曾这样，带着各自的颜色，各自的形状，各自的香气，在最忘情的时分，以一种让男人印象十分深刻的方式，印到他的手臂上，给他的心里也刻下痕迹。这些依稀的红印仍然带着多种贵重香料混合而成的芬芳，在风流客的手臂上香气清晰，据欧阳修夸张的说法，一点唇痕，可以让整只袖子之内都满溢清香：

几度兰房听禁漏，臂上残妆，印得香盈袖。（《蝶恋花》）

四

谈口脂的印痕，就不能忽略韩偓的一首奇诗《余作探使，以缭绫手帛子寄贺，因而有诗》：

解寄缭绫小字封，探花筵上映春丛。黛眉印在微微绿，檀口消来薄薄红。缠处直应心共紧，呀时兼恐汗先融。帝台春尽还东去,却系裙腰伴雪胸。

著名的香奁体旗手韩偓曾经非常荣幸地担任"探花使"。所谓"探花使",是唐人浪漫的产物:

> 进士杏园初宴,谓之"探花宴"。差少俊二人为探花使,遍游名园,若它人先拆花,二使皆被罚。(《说郛》卷六十九上所录唐人李淖《秦中岁时记》)

这大约是中唐以后的风俗,进士及第之后,在第一次杏园赐宴上,要挑选出两名年轻、俊美的同年作为"探花使",把二人发送出去,遍游各处有名花园,把名园中的名花都带回来。如果哪个园子中的名花被别人抢先摘得,送到宴席上来,两位探花使就要受罚。这第一次的进士聚宴,也就被称作"探花宴"。据唐人孙棨《北里志序》,中唐以后的进士大多为"膏粱子弟",一个个本来就有钱有势,以致探花宴干脆成了这些特权型进士自我炫耀的场合,"由是仆马豪华,宴游崇侈,以同年俊少者为两街探花使,鼓扇轻浮,仍岁滋甚"。关于探花宴,有更小说化的记述,将之形容为举国疯狂的一天:

> 至期,上率宫嫔垂帘观焉,命公卿士庶大酺,各携妾伎以往,倡优缁黄无不毕集。先期设幕江边,居民高其地

> 值，每丈地至数十金，或园亭有楼房者，直至百金，先期往宿。是日，商贾皆以奇货丽物陈列，豪客、园户争以名花布道，进士乘马，盛服鲜制，子弟仆从随后，率务华侈都雅。推同年俊少者为探花使。有匿花于家者，罚之。（清人吴景旭《历代诗话》卷三十五引《蓬窗续录》）

韩偓就做过这种大场面的男主角，不仅高中进士，还在探花宴上被推选为探花使。这么说来，他当时一定是又年少又俊秀，不然哪儿会有这份额外的殊荣。就在这人生之巅峰体验的时刻，新出炉的探花正陶醉在众星捧月的热闹中，有人悄悄送来了一份独特的礼物。礼物很简单，是一方精心封好的缭绫手帕。把手帕打开，只见其中别无一物，唯有帕面上印着浅浅的画眉痕，以及红口脂印成的薄薄的唇印。

读过《北里志》的人都不难猜出送礼物者的身份。在《北里志》中，进京赴选的举子们与平康名妓之间的亲密关系，被表述得再清楚不过。秦淮河畔的烟花风月，其实早在唐代长安的平康里巷间就一幕幕地上演过了，虽然具体情节有很多不同，但大路数没什么两样。据说，唐太宗在端门上看到新进士鱼贯而行的行列，曾经大喜道："天下英雄入吾彀中矣！"说这话时，他大概再也想不到，科举制度竟会很快就促成一种奇特的文化现象，赶考举子、名士与名妓之间的"交游"，从此成为士大夫文化中一项很长久的传统。

举子、进士们所眷顾的名妓个个兰心蕙性，聪颖过人，这是《北里志》的主题之一，被反复加以强调。韩偓的诗作也证明了这一点，在喧乱热闹中，把自己的唇印与眉痕送去作为"贺礼"，那位不知名的女子确实灵慧得紧。令人难以置信的是，韩偓作为少年英俊的探花使的经历，是真实的；被隐去姓名的美人连同她的唇印，也是真实的，诗中所涉及的"探花宴"，就发生在龙纪元年，也就是889年的春天。（据《全唐诗》韩偓生平简介）后人编写传奇时绞尽脑汁也杜撰不出来的优美情节，在唐人那里，只不过是毫不费力地活出来的现实。更让人感慨的是，这个真实传奇发生的时刻，就在唐朝即将倾覆的前夕，绚丽狂放的"探花宴"，名妓送给新进士的眉印唇痕，以及"国家栋梁"韩偓的这首精巧而低级的小诗，所有这些有趣的情节，恰恰点明了当时社会危机的严重性质：国家的威信崩溃了，社会也失去了道德标准，轻浮放荡成了各个阶层公行的准则。《桃花扇》中痛吟的主题，在几百年前，就被人不自觉地敷演了一回，只是那时候，中国人的生命还年轻，还浑身是劲。

韩偓在其另一首诗作《意绪》中，也有"口脂易印吴绫薄"之句，把唇脂印到绫帕上，送给情人，似乎是当时青楼中流行的一种做法。女子向手帕上印唇脂印或眉印，这样的形象在中国传统绘画中好像并没有得到表现。但是，非常有意思的是，2004年在中国历史博物馆举办的《日本文物精华展》上，在前厅安置有几幅浮世绘作品的放大图片作为装饰，其中一幅，恰恰表现一位艺妓在向一卷白纸笺上印口红印。但见她将卷折的纸递到唇前，将嘴唇轻轻按上去，在洁白的纸面上印出花瓣一般小巧的、带轻晕的红痕。可惜展览上并未标示这一画作的作者、创作年代、作品名称，画面上似有"哥麿笔"三字，但不清楚，难以肯定。

不过，《日本浮世绘精品》（梅忠智编，北京工艺美术出版社，2004年）一书中，收录一幅题有"清峰笔"的作品，应为鸟居清峰之作，画面所绘，正是一位女性手捧一封长长的信笺，把嘴唇紧贴到信末尾无字的空白处（250页）。同书还收有喜多川哥麿的两件作品，一件与"清峰笔"之作相同，表现一位美人正向信笺末尾的空白处印唇印；另一件作品上，印制工作已经完成，女主人公双手所持的白信笺上，显出几片花瓣一样的红痕影（27页）。看起来，日本艺妓也流行把自己的唇印赠送情人。想来，唐代艺妓向白绫帕子上印口脂印的情景，大致仿佛于画中吧。

鲜艳的、小巧的、散发香气的女人画唇，连同这画唇留下的痕影，很自然地，会被诗人们与芳香的花朵联系在一起。韩偓《早起探春》一诗中说：

句芒一夜长精神，腊后风头已见春。烟柳半眠藏利脸，雪梅含笑绽香唇。

在这一日本浮世绘作品中,艺妓正把自己的唇红印到纸笺上。

| 黄蜀葵花。(宋人佚名画作《秋葵图》)

写梅花在初春悄悄开放,仿佛是花朵也晓得微笑,在笑容中绽开了含香的娇唇。

宋人王安中《蝶恋花》咏"飞雪映山茶",道是:

> 巧剪明霞成片片。欲笑还颦,金蕊依稀见。拾翠人寒妆易浅。浓香别注唇膏点。

女性手持花朵赏玩,朱唇与红花交相映,这一形象同样为画家所热衷。(山西运城唐薛儆墓石椁线刻画局部)

形容雪中的山茶花，就像美人用口脂画出的嘴唇，色艳而香浓。

唐人张祜有一首《黄蜀葵花》诗，则是援用女性唇妆的印痕：

> 名花八叶嫩黄金，色照书窗透竹林。无奈美人闲把嗅，直疑檀口印中心。

娇黄的蜀葵花，被美人拿在手里，递到粉颊前，轻嗅花的香气，这让诗人恍惚怀疑，黄蜀葵娇红的花蕊，就是美人的口脂印成。

女性化妆的时候，是用手指尖蘸上口脂，点注嘴唇。这一具体的涂唇方法，也被升华为神奇的传说：

> 明皇时，有献牡丹者，谓之"杨家红"，乃杨勉家花。时贵妃匀面，口脂在手，印于花上。诏于仙春馆栽，来岁花开，上有指印红迹，帝名为"一捻红"。（宋人陈景沂撰《全芳备祖集》前集卷二引《青琐高议》）

牡丹名品"杨家红"被进献到御前的时候，恰逢杨贵妃在化妆，她用蘸有口脂的手指捻弄了一下花瓣，从此，这牡丹花上就永远地留下了太真妃子的红色指印。

宋人丘崈一首《祝英台》咏"成都牡丹会",其上阕就提到了这个典故:

> 聚春工,开绝艳,天巧信无比。旧日京华,应也只如此。等闲一尺娇红,燕脂微点,宛然印、昭阳玉指。

印有太真妃子口脂指痕的"一捻红"牡丹,不知如今是否依然年年开放?

◆ 黛眉 ◆

一

古代文学中,喜欢以"远山"来形容女人的双眉。如顾敻《遐方怨》形容一位夏日的女性:

嫩红双脸似花明,两条眉黛远山横。

关于这种形容,一般认为是在用典,是引用《西京杂记》中的典故:

文君娇好,眉色如望远山,脸际常若芙蓉。

或者,是引用《赵飞燕外传》:

合德新沐,膏九回沉水香,为卷发,号新髻;为薄眉,号远山黛;施小朱,号慵来妆。

不过，要注意的是，在《花间集》的时代，词人们以"远山"一类的形容来描写女人的眉毛，可能并不仅仅是在引用典故，同时也是在写实，在响应当时女性中真实发生的时尚流行。宋人陶谷《清异录》"装饰·开元御爱眉"条云：

> 五代宫中画，开元御爱眉，小山眉、五岳眉、垂珠眉、月棱眉、分梢眉、涵烟眉。国初，小山尚行，得之宦者窦季明。

五代时，有一种眉形就叫"小山眉"，而且一直流行到了宋代初期，可见在各种流行的眉样中，小山眉是比较强势的一种。毛熙震《女冠子》中恰恰直接提到：

> 修蛾慢脸，不语檀心一点。小山妆，蝉鬓低含绿，罗衣淡拂黄。

这里所说的"小山妆"，应该就是指"小山眉"的眉妆。另外，"五岳眉"显然也与山的意象有关。因此，《花间集》中频繁出现关于眉形如远山的描写，就不奇怪了。

古代文献中所谈到的许多眉样，包括《清异录》中所说的几种五代热门眉形，其具体的样子，在今天往往很难弄清楚。少数可以加以推理，比如，"开元御爱眉"大约是传说为开元年间宫中流行过的眉形，为唐玄宗所赞赏，甚至，杨贵妃或梅妃这样的绝代美人曾经亲手画过；月棱眉，应该是如月的边棱，也就是新月初现时那细细的一弯，因此是弯而细的弧形眉，同时，弧的内侧带一点洇染的浅晕；涵烟眉，则是画得极淡薄，朦胧如烟影的浅眉。然而，这些都只是根据文学中的相关描写所做出的推理而已。

极其幸运地，我们有《簪花仕女图》。这一卷绘画珍品原本传为中唐画家周昉的作品，但是，近年经学者们研究，确定其为晚唐五代时期之作。实际上，《簪花仕女图》等于是晚唐五代女性服饰的一幅"招贴画"，把当时种种流行的时尚都细致入微地展示了出来。很惹人注意的一点是，在这"招贴画"上，几位女性的眉毛形状彼此绝不雷同。当然，这一双双画眉之间也有共同的特点，那就是形状非常夸张和奇怪，可以说与天然眉毛的"原型"没什么关系。

再仔细看，会感到这几个女人的脸形有点怪，比例不大正常：眉与眼的距离太远，额头的比例太大，双眼几乎位于整个脸庞的中部。对此，唯一合理的解释，就是画中反映了晚唐兴起的一种怪风气：开额。《新唐书·车服志》中记载，唐文宗即位后，曾经下诏，"禁高髻、险妆、去眉、开额"。结合《簪花仕女图》，我们才能推理出"开额"的含义：把额前的头发剃掉，让发际线上移，使得额头部分变大。同样的情形，也出现在了王处直墓壁画、浮雕中的众女伎、侍女的面部。至于说为什么要这样？当今的时尚杂志常喊的一个响亮口号是：美，是不需要理由的。李商隐《又效江南曲》：

> 郎船安两桨，侬舸动双桡。扫黛开宫额，裁裙约楚腰。乖期方积思，临酒欲拌娇。莫以采菱唱，欲羡秦台箫。

诗中想象一位江南船娘的妩媚与多情，照这首诗中的说法，"开额"之风在民间大为流行，而且公认这是从宫中流传出来的"内家样""宫妆"，所以称为"宫额"。"扫黛开宫额"，也点出了"去眉、开额"两项美容项目之间的内在关联性。拓广额头，再把眉毛完全剃光，正好腾出一片宽阔的舞台，由一对描画出来的奇特眉影大唱主角。观赏《簪花仕女图》的时候，许多人恐怕会有这样的感觉：那短而宽粗的、浓重的双眉，像一对对小蝴蝶翩跹在美人的高额头下，比下方的细长秀眼更吸引人的注意力。

每个民族，每个文化传统，关于性感的概念原本很不相同。然而，中国传统文化在近代一遇西方文明即兵败如山倒的局面，也反映在对女性美、女性性感的传统观念的全面、自动的放弃上。今天有些中国女性，都是拿西方白人女性形象作为标准来严格要求自己，比如，过去本来认为非常性感的削肩（溜肩）如今变成了缺憾，稍微正式一点的服装，都要像西方女性一样在上衣内加垫肩，可是我们并没有白人或黑人女性那样

"高髻、险妆、去眉、开额。"(传为唐人周昉所作《簪花仕女图》局部)

天鹅般的长颈；长长的杨柳腰就更要不得了，要有外凸里进的"三围"及一双长而直的玉腿，可东亚女性天生上身比较长、下身比较短，身形也比较匀溜。总之，是尽一切自己之所短去拼人家之所长。关于面部容貌之美的观念也同样地断裂。这里有许多可探讨的内容，例如，今日时髦女性的化妆方式总是紧追"国际最新流行"，所以，画眼影就是最重要的一道步骤。可是，中国女性并没有白人、黑人女性那样深的眼窝、那样鲜明的眼盖，于是，一不留神就画成鱼泡眼或熊猫眼。当然，化妆品业、美容业充分考虑到东方女性的难处，发明了不少专适合咱们的眼影用品，以及专适合咱们的画眼影方式。但是，我们忘记的是，在自己的历史中，女性几乎从不在眼睛周围做功夫。人们重视的，毋宁是双眼上方的那一对眉毛。从文学表达来看，在传统观念中，女性面庞上最性感的部位，不是嘴唇，不是双眼，也不是面颊，而是眉。在五官相对平淡的面庞上，黑色的眉毛当然最容易引人注意。《全唐诗》中一首赵鸾鸾的《柳眉》，就道出了眉毛的重要性：

弯弯柳叶愁边戏，湛湛菱花照处频。
妩媚不烦螺子黛，春山画出自精神。

一双画得很有形、黛色清湛的眉毛，让整个面庞都显得有"精神"，生动鲜明，富有活力。

二

在唐代，对于眉毛的崇拜可说是达到了巅峰。这是一个恣肆的时代，无论男人女人，都不惮于以各自的方式进行自我表达。于是，男人们就利用笔头狂热歌颂女人的眉毛。然而，这里有个事实需要注意：他们所歌颂的眉毛，全都是画出来的假眉。歌颂天然眉毛的，不能说没有，但是很少。在涉及时尚的时候，其实原则从来都是：美，是不自然的。

更有趣的是，女人画眉毛的本领，在古代生活中被提高到了非常的地位，这一现象可以说纵贯了很长的历史，但是，在唐代文化中，此一非常独特的观念得到了最为强烈的表达。最好的例子是《全唐诗》中所录一位女诗人刘媛的作品：

学画蛾眉独出群，当时人道便承恩。
经年不见君王面，花落黄昏空掩门。

美丽的女孩子心灵手巧，到了需要学习化妆技巧的年龄，才一上手，就体现出在这方面的天才，她能够自行设计和创新，画出与众不同、卓尔不群的眉形。这样的本领在当时有什么意义呢？造型独特的画眉，在众人看来，足以与美和性感画等号。所以，大家都一致地夸赞：你既然能画出这么特别的眉毛，一

古代女性流行把眉毛剃光,画上人工假眉。这一浮世绘作品中的女子,为相思所困,无心梳妆,"懒画眉"的后果,就成了这个样子。(日本画家喜多川哥麿所作《相思恋》)

深宫长夜下的寂寞女性,是诗词中反复吟咏的主题。
(宋·牟益《捣衣图》局部)

定会立刻吸引住皇帝的目光,博得他的爱宠,平步青云,指日可待。依照那时的观念,一个美丽的女人如果能够画出一双有个性的眉毛,那她就将赢得整个世界。善于画眉,成了评判女性魅力的终极标准!

小姑娘大约也相信了大家的话吧。只是现实是残酷的,她没有权势的背景,被发落到了皇帝根本不会来的冷宫,也就只能眼看着自己的青春像落花一样,零落在终日锁闭的宫门之内。

虽然诗中的无名女性并没有能够靠画眉来改变命运,但是,这首诗传达出的信息仍然有相当的代表性。描画独特的,因而往往是奇形怪状的眉毛,成了唐代女性突出自己容颜之美的最重要手段,也是同性竞争中必须娴熟的一门武艺。这样的竞争方式,并且受到了社会的认同乃至追捧。最出名的大概就是"殿脚女"吴绛仙的传说:

> 一日,帝将登凤舸,凭殿脚女吴绛仙肩。喜其柔丽、不与群辈齿,爱之甚,久不移步。绛仙善画长蛾眉,帝色不自禁,回辇召绛仙,将拜婕妤。适值绛仙下嫁为玉工万群妻,故不克谐。帝寝兴罢,擢为龙舟首楫,号曰"崆峒夫人"。由是殿脚女争效为长蛾眉,司宫吏日给螺子黛五斛,号为蛾绿。螺子黛出波斯国,每颗值十金,后征赋不足,杂以铜黛给之。独绛仙得赐螺黛不绝。帝每倚帘视绛仙,移时不去,顾内谒者云:"古人言'秀色若可餐',如绛仙,真可疗饥矣。"(《大业拾遗记》)

一位民女,因为天生"柔丽",更主要的是因为善画长蛾眉,竟然惹得风流天子隋炀帝神魂颠倒,情不自禁,足见画眉在唤起男性欲望方面的神奇力量。并且,吴绛仙就凭这么一件事迹,在中国历代美女谱上俨然占据了一席之地,始终没有被后人忘记,可见,对画眉的迷恋,是古代文化中长期存在的一个现象。

关于这一播染全社会的恋眉癖,可以举出的佐例尚多。如《清异录》"装饰"一门中竟然有三条都与画眉有关,除"开元御爱眉"一条外，还有一条曰"浅文殊"：

> 范阳凤池院尼童子，年未二十，秾艳明俊，颇通宾游。创作新眉，轻纤不类时俗。人以其佛弟子，谓之"浅文殊眉"。

又一条曰"胶煤变相"：

> 莹姐，平康妓也，玉净花明，尤善梳掠，画眉日作一样。唐斯立戏之曰："西蜀有十眉图，汝眉癖若是，可作百眉图。更假以岁年，当率同志为修眉史矣。"有细宅眷而不喜莹者，谤之为胶煤变相。自昭哀来，不用青黛扫拂，皆以善墨火煨染指，号熏墨变相。

不管明娼还是暗妓，如果善于画眉，能够"创作新眉""日作一样"，就会博得社会的普遍喝彩，甚至引来文人才子的凑趣捧场，这对抬高身价当然大有用处。

既然画眉可以分出女人的容貌美丑甚至智商高低，那么，两个或两个以上的女人碰到一起时，通过额上的双眉，在不露声色中，无言地发生一场西部牛仔式的紧张对抗，就不可避免了：

> 风流夸堕髻，时世斗啼眉。（温庭筠《鸿胪寺有开元中

锡宴堂,楼台池沼,雅为胜绝。荒凉遗址,仅有存者。偶成四十韵》)

楚腰知便宠,宫眉正斗强。(李商隐《效徐陵体赠更衣》)

相应地,女性对镜画眉,原本不过是日常的一道化妆程序,却被升华得具有了象征意味。文学描写屡屡地暗示着,对镜画眉,是女人最为"女性化"的时刻,此刻的女人,看起来最有"女人味"了。如"镜中重画远山眉,春睡起来无力"(欧阳炯《西江月》)之类的句子,可说俯拾即是。这样的描写,这样的暗示,甚至可能埋伏在血淋淋的历史叙述之中。《新唐书》"诸帝公主列传"中记载安乐公主之败,说是:"临淄王诛庶人,主方览镜作眉,闻乱,走至右延明门,兵及,斩其首。"李隆基起兵诛杀韦后,这么大的乱子爆发时,安乐公主还在自己的家里对镜画眉呢。听说到消息之后,她急忙向皇宫逃奔,半路上被追兵砍下了脑袋。在以简练见长的史书叙述中,为什么要提及"览镜作眉"这样一个非观宏旨的细节呢?关于安乐公主之死,《旧唐书》中有完全不同的说法:"及韦庶人败,延秀与公主在内宅,格战良久,皆斩之。"("外戚·武延秀传")诚然,今人很难辨清两种说法中哪个更符合当初的事实。不过,相比于负隅顽抗而死,《新唐书》中所记述的过程——兵变猝起之时,公主还在画眉,然后又在仓皇奔逃向皇宫寻求避难的过程中被杀,这样一种行为显然更加"女性化",更合乎"女人的悲剧"。

安乐公主具体的死亡过程，本来是无关大局的细节，《新唐书》的写作者们却肯在此处下功夫，提供出一个与《旧唐书》不一样的说法，恐怕是这些男性写作者的潜意识中认为，一个女人只有这样没头没脑地死去，才死得像个女人吧。

三

用"变相"一词来形容女人画眉的多变、眉形变化的热闹，这是当时人的幽默。"变相"本来是指敷演佛经内容的绘画，那一时代佛经"变相"画在题材上多么丰富、场面多么热闹、风格多么华丽恣肆，敦煌壁画是最好的例证。女人的一双画眉竟能被目为"变相"，可见当时的画眉是何等千形百状，变幻不定。唐诗中，也确实提供了很多奇特的眉样。比如桂叶眉："桂叶双眉久不描。"（江妃《谢赐珍珠》）还有八字眉："双眉画作八字低。"（白居易《时世妆》）此外，愁眉大约与啼眉一样，都是八字眉的别称："丛鬓愁眉时势新。"（权德舆《杂兴》）还有连心眉，当时叫作"连娟眉"："连娟细扫眉。"（温庭筠《南歌子》）有长眉："长眉画了绣帘开。"（李商隐《蝶》）有短眉："莫画长眉画短眉。"（元稹《有所教》）有阔眉："轻鬓丛梳阔扫眉。"（张籍《倡女词》）有细眉："眉细恨分明。"（李商隐《无题》）眉

双眉画作八字低。(王处直墓壁画《侍女图》局部)

连娟细扫眉。(新疆吐鲁番阿斯塔那出土唐代绘画《奕棋仕女图》局部)

色可以深而浓："添眉桂叶浓。"（李贺《恼公》）也可以浅而轻："眉黛拂能轻。"（孟浩然《美人分香》）"深画眉，浅画眉。蝉鬓鬅鬙云满衣，阳台行雨回。"（白居易《长相思》）

在今天能见到的唐代艺术品中，女性的眉形变化确实很大。值得一提的是，唐诗中屡次提及的八字眉，在绘画中也有相当高的出场率，典型如王处直墓壁画中的几位仕女，额上都是八字斜分。另外，在新疆发现的一些艺术品，如阿斯塔那206号墓所出女舞俑，187号墓《奕棋仕女图》《树下美人图》等作品，女性的双眉一律浓而粗阔，同时，眉心几乎连在一起，显然就是"连娟眉"。而同为五代时期的陕西彬县冯晖墓中，女性一律画又弯又长的弧形细眉，顾敻《木兰花》"枕上两蛾攒细绿"，或许就是指这样画的眉吧。

就在眉妆"变相"的纷纭变幻中，中国女性画眉用品迎来了历史上第二次大变革。

从战国到汉晋时期，女性的画眉材料是"黛"。"黛"字在古代文学中出现频率极高，凡读一点古诗文的人都会知道这个字，一看到这个字，都会在心里激起诗意的涟漪。但是，"黛"究竟是什么，其实谁都不清楚。近年来，经专家们研究，初步揭开了汉晋古"黛"的面目。

东汉许慎《说文解字》："黱，画眉墨也。"清人段玉裁注："《通俗文》曰：点青石谓之点黛。服虔、刘熙字皆作黛，不与许同。汉人用字不同之征也。黛者，黱之俗。《楚辞》《国策》

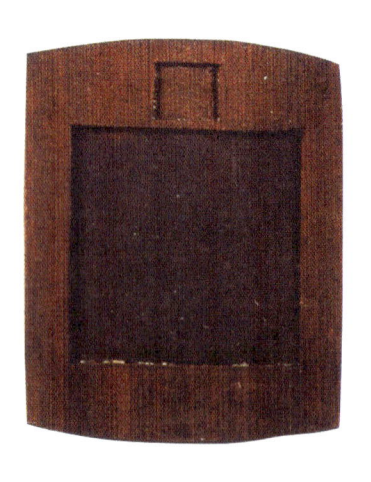

| 黛砚。(江西南昌火车站东晋墓出土)

遂无作黱者。"黛是"黱"的俗字,是"画眉墨"。但是,画眉墨具体又是什么?研究墨史的学者曾经有一种流行的看法:晋以前,书写的墨一度是石墨。明人杨慎在其《丹铅总录》卷二"地理类·石墨"一条中有比较全面的论述:

> 《文选》……《魏都赋》:"墨井盐池,玄滋素液。"注:"邺西高陵西伯阳城西有墨井。"今在彰德府南郭村,井产石墨,可以书。陆士龙与兄书云:"三台上有曹公石墨数十斤,云烧此复消,可用然烟。中人不知,兄颇见之否,今送二螺。"即此物也。……广东始兴县小溪中亦产石墨,妇女取以画眉,名画眉石。按古者漆书之后,皆用石墨以书。

> "大戴礼"所谓"石墨相着",则墨是也。汉以后,松烟桐煤既盛,故石墨遂湮废,并其名人亦罕知之。

他指出,在"漆书"阶段之后,有一个时期,人们是靠石墨来书写,直到制墨法完善之后,石墨才被淘汰。

杨慎同时还提供了一个信息:直到明代,女性还在使用广东始兴县的天然石墨来画眉,而且就把这种石墨称为"画眉石"。关于广东始兴县产石墨"画眉石"一事,颇见于明清人著作,如清初人沈自南《艺林汇考》"服饰篇"卷四犹云:

> 今广东始兴县溪中出石墨,妇女取以画眉,名画眉石。

不过,根据近年所掌握的汉代考古发现,学者研究指出,早在汉代,就已经利用松烟中的炭黑来制墨,这就否定了"古代以石墨作书"的猜测。但是,用石墨一类天然材料来画眉,在女性生活中倒确实是长期存在的现象。如明人陈耀文《天中记》卷八"画眉石"条引宋人温革《琐碎录》云:

> 画眉石,武昌有之,出于樊湖,可以代七香圆。

"七香圆"是宋代女性的画眉专品,因此,此一记载证明,直到宋代,也还有使用天然画眉石的情况。清人吴绮《岭南风物记》则记云：

> 画眉石出惠州府，妇人可用画眉。

最有意思的是，据《一统志》《钦定日下旧闻考》等书记载，今日京郊著名的旅游地斋堂村，也曾经出产天然画眉石：

> 原宛平西斋堂村，产石黑色而性不坚，磨之如墨，金时宫人多以画眉，名曰眉石，亦曰黛石。（《钦定日下旧闻考》卷一百五十"物产"引《燕山丛录》）

关于天然画眉石的这些零星记载，有助于我们对古"黛"的理解。陈朝徐陵《玉台新咏序》中透露的一丝信息，成了今人破解古"黛"之谜的重要线索：

> 南都石黛，最发双娥；北地燕脂，偏开两靥。

画眉之黛，在文中被称为"石黛"。石黛，当是以石为黛，也就是天然的画眉石。关于"南都"这个地名，《宋书》卷三十七"州郡"云：

> 广兴公相，吴孙皓甘露元年，分桂阳南都尉，立为始

> 兴郡。晋武帝平吴，以属广州，成帝度荆州，宋文帝元嘉二十九年，又度广州。……[1]

原来，"南都"就是"始兴"的古地名，三国时期，吴国于甘露元年将南都一地改设为始兴郡，从此始兴一名被后世沿用，而"南都"之名逐渐废没无闻。《玉台新咏序》中偏称古地名"南都"，本来就是古人作文的习惯，另外，也是为了与下文的"北地"形成对仗。因此，"南都石黛"，正对应了"广东始兴县溪中出石墨，妇女取以画眉，名画眉石"这一后世的记载，说明早在南北朝时期，女性就讲究用这个地方出产的天然石墨来画眉。

"南都石黛，最发双蛾"，是说广东始兴县出的画眉石质量最好，画眉效果最佳。如此说来，石黛也必有其他产地，只是

---

[1] 中华书局整理点校版《宋书》中，此段文字为："广兴公相，吴孙皓甘露元年，分桂阳南部都尉，立为始兴郡。"并于校勘记第二十四条"分桂阳南部都尉"中释云："各本并脱'部'字，据《三国志》'吴·孙皓传'补。成孺《宋书州郡校勘记》云：'《三国志》"孙皓传"，甘露元年十一月，以桂阳南部为始兴郡。据此"南"字下似脱"部"字。'"（见《宋书》，中华书局，1133、1162页）但是，从"南都石黛"一句，可知六朝时确曾有"南都"这个地名。而"南都石黛"与后世"广东始兴县溪中出石墨"的记载相呼应，显示"南都"与"始兴"两地名有承继关系。因此，"各本"不作"南部都尉"，而作"南都尉"，似乎有其道理。抑或"南都石黛"之"南都"，乃"南部都尉"之略称？

比不上始兴的出品而已。李时珍引用前代资料，认为石墨、画眉石就是"五色石脂"之一的"黑石脂"：

> 黑石脂，"别录"曰："一名石墨，一名石涅。"时珍曰：此乃石脂之黑者，亦可为墨，其性粘舌，与石炭不同。南人谓之"画眉石"。许氏"说文"云：黛，画眉石也。（李时珍此处显然引证有误）

唐人孙思邈《千金翼方》卷二"玉石部"记载：

> 黑石脂，味咸，平，无毒，……一名石涅，一名石墨。出颍川阳城，采无时。

《说文解字》："涅，黑土在水中者也。"清人段玉裁注："按，水部曰：淀者，滓垽也。滓者，淀也。土部曰：垽，淀也。黑部曰：黰谓之垽。垽，滓也。皆与涅义近。"段玉裁的意思是，"涅"为"黑土在水中者"，也就是"淀"，是古代织染工艺中使用的黑色染料。《论语·阳货篇》中有这样的话："不曰白乎，涅而不缁。"汉人孔安国注云："涅，可以染皂。言……至白者染之于涅而不黑，喻君子虽在浊乱，浊乱不能污。"都直言"涅"为黑色染料。因此，"石涅"，就是天然的石质黑色染料，用于染黑织物。

"黑石脂",文献中说其"一名石涅,一名石墨",情况似乎是,同一种对象,作为炼五石散的原料,被称为"黑石脂";作为织物染料,被称为"石涅"。那么,如果是作为画眉用品,就被称为"石黛"了。《太平御览》卷七一九"黛"下记载:"《通俗文》云:染青石谓之点黛。""染青石"——可以作为黑色染料的石材,又被称为"点黛",也证明了石黛与石涅是一回事。如此说来,古代的"黛",是石黛,实际就是石墨,也被视为石涅、黑石脂,是一种重要的黑色染料,用于化妆、染布料。这样的结论,可能很破坏"黛"字一向予人的诗意感。前些年有个关于汉学的笑话,说是某位西方汉学家在给《红楼梦》翻译英文版的时候,把"黛玉"翻译成"墨玉"。实事求是地讲,如果单抠字面意思,老先生译得并不错。

在广西贵县罗泊湾一号汉墓中,发现有一包"黛黑"实物,可惜出土时保存状况不好,无法做更进一步的研究。再如《新疆鄯善三个桥墓葬发掘简报》(《文物》2002年第6期,51页)中称,墓中出土一枚"眉石",遗憾的是没有更详细的介绍。另外,研究者还从汉晋墓出土文物中,析别出了"黛砚",在广州汉墓中,还发现了画眉笔的笔杆。一般都认为,黛的使用方式,是如磨墨一般,先把黛在砚板上用水研开,然后,再用笔蘸黛汁画眉。

四

陈朝的上层社会公认最好的画眉石黛来自广东始兴,反映出当时南方贸易的活跃。不过,同属南北朝末期的庾信在《镜赋》中谈到四种主要化妆品的制作:

朱开锦蹹,黛蘸油檀,脂和甲煎,泽渍香兰。

其中,"朱开锦蹹"一句难以理解,推测起来,"锦蹹"意为锦盒,即纹彩精美的小容器,原句的意思则为,打开盛满红色妆品的华丽小盒。"脂和甲煎",是说口脂、面脂中要和以甲煎香;"泽渍香兰",则是说头油在制作中要用兰香等香料浸渍。这两句都是很客观地描写了当时口脂、面脂、头油的制作方法,有真实的技术依据。由此来看,"黛蘸油檀"一句,也应该是具体反映了那一时代黛的加工方式,不是随口乱说。从句意来看,黛在制作中要加入油、檀香,成品散发着香气,非常考究。很可能,石黛并不是直接使用,而是经过人工加工:研成粉末后,搀入香料,再用香油拌合,凝成团块。使用的时候,将团块像磨墨一样用水化开,研成乌汁。

宋人张君房《云笈七签》卷七十一"金丹部"有"造石黛法":

> 苏方木半斤,右以水二斗煮取八升。又石灰二分着中,搅之令稠。煮令汁尽出,讫,蓝汁浸之,五日成,用,细碎之。

这一制作法,与制蓝靛的方法接近,但又不完全一致。苏方木本是用于染红的红色染料,在这里与制蓝靛的蓝汁结合起来,二者相加的结果应该是得到黑色吧。或许可以这样推测,最早的画眉用品曾经利用天然石黛,但是,后来人们用其他材料创造出新型的画眉制品,效果与石黛相仿,于是,就把这种新制品也叫作石黛。

值得注意的是,一直到唐代,苏方木都依靠从扶南、林邑等地进口。《云笈七签》中所记载的"造石黛法",恰恰是以苏方木煮成红汁,加入石灰,再浸蓝汁,制成黑色的团块或碎屑,用时细细碾碎。做一点大胆的推测,情况很可能是,从汉末以来,产于南海、中南半岛的苏方木进口到中原,为中原人逐渐认识和掌握,人们利用这一染料新品,结合制蓝靛的传统方式,发明了"造石黛法",用这一方法制作出人工石黛,与传统的天然石黛加工制品并行于世。

无论是天然的石黛,还是人工的石黛,都只是风光到了南北朝末期,此后,新的时尚兴起,石黛被赶下了王位。因此,可以推测《云笈七签》中所记载的"造石黛法"实际是成熟于南北朝时期的经验,在此之后,风气转变,再没有发明人工石黛的实际必要。

很诗意地,画眉史上第一次的大变化,通过吴绛仙的故事折射出来:

> 由是殿脚女争效为长蛾眉,司宫吏日给螺子黛五斛,号为蛾绿。螺子黛出波斯国,每颗值十金,后征赋不足,杂以铜黛给之。独绛仙得赐螺黛不绝。

故事显示,在隋代,最高档的画眉品,是从波斯不远万里迢迢而来的"螺子黛",一颗就价值"十金",昂贵得惊人。美国汉学大家谢弗依据"螺子黛"一名猜测,这一物品可能是从骨螺贝中提取的"提尔紫红",此推测有道理否,还有待方家之见。(《唐代的外来文明》,[美]谢弗著,中国社会科学出版社,1995年,460页)实际上,重要的是这一故事折射了一个史实:在隋代前后,从西域传来的青黑色颜料,代替古老的"石黛",成为最时髦的画眉用品。在唐代,这一外来的画眉材料,被称为"青黛"。如李白《对酒》:

> 蒲萄酒,金叵罗,吴姬十五细马驮。青黛画眉红锦靴,道字不正娇唱歌。

青黛一物,似乎在东晋时代就已传入内地,明人张溥编

《汉魏六朝百三家集》(《四库全书》)卷五十九收有王羲之的《蕲茶帖》,其中谈道:

> 石首鲞食之,消瓜成水。此鱼脑中有石如棋子,野鸭亦有。云此鱼所化干蜗青黛,主风搐搦,良。

其中提到"干蜗青黛",让人很自然地联想到"螺子黛",二者似为一物。不过,此帖的真伪实在让人生疑。最早关于青黛的可靠记载,见于《十六国春秋》(《四库全书》)卷九十四"北凉录·沮渠蒙逊传":

> (承玄二年)冬十一月蒙逊复遣使诣宋入贡,献青雀头黛百斤。

在此后的史书记载中,青黛一直被认为是西域的特产,如《北史》《隋书》有大致相同的一段文字:

> 漕国,在葱岭之北,汉时罽宾国也。其王姓昭武,字顺达,康国王之宗族也。……饶象、马、犎牛、金、银、镔铁、氍毹、朱砂、青黛、安息青木等香、石蜜、黑盐、阿魏、没药、白附子。(《北史》"西域")

此外,《太平御览》卷七九六"四夷部·㤄国"记:

> 《通典》曰:㤄国,隋时闻焉,在葱岭东南西……出洛沙、青黛。

《册府元龟》卷九七一"外臣部·朝贡"则记:

> (唐玄宗开元)五年三月……康国王遣使献毛锦、青黛。

吸引中原人兴趣的西域重要物产五花八门,青黛正是其中之一。但是,在唐人观念里,青黛最终还是与遥远的波斯联系在一起,如孙思邈《备急千金要方》卷三十二"伤寒杂病第十"有云:

> 又方:真波斯青黛,大如枣,水服之,瘥。

这条药方中反映的思路,与"螺子黛"故事中的暗示相呼应,反映出波斯画眉颜料在那一时代人们心中的至高地位。

有意思的是,药方中强调"真波斯青黛",恰恰说明当时更多的是"假"或"仿"品。关于这一点,宋人唐慎微《证类本草》卷九"草部"有比较详细的解释:

> 青黛，味咸寒，无毒。……从波斯国来，及太原并庐陵、南康等染淀，亦堪傅热恶肿、蛇虺螫毒。染瓮上池沫紫碧色者用之，同青黛功。

此段话之意，实际是说波斯国来货，连同太原、庐陵、南康等地出产的"紫碧"色染料，一律被目为"青黛"。《本草纲目》中"青黛"一条对这一问题有比较全面的阐释：

> 青黛，释名：靛花（"纲目"）、青蛤粉。集解：……时珍曰：波斯青黛亦是外国蓝靛花，既不可得，则中国靛花亦可用。或不得已，用青布浸汁代之。货者复以干淀充之，然有石灰，入服饵药中当详之。……发明：宗奭曰：青黛乃蓝为之者。……

根据文献所记，研究者们认为，"真品"青黛，实际是从异域靛蓝植物中制造出的青色染料。因为是进口货，不能满足中原人的需要，于是，人们就用本土的靛蓝植物制造深青色染料来代替，一样也叫作"青黛"。明人卢之颐撰《本草乘雅半偈》卷三"蓝实"条云：

> 诸蓝不同，而作淀则一也。……而蓝淀者，掘地埋缸，以蓝水浸一宿，入石灰频搅万余下，澄清去水，则色青成

> 淀。亦可干收，用染青碧。其搅掠浮沫，掠出阴干者，谓之靛花，即市卖之青黛也。此属石灰造作而成，慎勿轻用。世人以其色青，为入肝清解之药，谬甚矣。真青黛出波斯国，既不可得，不如用蓝实或蓝叶或自然汁之无间杂者良。

这段文字显示，一直到明末，在生产靛蓝染料过程中所得的副产品"靛花"，还被称为"青黛"，在市场上出售。据谢弗《唐代的外来文明》中介绍，唐人所言的西域、波斯青黛，"最初起源于印度，但是很早起就在埃及得到了应用，后来又在伊朗诸国中使用"（461页）。

不无意味地，女性画眉用品的变化，与中国染料史上的一个重要阶段联系在一起。正如前面所言，古老的天然石黛，与传统的染黑颜料"石涅"同为一物。随后，人工石黛的制造，使用了借南方贸易而来的异国新型红色染料——苏方木。但是，西域青黛的到来，彻底改变了女性画眉材料，由异国或本土的蓝靛植物制造的深青色染料，成了女性画眉的主要用品。从汉代开展与西域、南方的贸易以来，异国颜料的传入成为一个很重要的现象，不仅丰富了中国人所见、所用、所掌握的色彩，而且，对于发展、开掘本土的新颜料品种，也有很大的刺激作用。外来与本土颜料之间有一个交相互动的非常丰富的过程，这样一个课题似乎没有得到充分的研究。女性画眉用品的变化，无意间反映出这一过程对于中国人日常生活所产生的影响，有多么深入。

还有一个有待解决的课题是，中原女性忽然改用青黛画眉，是否直接受到西域化妆风俗的影响？也许，通过对新疆、印度、西亚当今与历史上女性画眉习俗的研究，可以找到相关答案。这并不是小问题，直接关系到那一时代中原与西域之间文明交流的广度和深度。

青黛。（引自《和汉药百科图鉴［二］》）

另一个疑问是，青色染料制成的画眉材料，画出来是什么样的效果？眉毛总要画成黑色，青黛可以达到这一效果吗？《备急千金要方》卷七十六倒是提了一句："其一种疮，正黑如黛子皮。"但是，参考历代文献，青黛总是一种青色染料，如何画得出黑色的眉？这让人联想到《花间集》中的一些描写：

眉剪春山翠。（牛峤《酒泉子》）
眉翠秋山远。（魏承班《菩萨蛮》）

> 远山眉黛绿。（韦庄《谒金门》）
> 仙子含愁眉黛绿。（和凝《天仙子》）

屡屡以"翠""绿"等字眼来形容女人画眉的颜色。当然，正如高春明先生指出，"翠""绿"用于形容眉、发时，其意并非指具体的颜色。清人吴景旭撰《历代诗话》（《四库全书》）卷十八"萃蔡"条云：

> 司马相如《子虚赋》："翕呷萃蔡。"吴旦生曰："注"："萃蔡，衣声也。"《汉书》亦作"萃蔡"。萃音翠，嵇康《琴赋》："新衣翠粲。"李周翰注："翠粲，鲜色。"李善注引《子虚赋》作"翕呷翠粲"。则知古以鲜明为翠。苏东坡《牡丹诗》："一朵妖红翠欲流。"陆放翁不晓"翠欲流"为何语，及过成都，有大署市肆曰"郭家鲜翠红紫铺"，问土人，乃知蜀语"鲜翠"犹言鲜明也。

解释得非常清楚，"翠"在古语中是鲜明之意，并非指颜色。由此推理，"绿"大概也有同样的意思，当诗人说女人的眉、发"翠""绿"的时候，意在形容其光泽鲜明。不过，像这样的描写：

> 眉黛夺将萱草色，红裙妒杀石榴花。（唐人万楚《五日观妓》）

直接把眉黛的颜色与萱草的天然碧绿相比，还是让人感到困惑。这样的比喻，是否与青黛有关？在今日所见写实性的唐代艺术品中，倒是没有发现画青蓝色眉的女性（敦煌艺术中有翠眉、青眉出现，但正如高春明先生所说，恐怕属于艺术发挥的案例，与现实情况无关），唐代美人们都画着黑色的蛾眉，但往往会做出淡灰色的晕影。这带浅灰色晕影的画眉，看去倒确实有"远山黛色"的效果。也许，青黛在调成浓汁的时候，效果便呈黑色吧。今后，随着进一步的研究，我们一定会加深对青黛的了解。

五

青黛的兴盛，大约持续到中唐时期，接着，新的风气兴起了：

> 自昭、哀来，不用青黛扫拂，皆以善墨火煨染指，号熏墨变相。

好墨代替了青黛，成为画眉新品。关于这一变化发生的时期，唐代诗人说法不一。按照白居易的说法，天宝（742—756）末年以后，青黛就不流行了：

> 小头鞋履窄衣裳，青黛点眉眉细长。外人不见见应笑，天宝末年时世妆。（《上阳白发人》）

上阳宫的白发宫人隔绝在深宫中，无法与时俱进，几十年里始终照着天宝末年的流行风气打扮，用青黛画出细细的长眉。可是，让陈陶一说，元和年间（806—820），青黛也还流行：

> 旧样钗篦浅淡衣，元和梳洗青黛眉。（《西川座上听金五云唱歌》）

陶谷《清异录》中，风气之变更推延到了唐末昭帝、哀帝之后。但是，唐人徐凝有《宫中曲》云：

> 身轻入宠尽恩私，腰细偏能舞柘枝。一日新妆抛旧样，六宫争画黑烟眉。

描写似乎一夜之间忽然兴起的新样化妆，让后宫中人人传染，大家都争着画"黑烟眉"。"黑烟眉"，与"胶煤变相""熏墨变相"，意思明显相近。《全唐诗》中记录徐凝的生平，"元和中官至侍郎"，此诗描写他做官时所见所闻的"宫妆"变幻，恰恰清楚谈到了用墨画黑浓眉的新兴时尚，与白居易的说法彼此形成印证。由此可以确定，墨代替青黛，是发生在元和年间。

女性改用墨画眉，除了时尚流变不定的因素之外，制墨法完善，物美价廉的好墨供应充足，应该也是重要的原因。从文献记载来看，时髦女性们忽然用乌墨画浓黑的眉，让当时的很多"正经人"感到难以接受。这就更让人怀疑，大概青黛画眉，所呈现的颜色不像墨色一般浓黑，大家看惯了青黛色，才会对墨的纯黑觉得不适应。孙光宪《酒泉子》描绘女人画眉：

玉纤澹拂眉山小，镜中嗔共照。

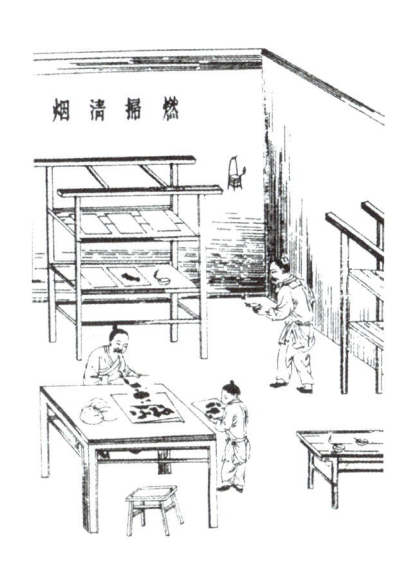

制墨中的"燃扫清烟"工序。
（《天工开物》）

黛眉 / 183

女人用手（"玉纤"）轻轻拂画出小眉。《清异录》中介绍用墨画眉的方法，是"以善墨火煨染指"，似乎当时是把墨直接染到指尖上，用指尖点画乌眉，与后世用眉笔蘸墨而画的做法不同。

到了宋代，女性有专门的画眉用品，叫"画眉七香丸"。宋末元初周密《武林旧事》卷六记载南宋临安特有的"小经纪"而为"他处所无者"，"画眉七香丸"身列其中一项，看来这种化妆品是临安的特产，由客商批发之后行贩四方。南宋陈元靓《事林广记》卷十"绮疏丛要门"目录中，恰恰列有"画眉七香圆"一项，也被称作"画眉集香圆"：

> 真麻油一盏，多着灯心搓紧，将油盏置器水中，焚之，覆以小器，令烟凝上，随时扫下。预于三日前用脑、麝别浸少油，倾入烟中，调匀，黑可逾漆。一法：旋剪麻油灯花，用，尤佳。

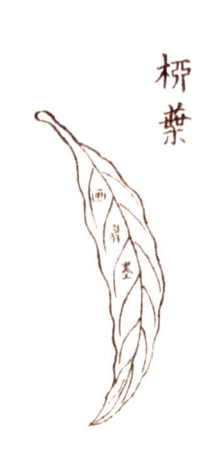

柳叶形的画眉墨。（明·方于鲁《方氏墨谱》）

看这方子就知道，"画眉七香圆"的做法，与制墨的基本原理一样，但对制墨工艺进行了减法处理。因

这位可爱的少女,一手持镜(镜已失),另一手的食指翘起。她是在将一片花钿贴上额头?还是蘸着一点口脂涂唇?或是用指尖拂扫眉黛?费人思量。(陕西西安王家坟唐墓出土女俑)(《中国历代妇女妆饰》136页)

此，画眉七香丸（圆）可以视作一种画眉墨，是制墨业分工细化的结果。它对于油烟的要求不高，无须到盛产桐、松的地区去采料制作，然后再把产品辗转运输到繁华都市。相反，日常的芝麻油、灯芯就是主要材料，这样，就可以在临安直接进行生产。临安是当时天下财富的辐辏集散之地，在此地生产画眉七香丸，当然节约成本，且更利于远销。

因为画眉七香丸属于墨的范畴，所以，宋人往往把这种画眉材料目之为"墨"，如秦观《南歌子》描写一位动人的宋代歌妓：

香墨弯弯画，燕脂淡淡匀。揉蓝衫子杏黄裙。独倚玉阑无语、点檀唇。

对此，宋人赵彦卫《云麓漫钞》卷三说得十分清楚："前代妇人以黛画眉，故见于诗词，皆云'眉黛远山'。今人不用黛，而用墨。"到了后代，有金章宗宫人用张遇制"麝香小龙团"作为画眉墨的传说（明人周嘉胄《香乘》）；明人方于鲁著名的《方氏墨谱》中，有一款"画眉墨"，设计成细巧的柳叶样，并且名为"柳叶"，看来是这位制墨名家所推出的化妆专用品。

画眉七香丸一类的画眉墨，在化妆时，要先用水研成墨汁，再用手指或特制的画眉笔蘸墨，在额上画出眉形。因为墨汁带着水分，画上眉头之后，不容易立刻变干，这时如果碰到什么地方，就会把墨汁印上去。由此，五代、宋词中出现了一种很肉麻的描写：

> 瑟瑟罗裙金缕腰，黛眉隈破未重描。（和凝《杨柳枝》）
> 长恁娇痴，尤殢怎生禁。内样双眉新画得，还印了，在罗襟。（晁端礼《江城子》）
> 黛眉曾把春衫印。后期无定，断肠香销尽。（周邦彦《品令》）

是说，女人在男人胸前撒娇，把画眉的墨痕印到了男人的衣襟上。"七香丸"这类画眉墨掺有龙脑、麝香等珍贵香料，不仅墨色鲜明，而且微带香气。据周邦彦说，印在衣襟上的眉痕会香味隐隐，随着时间流逝，这香气才一点点灭掉。

当然，如果女性出汗，也会打湿墨画的眉痕，用手巾擦汗，不免就会在手巾上留下眉影：

> 浮生共憔悴，壮岁失婵娟。汗手遗香渍，痕眉染黛烟。（李煜《书灵筵手巾》）

墨画的眉形容易留下染痕的特点，让妓女们又多发明了一种向倾心人表达感情的手段：

黛眉　/　187

莹娘

用画眉笔蘸墨汁描眉。(《明刻历代百美图》)

> 解寄缭绫小字封,探花筵上映春丛。黛眉印在微微绿,檀口消来薄薄红。(《余作探使以缭绫手帛子寄贺因而有诗》)

韩偓高中进士,被推为探花,在进士宴上,相好的妓女派人送来了独特的贺礼:一方手帕上,印着她淡淡的眉痕,以及薄薄的唇印。

这样一个表达感情的方式,在唐宋的青楼中相当流行,欧阳修有一首《玉楼春》专写"印眉":

> 半幅霜绡亲手剪。香染青蛾和泪卷。画时横接媚霞长,印处双沾愁黛浅。　当时付我情何限。欲使妆痕长在眼。一回忆着一拈看,便似花前重见面。

一位女性亲手剪下一片白绢,把自己的眉痕印在上面,然后含泪卷起来,送给心上人。印眉的具体方式是,先精心画好一对长眉,然后将之贴到白绢上,留下淡淡的墨影。把这白绢送出去的时候,她满怀着感情,希望自己的"妆痕"能够长久地陪伴心上人。在分别的时刻,只要对方想念自己了,拿出白绢看一看那墨影,就仿佛两人面对面重聚了一般。

贺铸《九回肠》中,甚至有"小华笺、付与西飞去,印一双愁黛"的描写,金代诗人蔡珪更有《画眉曲》:

> 小阁新裁寄远书,书成欲遣更踟蹰。黛痕试与双双印,封入云笺认得无。

给远方的心上人寄信,把自己的一双眉痕也印在信上,一同寄去,以增强信的感召力。这一说法听来有些难以置信,不过,18世纪日本浮世绘大家喜多川哥麿有不止一件作品描写这样的场景:女性在把写得长长的情书寄出之前,用嘴唇在信后的纸面上使劲按,把唇印给"拓"到纸面上。由此想来,中国古代文学中关于在信纸上印眉痕的情节,也是确实存在过的表情方式。

在晚唐,青楼中流行把眉印和口红印送给心仪的男性,但是,到了宋代,似乎只有"印眉"的风气盛行开来,赠送口红印的做法遭到冷落。由这一点也显示出,对于古代的男女来说,女性双眉所发散的诱惑力,在强烈程度上要远远超过嘴唇。

秦观有一首《浣溪沙》则生动地披露,男性一旦收到那性力四射的战书,心理反应有多么微妙:

> 霜缟同心翠黛连,红绡四角缀金钱。恼人香篆是龙涎。　　枕上忽收疑是梦,灯前重看不成眠。又还一段恶因缘。

青楼女子送来了两方手帕,一方是白绢帕,上面印了她的一对眉痕;一方是红罗帕,在四角都缀缝了金钱。两方帕子都用名香熏过，鲜明的香气撩拨着人的心，叫人没法平静。男子是在就寝之后，夜深之时忽然收到这样一对深情无限的礼物，这天上掉下的艳福，让他一时难以相信，觉得自己像在做梦；被对方的一片痴心所感动，他在灯前反复看着这手帕，激动得难以入睡。但是，理智很快地回到了他身上，男子在心里轻叹一声：这只能是又一段不幸的感情经历而已。灯光前的这段爱情刚刚燃起激情的火焰，就被干脆利落地宣判了死刑。名士与妓女本来就是逢场作戏，一旦对方认了真，动了真情，另一方立刻就做好了撤退的打算。所以说，不管女性把自己"性感"的矛磨得多么锋利，逢到紧要关头，却永远也奈何不了男性那坚不可摧的"理性"的盾。

参考文章：

《汉砚品类的新发现》，李则斌著，《文物》1988年第2期。

《汉代物质资料图说》"盥洗器、化妆用品"及"文具"二节，孙机著，文物出版社，1990年，260、277—278页。

《中国服饰名物考》"石黛""画眉"二节，高春明著，上海文艺出版社，2001年，349—355、365—372页。

◆ 添香 ◆

一

我有一密友，终日梦想着，要过上倚红偎翠的封建腐朽生活。办公室里不忙的时候，往往就会听到他冲着高窗上的古柏阴影狂吟："红袖添香夜读书！"然后，还要转过脸理直气壮地问我们："就得是'红袖添香'！这才美！如果是'爷们儿添香夜读书'，那美吗？"我们女同事笑而不答，心里说，假如赶上这位"爷们儿"是莫伦特斯，或者劳尔，那也没什么不美的。但是，为什么只能是一个性别读书而让另一个性别添香呢？是仅仅中国的男性这么想，还是全世界男性通统都抱这个逻辑？

不管怎么说，"红袖添香"终归成了中国古典文化中很隽永的一个意象，并且无可否认地是非常之美的一个意象。只是，今天的人，包括我的那位密友，大约并不了解"红袖"当年是怎么"添香"的。我们所熟悉的"焚香"方式，是点线香。那种装在纸筒里、像一把挂面似的细细香棒，插一枝在香炉中，点燃香头，就有香烟从香棒上袅袅升起。但是，"红袖添香"，可绝非拿一枝线香往香炉里插那么简单。明代佚名画家作品《千秋绝艳》图卷中，体现了"莺莺烧夜香"的著名情节，画上的题咏说得非常明白:"梨花寂寂斗婵娟,月照西厢人未眠。自爱焚香销永夜,欲将心事诉苍天。"画面上,崔莺莺立在一座高香几前,几上放着焚香必备的"炉瓶三事"中的两件——插有香匙与香箸的香瓶,以及一只小香炉。只是,香炉中、崔莺莺的手中,都不见线香的影子。但见莺莺右手捧个小香盒,左手用拇指和食指拈着点什么,在向香炉中添放。

明人画卷《千秋绝艳》图卷之"莺莺"。

实际上，如果观察古代绘画中表现的香炉，基本看不到炉中插线香的情况。线香出现的历史相对晚近，在古代生活中，焚香使用的"香"，是经过"合香"方式制成的各式香丸、香球、香饼，或者散末。随便举例，如相传为宋人洪刍所著的《香谱》中，记载"延安郡公蕊香法"，是把玄参、甘松香等五味原料"杵、罗为末，炼蜜和匀，丸如鸡头大"——这里所说的"鸡头"当是指鸡头米，也就是说，制成的香丸只有鸡头米那么大。另外一方"球子香法"，则是把八味原料"都捣、罗，以枣膏与熟蜜合和得中，如骨杵，令不粘杵即止，丸如梧桐子大"。此外，《陈氏香谱》中，记载"韩魏公浓梅香方"，是"如欲遗人，圆如芡实，金箔为衣，十丸作贴"，芡实，也就是鸡头米；书中还有"杏花香"方，是"丸如弹子大"；"开元帐中衙香"，是"丸如大豆"；"雪中春信"方，是"炼蜜和饼如棋子大，或脱花样"，成品是棋子大小的小香饼，讲究一点的话，还像做月饼那样，用花模"脱"成各式花饼。从各种香谱的记载可以看出，古代具体制香的方法虽然非常复杂，但大致是用蜜、枣膏、白及水、蜡（做软香）等与各种配料和匀，做成各式的小丸、小球、小饼。只有知道了这一点，才能明白《红楼梦》中的一些相关细节，如第十九回，宝玉发现黛玉身有异香，道："这香的气味奇怪，不是那些香饼子、香球子、香袋子的香。"此外，书中多情的章节之一，"不了情暂撮土为香"，写宝玉偷空溜到郊外，想要私祭金钏，匆忙中买不到好香，幸亏有伶俐的茗烟

添香 / 197

提醒痴公子："我见二爷时常小荷包里有散香，何不找一找？"宝玉这才想起来到荷包里去摸一摸，"竟有两星沉速"。以"星"为量词，正是因为当时的合香制品一般都非常之小。

也因此，莺莺手中的香盒，才在焚香雅事中占据着不可或缺的地位，成为"炉瓶三事"中鼎足的"一事"——香丸、香饼之类，就盛在香盒里。《金瓶梅》第四十回，写潘金莲"瞅了瞅旁边桌上，放着个烘砚瓦的铜丝火炉儿，随手取过来，叫：'李大姐，那边香几儿上牙盒里盛的甜香饼儿，你取些来与我'"。最生动地说明了香盒的用处，也说明了，直到明代，焚香的普遍方式，仍然是使用香饼、香丸，而不是点线香。由此，《千秋绝艳》中崔莺莺的姿态就可以理解了——这里是在表现，她一手捧着香盒，另一手刚刚从香盒里拿出一颗小小的香丸，将要放入香炉中。古代女性"添香"的场景，就这样展现在了我们的眼前。

非常有意思的是，山西稷山青龙寺元代壁画中，腰殿西壁上的"三界诸神图"之"帝释圣众"部分，中心人物帝释天被表现为一位雍容华贵的美髯男子，左手握着一柄长柄香炉。在他身后，一位力士以跪姿高擎起一张圆盘，盘中盛满弹子大小的圆丸，帝释天的右手刚刚从盘中拈起一粒圆丸。毫无疑问，盘中的圆丸，正是焚香用的香丸，而帝释天正在"添香"，取一粒香丸，添放到长柄香炉中。

这一场景，正可与《千秋绝艳》中对崔莺莺的描绘互相参

添香的帝释天。(青龙寺元代壁画局部)

在宗教绘画中,帝王、贵族等男性人物添香礼佛,是固定化的形象,频繁出现。(河南巩县石窟北魏石雕《礼佛图》局部)

添香 / 199

考，帮助我们修正对"红袖添香"的想象。由此，我们或许才能够明白，为什么两位唐代诗人在专篇歌咏女人的手时，都不约而同地想到了添香这一动作。秦韬玉《咏手》，赞美女人之手是"一双十指玉纤纤，不是风流物不拈"，所举几个典型例子是，对镜梳妆，手擎珠帘闲望，向金杯中倾酒，以及"银鸭无香旋旋添"。赵光远《咏手》之二也描写了女人的几个最动人的手姿——拈笔书写，玩掷钱游戏，以及"炉面试香添麝炷，舌头轻点贴金钿"，还有下棋。选择这几个动作，显然是描写女人纤手拈着细巧物件——笔，金钱，香丸，金钿，棋子——时的可爱。添香的时候，以食指与拇指轻捻一粒如梧桐子、如弹丸、如鸡头米的小香丸、小香饼，手形自然很美。

不过，红袖添香，远远不止捻一粒香放入香炉中这么简单。

《红楼梦》中描写，贾宝玉从身边摸出了两星香之后，"又问炉炭"。怡红院中终日焚香不断，所以，焚香的程序，这少爷是清楚的，知道得有炉炭才成，但是，他却全然不会考虑到当时身处的是什么环境。在他的生活中，不论需要什么东西，下人自然就得巴巴地去立刻给他找来。结果茗烟都犯了难："这可罢了。荒郊野外，那里有！用这些，何不早说，带了来岂不便宜。"一个小小的细节把贾宝玉的少爷脾气表现得淋漓尽致，但这细节却是采撷于生活的现实：焚香，并不是把香丸、香饼直接加以焚烧；要让香丸、香饼发香，需要借助炭火之力。明人高濂《遵生八笺》卷十五列举了"焚香七要"：

香炉、香合（盒）、炉灰、香炭墼、隔火砂片、灵灰、匙箸

在关于"隔火砂片"一节中，对焚香的复杂方法介绍得比较详细：

烧香取味，不在取烟。香烟若烈，则香味漫然，顷刻而灭。取味，则味幽香馥，可久不散。……隔火焚香，妙绝。烧透炭墼，入炉，以炉灰拨开，仅埋其半，不可便以灰拥炭火。先以生香焚之，谓之发香——欲其炭墼因香蒸不灭故耳。香焚成火，方以箸埋炭墼，四面攒拥，上盖以灰，厚五分，以火之大小消息。灰上加片，片上加香，则香味隐隐然而发。然须以箸四围直捌数十眼，以通火气周转，炭方不灭。香味烈则火大矣，又须取起砂片，加灰，再焚。其香尽，余块用瓦合收起，可投入火盆中薰焙衣被。

古人追求焚香的境界，是尽量减少烟气，让香味低回而悠长，因此，香炉中的炭火要尽量燃得慢，火势低微而久久不灭。为此，人们发明出复杂的焚香方式，大致的程序是：把特制的小块炭墼烧透，放在香炉中，然后用特制的细香灰把炭墼填埋起来。再在香灰中戳些孔眼，以便炭墼能够接触到氧气，不至于因缺氧而熄灭。在香灰上放上瓷、云母、金钱、银叶、砂片

等薄而硬的"隔火",小小的香丸、香饼,是放在这隔火板上,借着灰下炭墼的微火烤焙,慢慢将香芬挥发出来。

  《花间集》时代的焚香方式,大致与此相同。如洪刍《香谱》中"熏香法",就明确道:"烧香饼子一枚,以灰盖,或用薄银碟子尤妙,置香在上,常令烟得所。"这里所说的"香饼子",与"甜香饼儿"等合香制品不同,是指一种特制的燃料,作用相当于"炭墼"。洪刍《香谱》中有具体"造香饼子法",用特殊配料制成的这种固体燃料,"每如弹子大,捏作饼子",焚香时,炉中只要燃烧这样小小一枚,就足敷使用了。《陈氏香谱》中更是介绍了多种香饼的制法,其中如"耐久香饼","每用,烧令赤,炷香经久";"长生香饼","置炉而火耐久不熄";"丁晋公文房七宝香饼","如钱许,每一饼可经昼夜";"内府香饼,每一板可经昼夜"。配方特殊的香饼,可以小如铜钱,但是,只要在炉中点上一枚,就终日终夜微火燃烧不止。

二

  《陈氏香谱》卷三"香饼"条云:"凡烧香用饼子,须先烧透,令通赤,置香炉内,伺有黄衣生,方徐徐以灰覆之。仍手试火气紧慢。"烧红的香饼实际上是埋在香灰中,所谓"烧香埋火"(《四库全书》《说郛》卷十八所录宋人温华《隐窟杂志》)。孙光宪《河传》词中描写"谢家池阁,寂寞春深"的清冷闺阁,是"玉炉香断霜灰冷",所谓"霜灰",就是香灰。

《陈氏香谱》中介绍了若干种"香灰"的制作方法,其中一方:

> 未化石灰,槌碎,罗过,锅内炒香,候冷,又研、又罗,为之作香炉灰,洁白可爱。日夜常以火一块养之。

香炉中,香灰洁白如雪,旁边伴有精美的黑漆螺钿香盒。(清代宫廷绘画《深柳读书堂美人图》局部)

添香 / 203

手持香箸"整香"的女性。（《芥子园画传》）

在这幅明代人物画中，很稀见地出现了插在香炉灰中的线香，说明当时线香的使用已经普遍。（明·曾鲸《赵赓像》局部）

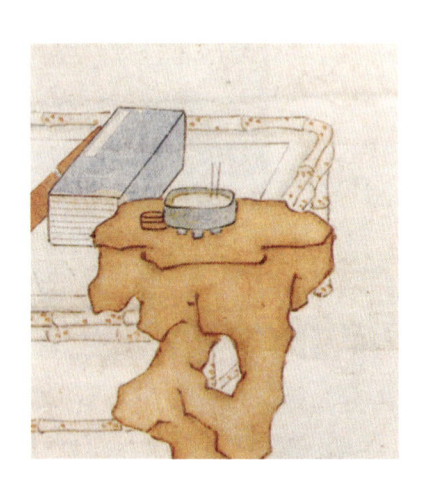

另一方：

> 矿灰六分，炉灰四钱，和匀，大火养灰蒸性，香蒲烧灰，炉装如雪。

可见，词人说"霜灰"，也是在写实，当时确实是有精心特制、洁白如霜雪的香炉灰。

香炉中的香饼燃尽了，灰上的合香制品就不会再散发香气，白霜般的炉灰没了火烘，自然也会渐渐冷下来，所谓"香断"而"灰冷"也。实际上，古人讲究香炉中终日微火不断，如明人文震亨《长物志》"器具·隔火"所言：

> 炉中不可断火，即不焚香，使其长温，方有意趣。且灰燥宜燃，谓之活火。

香炉中始终保持一点活火，不仅是为了"意趣"，也因为这样可以让炉灰保持干燥，再次焚香的时候，不会因为炉灰受潮，而影响香饼、炭墼的燃烧，《遵生八笺》"灵灰"条对此说得清楚："炉灰终日焚之则灵，若十日不用则润。"孙光宪《河传》一词中的女主人公居然任由香断灰冷，说明在情感上受的打击着实比较严重，以至于失去了对生活的兴趣，可以说，是以一种高雅的方式"不过了"！当然，词中说明了她消沉的原因——

"无人知此心",情感严重受挫,所以愁眉不展,暗自哭泣,好像还有点嗜睡("晚来天,空悄然。孤眠,枕檀云髻偏"),总之呈现出轻度抑郁症的典型症状。

还有境况比她更差的:

独坐炉边结夜愁,暂时思去亦难留。手持金箸垂红泪,乱拨寒灰不举头。(刘言史《长门怨》)

一位暂时蒙受到皇帝恩宠,但随即又失宠的妃子,独自坐在香炉前,手持香箸,假意拨香灰,其实是在暗暗哭泣。

据《陈氏香谱》所言,唐宋时代,焚香还需"香煤",这是用特殊的配料制成的细末,洒在香灰面上,或掺到香灰中,用火点燃,形成一点微弱的、低温的明火,其作用是"扶接火饼",保证埋在灰中的香饼不至于灭火。在点燃的香煤上放置隔火、香,发香效果更佳。这香煤需要临时用火点燃,《陈氏香谱》中提到"纸点""以灯点着""以纸捻点",李商隐《烧香曲》中云:"漳宫旧样博山炉,楚娇捧笑开芙蕖。八蚕茧绵小分炷,兽焰微红隔云母。""八蚕茧绵小分炷"一句,只能是指点燃香煤这一程序。(正如前面所讲,香饼、炭𪔀需要先在其他炉、灶中烧透,并非用火捻点燃。)古代文学留下的信息量之大是惊人的,通过《烧香曲》,我们甚至可以知道一千多年前人们在焚香时,是用什么样的火捻。对《烧香曲》中"八蚕茧绵小分炷"一句，宋人姚宽《西溪丛语》中解释道："左太冲《吴都赋云》：'乡贡八蚕之绵。'注云：'有蚕一岁八育。'《云南志》云：'风土多暖，至有八蚕。'言蚕养至第八次，不中为丝，只可作绵，故云'八蚕之绵'。"也就是说，晚蚕所吐的茧，已经无法抽丝了，只能做绵絮，也被唐人用来做引火的火捻。"八蚕茧绵小分炷"，应该是说，用茧绵捻成的细火捻引火，点燃香煤。

取火点燃香煤之后，焚香的先期程序完成，其结果就是"兽焰微红隔云母"。"兽焰微红"，是指香煤洒在香灰的表面上，所慢燃的微火，发出暗淡的红光。"隔云母"，则是指香灰上放有

香炉中，香灰如雪，上面一点香饼细芬袅袅，是文人生活、闺阁生活中的日常景致。（明·陈洪绶《授徒图》局部）

云母质地的隔火片。明人宋诩《竹屿山房杂部》卷七"焚香法"有交代:"(煤)饼上又载以云母石隔火,香不易焦。"也就是《遵生八笺》所云"灰上加片,片上加香,则香味隐隐然而发"。古人在谈到销香之法时,总是用"焚""烧""爇""炷"诸字,但实际上并非把香直接地点燃烧掉,而是将香置于小小的隔火片上,慢慢烤出香气。明末冒襄《影梅庵忆语》中,对这样的焚香方式形容得十分生动:"宿火常热,色如液金粟玉。细拨活灰一寸,灰上隔砂,选香爇之,历半夜,一香凝然,不焦不竭,郁勃氤氲。"炉中的炭火,虽然是慢燃,但是效果如熔化的金液,如玉粒闪烁,颇为红旺。炭上加灰,灰上加隔火,隔火上的香可以爇很长时间,始终发出虽不浓烈但清晰的香味,既不焦煳,也不会很快断了香气。

三

很显然的,焚香的过程相当烦琐。然而,这还不算完事,香一旦焚起,还需要不停地进行料理、照管。如《遵生八笺》嘱咐:"香味烈则火大矣,又须取起砂片,加灰,再焚。"《竹屿山房杂部》则称:"火不宜猛,使香味缓蒸……微觉有焦,遂令撤下。"《陈氏香谱》卷三介绍了一种"阁资钦香煤":"……每用一二钱，置香炉灰上……时时添之，可以终日。"说实在的，古代士大夫把焚香当作一种高妙的、纯粹的享受，对于这些烦琐的事情往往都很有兴趣，也很在行。清人李渔甚至认为，焚香这么重要的事情，每个环节都应该由士大夫自己亲手做，就是铲平炉灰这样需要耐心的细节，也是"此非僮仆之事，皆必主人自为之者"（《闲情偶记》"器玩部·炉瓶"）。但是，似乎大多数的士大夫都不同意李渔的看法，在他们看来，最好还是由女人去处理这些麻烦事。通过文学，他们暗示，这些麻烦事，由女人处理的时候，就会显得很美，如果由男人处理，会少了一份美感。如毛熙震《女冠子》：

> 修蛾慢脸，不语檀心一点。小山妆，蝉鬓低含绿，罗衣淡拂黄。闷来深院里，闲步落花傍。纤手轻轻整，玉炉香。

一位淡黄罗衣、玉容寂寞的美人，在百无聊赖之中，先到院里走了走，然后回到屋里，没事找事，去整理一下炉中的焚香。男人鼓捣香炉，能出这样的意境吗？再说，男人要忙于生计，忙于事业，也不可能这么闲散啊。词意简直就是在暗示着，反正女人也没什么事好做，有个焚香的香炉来折腾，还是打发时光的一种好手段呢。

当然，一旦到了"香味烈则火大矣"的地步，已经属于失误。不能等到闻着焦味才去关心香炉中的情况，而是应该时时注意炭火的强弱。怪不得冒襄夸赞董小宛是个处处出众的女子："然爇时亦以不见烟为佳，非姬细心秀致，不能领略到此。"可见，善于伺候香炉，不仅体现女性细心的"天性"，还能证明此女子有灵性、懂风雅。在《花间集》的时代，香饼埋在香灰中，其形势不易观察，正确的方法，是"手试火气紧慢"，把手放到灰面上方，凭手所感受到的热度，判断灰下香饼的火势是过旺还是过弱。于是，唐人诗词中除了"添香"之外，还喜欢描写女性"试香"的情景，描写女人如何"手试火气紧慢"，如和凝《山花子》词描写一位女性："几度试香纤手暖，一回尝酒绛唇光。伴弄红丝绳拂子，打檀郎。"这女子三番五次地把手放到炉面上试探火势，手都烤热了。然后又尝一尝酒的温度，以致沾了酒的红唇闪耀光泽。这些"正事"都忙过，没什么可折腾了，她又想出一招，耍弄拂子赶飞虫，顺便与意中人逗成一团。这位艺妓真是又活泼又妩媚，像个小松鼠一样不停闹腾，可闹腾中一点不失优雅，确实是个理想的可人。

和凝《宫词》中，女性试香的意象，与宫廷的堂皇氛围融在一起：

> 结金冠子学梳蝉，碾玉蜻蜓缀鬓偏。寝殿垂帘悄无事，试香闲立御炉前。

一位宫妃，戴着金丝编的头冠，鬓边坠着玉蜻蜓的步摇，虽然打扮得华贵，但在宫中无所事事，只有借试香为名，在御香炉前打发时光。添香也罢，试香也罢，总之都是与女性的无所事事联系在一起，被解释成女性在无聊中的遣闷之举。

香——香丸或香饼，搁置在隔火上，经过长时间的烘烤，会慢慢被烤焦，香味也会散尽，这时候，就需要"红袖添香"了。和凝的一首《宫词》特别写到了此事：

金盆初晓洗纤纤，银鸭香焦特地添。出户忽看春雪下，六宫齐卷水晶帘。

经过一夜的烘爇，鸭形银香炉中的香已经烤焦了，于是，小宫女一大早就忙着洗净手，为炉中添加新香。忙完这事（这多半是专门派定给她的职责之一），小宫女才可以歇一口气，有空闲走出殿门，蓦地发现一场春雪已经无声地降临，远远近近，宫中各处纷纷高卷起玻璃珠串成的"水晶帘"，一齐欣赏新雪。也许，这首小诗的妙处只能意会，难以言传。作者把添香与春雪这两样本无逻辑关系的现象联系在一起，创作了一种新鲜、精美的意境：金盆、银鸭、新雪、水晶珠帘接连排比，提示出晶莹、明亮的视觉感受，呈现了一个我们不大熟悉的、色彩明快但是又气象堂皇的宫廷早晨。

另一位唐代诗人李中的《宫词》，则不免走了"宫怨"的传统路子：

> 金波寒透水精帘,烧尽沉檀手自添。风递笙歌门已掩,翠华何处夜厌厌。

寒冷的月光漫过了水晶珠帘,夜已经深了,香炉中的名香已经销尽,失宠的宫妃长夜难寐,于是亲自添香来排解寂寞。只是,人立在香炉前,心思却被牵扯到别处。她听到了随风飘来的远处的笙歌。她清楚,自己所在的这处冷宫,按宫规,一入夜就已经宫门紧锁,与世隔绝。她甚至无法确切地知道,皇帝此时正在哪一处殿堂,与哪一个女人在一起作乐。在她面前,只有似乎无穷尽的漫漫长夜。

很有意思的是,在男性文人的笔下,焚香似乎永远与无所事事的女人形象联系在一起。立在香炉前的女人,不论是宫词中的失意妃嫔,还是《花间集》中的艺妓,都从来不用为生计操心,她们的全部心思,就是等待某个男人,或者满怀幽怨地思念他,为他的负心而痛苦。男性文人们显然非常喜欢这种想象,并且一次次地被这种想象深深打动。

参考文章:
《香合》,扬之水著,《古诗文名物新证》(一),紫禁城出版社,2004年,26—39页。

◆ 熏笼 ◆

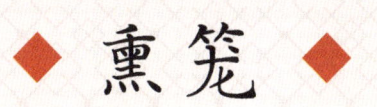

一

文人与名妓之间的疑似爱情，要以明人冒襄与董小宛的一段姻缘最为典型。冒襄满怀凄楚地回忆他二人曾经有过的黄金时光，其中情趣种种，读来也确实迷人得很，比如，他们的一项重要娱乐活动是："姬与余每静坐香阁，细品名香。"一对才子佳人，仅仅为了品味珍贵名香的气息，竟至于整宿地熬夜，就像今天球迷周末看五大联赛、小资在后海泡吧那么狂热。如果细读一下《影梅庵忆语》，就不难感受到，品赏焚香，在士大夫文化中，已经上升成了非常纯粹与高级的审美活动，有完整的形式、复杂的内容，可以说与赏画、写书法、听曲、观戏等一样，是一种心灵的高级活动，摆脱了一切功利目的，只不过这艺术的至美境界是通过鼻子来抵达。冒襄说，每逢到这样的时刻，"与姬细想闺怨，有斜倚熏笼、拨尽寒灰之苦，我两人如在蕊珠众香深处"。"闺怨"主题中与香事有关的著名典故，诉尽了被遗弃女性的孤苦景况，两个人想一想那些典故，再想一想他们自己，可以在一起进行这么纯粹而高尚的享受，觉得神仙一般幸福。

"拨尽寒灰",显然是指刘言史《长门怨》"手持金箸垂红泪,乱拨寒灰不举头"这类描述。相比之下,似乎"斜倚熏笼"的意象更为深入人心,这一意象的生成,是得力于古代上层社会中衣服、被褥都要熏香的实际习俗。

熏笼,一般都是用竹片编成,形状大致为敞口的竹笼,《说文》作"篝",在南北朝时,常常称为"竹火笼"。南朝梁萧正德《咏竹火笼》诗:"桢干屈曲尽,兰麝氛氲销。欲知怀炭日,正是履冰朝。"范静妻沈氏《咏五彩竹火笼》诗:"可怜润霜质,纤剖复毫分,织作回风缕,制为萦绮文。含芳出珠被,耀彩接湘裙。徒嗟今丽饰,岂念昔凌云。"其实已经把熏笼的材质、工艺、形态、用途都讲得相当清楚。把竹子分剖成细细的篾条,编出精美的花纹,制成竹笼。至于用途,有两个:在冬天,把熏笼覆扣在炭火炉上,可以防止炭灰飞扬;至于一般的时节,则是将它覆扣在熏炉上,熏香衣服和被褥。

有了熏笼,就可以把衣服在熏笼上摊开,接受香气的熏濡。不过,熏衣的过程是很讲究的,并不是把熏笼扣到熏炉上,再摊上衣服就了事。传为宋人洪刍所作的《香谱》中记有"熏香法",其实是"给衣熏香法":

> 凡熏衣,以沸汤一大瓯置熏笼下,以所熏衣服覆之,令润气通彻,贵香入衣也。然后于汤炉中烧香饼子一枚……

> 置香在上熏之，常令烟得所。熏讫叠衣，隔宿衣之，数日不散。

熏衣的第一步，是让衣服在热水的蒸濡下，变得微微潮湿，这样更容易沾上香气。对此，《备急千金要方》卷六"七窍病·口病"介绍"熏衣香方"，也强调：

> 以微火烧之，以盆水内笼下，以杀火气，不尔，必有焦气也。

在熏笼下放一盆水，增加湿润度，还可以避免衣服染上烟火的焦味。

《陈氏香谱》"香器品"介绍了一种"香盘"：

> 用深中者，以沸汤泻中，令其气蓊郁，然后置炉其上，使香易著物。

这些资料叠在一起，让我们很清楚地知道了古代熏衣的方式：在特制的香盘中倒上热水，再把一只香炉立在香盘中，炉中焚香，然后，扣上熏笼，将衣服摊展在熏笼上，慢慢熏烘。法门寺出土的一只唐代涂金银熏炉，就配有一只五足的圆盘。在这只熏炉的底部，明确錾刻有"咸通十年文思院造八寸镶金花香炉一具并盘及朵带环子"等字样，说明了若干信息：此"香炉"是文思院所造；在造香炉的时候，同时造了一只圆盘与之相匹配。由此推理，此圆盘该是"香盘"，可以起到既盛热水，又承载香炉的作用。在这里，我们或许真的看到了唐代皇帝熏衣用香炉的风貌。

《陈氏香谱》介绍的具体方式，与洪刍《香谱》略有不同：

> 凡欲熏衣，置热汤于笼下，衣覆其上，使之沾润，取去，别以炉爇香，熏毕……

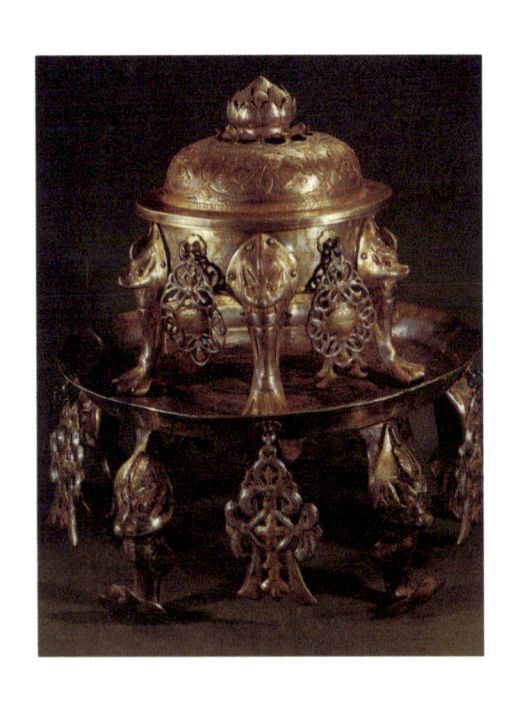

法门寺出土唐代涂金银熏炉及五足香盘。

是先把一大盆热水放在熏笼下,待衣服微潮后,就把水盆撤去,然后再在熏笼下放熏炉,进入熏香程序。虽然步骤小有差异,但基本道理相同。

熏衣的时候,炉中也一定要慢火微香,长时间地熏烘,让香气慢慢沾润衣服。华丽的女人衣裙,摊开在熏笼上,其下微火送香,就成了当时闺房中的一景:"藕丝衫子柳花裙,空着沉香慢火熏"(唐元稹《白衣裳》)、"御纱新制石榴裙,沉香慢火熏"(宋晏几道《诉衷情》)。

古人对于熏衣极其讲究,有专门用以熏衣的香。早在孙思邈《千金方》中,就提供了专门的"熏衣香方",并且指出:"太燥则难丸,太湿则难烧;湿则香气不发,燥则烟多,烟多则微有焦臭,无复芬芳。是故香复须粗细燥湿合度,蜜与香相称,火又须微,使香与绿烟而共尽。"(《千金翼方》"妇人·熏衣浥衣香")可见,要想取得好的效果,第一步从制熏衣香开始就须特别精心。因此,像唐人刘禹锡《魏宫词》中所写:"添炉欲爇熏衣麝,忆得分时不忍烧。"就不是平白的想象,熏衣时,确实要使用专门配好的香。此外,熏衣的过程中也需要巧妙掌握焚香的技巧,"常令烟得所"。熏过之后,如诸香谱中指出的,还要把衣服叠起来,放一夜,第二天再穿着,这样,衣服的香气才能保留数日不散。

美人披着新熏过的、散发奇香的轻纱丽锦之衣,也就成了诗词中喜欢渲染的对象。如和凝的一首《山花子》,通篇都在描

写一位艺妓的打扮:

> 莺锦蝉縠馥麝脐,轻裾花草晓烟迷。鸂鶒战金红掌坠,翠云低。
> 星靥笑偎霞脸畔,蹙金开襜衬银泥。春思半和芳草嫩,碧萋萋。

所谓麝脐,就是麝香。"莺锦蝉縠馥麝脐"一句,无疑是写,彩锦、薄纱的衣裙,经过浓熏,散发着贵重的香气。"轻裾花草晓烟迷",猜测是形容裙裾上缬染而成的花草纹,因为缬染法会在纹样的边缘形成洇晕,所以裙上的缬花就像是笼在清晨的雾烟中一般。

美人头上,是鸂鶒造型的金钗头在闪颤,红梳沉甸甸的,这些有分量的首饰,压得发髻都低垂了。她的红艳双颊上则贴

| 唐代绞缬朵花罗,花纹如蒙雾笼烟。(新疆吐鲁番阿斯塔那出土)

着金箔的假靥，如星星一般闪烁，好像老是在那里无声地发出微笑，映衬着衣裙上金线、银泥的花纹，让一个人儿周身灿烂成一片。这位艺妓的一身装扮，真是华贵得吓人。词的妙处，是在对衣妆的层层夸饰中，同时带出了一种很年轻、很清新的感觉，所以，词的最后说，这位大约风月生涯未久的年轻女性，她的情感像绿草一样，发生在春天，也像嫩草一样，还很新鲜，没有蒙上时光的尘污。

同一位作者在一首《宫词》中，作了颇为近似的描绘：

莺锦蝉罗撒麝脐，狻猊轻喷瑞烟迷。红酥点得香山小，卷上珠帘日未西。

宫女的锦罗衣裳散着浓香，身旁还有狻猊造型的小香炉喷着香烟。她就在这样富贵安适的氛围里，精心制作红酥山。

不仅女人的衣裙要熏香，贵族、士大夫男性的衣袍也要经过这一道处理。有一个非常动人的例子，是唐人章孝标的《少年行》：

平明小猎出中军，异国名香满袖熏。画榼倒悬鹦鹉嘴，花衫对舞凤凰文。手抬白马嘶春雪，臂竦青骹入暮云。落日胡姬楼上饮，风吹箫管满楼闻。

唐代女服色彩鲜艳,纹饰富丽,这样的服装一旦浓香习习,自是魅力无敌。

再好不过地活画出唐代青年军人的理想形象。一大早出发,随便去打一打猎,人儿一驰出军营,衣袍上熏的异国名香立刻随风四送。就是女人打扮起来,也未必能撑过这位哥儿抢眼,他穿着织有凤凰对舞纹的绫锦袍,鞍边挂着样子花哨新奇的酒壶,胯下白马矫健,臂上还架着猎鹰。天下大概再寻不出比这更春风得意的骄子了。这么招摇惹眼地在野外玩上一天之后,还要趁着落日余晖登上酒楼,在歌舞声中继续尽情挥霍他的幸运。

在唐诗中,一个青春少年身兼贵公子与年轻军官的双重身份,骑马外出游春,一身衣香随风远播,招人爱羡,成为一种固定形象,被诗人一再咏叹:

金紫少年郎,绕街鞍马光。身从左中尉,官属右春坊。

> 划戴扬州帽,重熏异国香。垂鞭踏青草,来去杏园芳。(李廓《长安少年行》)

不消说,这样香喷喷的俏儿郎,在花繁柳嫩的春天郊外,分外地撩拨异性的心:

> 弱柳好花尽拆,晴陌,陌上少年郎。满身兰麝扑人香,狂么狂,狂么狂。(顾敻《荷叶杯》)

二

虽说有身份的男人与女人一样,一定要穿熏香的衣服,但是,熏衣这样的家务活计,照例还是要由女人负责。比如唐人王建《宫词》所写:

> 雨入珠帘满殿凉,避风新出玉盆汤。内人恐要秋衣着,不住熏笼换好香。

在一个初秋的雨天,恰好赶上皇帝要洗澡。"内人"——宫女、女官,担心皇帝要换穿避寒的秋衣,于是忙着为换季的衣服熏香。为了确保熏衣效果,她们频频地更换熏笼下的香品。

很感人的是,王建与花蕊夫人的《宫词》作品中,都涉及宫女熬夜为皇帝熏衣的辛苦。王建的描写是:

> 每夜停灯熨御衣,银熏笼底火霏霏。遥听帐里君王觉,上直钟声始得归。

看起来,宫中的规矩,是有专门负责的宫女,在头天夜里,把皇帝第二天要穿的衣服熏好、熨平。于是,被派了这项差事的宫女,每天夜里,都要在青灯下,在熏笼内暗暗火光的陪伴下,忙碌着为皇帝准备衣服。按照王建的想象,似乎宫女熏香、熨衣,就在皇帝寝阁的附近——寝殿的外间之类——所以能够隐约察听到皇帝起床的动静。不过,据花蕊夫人的介绍,不,事情不是这样的:

> 宫女熏香进御衣,殿门开锁请金匙。朝阳初上黄金屋,禁夜春深昼漏迟。

显然,宫女熏衣,并不在皇帝的寝殿,所以才要赶在皇帝起身之前,把熏好的御衣送过去。此时,夜色未尽,宫门处处上锁,要按照特别的程序,让管钥匙的宫监来打开紧锁的殿门。忙完这一趟差使,太阳才刚刚升起。不难想象,女孩子入宫之后，如果被分派了这样的活计，那么她的宫中生活会是多么辛苦和凄清：

蕙炷香销烛影残，御衣熏尽辄更阑。归来困顿眠红帐，一枕西风梦里寒。（花蕊夫人《宫词》）

熏、熨御衣，一忙就是一夜，干完这差事之后，回到宫女所住的下处，累得倒头大睡。皇宫里的热闹照例发生在白天，但种种热闹，其实与她没关系。也许，这女孩子从来也没机会看到皇帝本人，皇帝穿着熏香御衣的样子，她根本无从知道。

顺便要提的是，毛熙震一首《浣溪沙》词中提道："云薄罗裙绶带长，满身新裛瑞龙香。"这里涉及另一种让衣服生香的方法：在收存衣服的时候，把特制的香料放在衣服中间，让香味自然地沾上衣服。此法名为"裛衣"，也常写作"浥衣"，在当时也很流行。《千金翼方》中就将"浥衣香方"与"熏衣香方"并列，唐代皇帝每年腊日都要赏赐大臣美容化妆品，有时也会赏赐浥衣香。白居易《早夏晓兴赠梦得》有句："开箱衣带隔年香。"就是因为衣服当初收入箱中的时候，放置有浥衣香的缘故。

话说回到熏香及熏笼。古代的贵族生活异常讲究，不仅衣服要熏香，被褥、手巾也要熏香。《东宫旧事》记载，晋代，"太子纳妃，有漆画手巾熏笼二、大被熏笼三、衣熏笼三"（《古今图书集成》"考工典·笼部"），对于不同的服饰，要有不同规格的熏笼相匹配。要说明的是，晋代贵族讲究要有专门的"手巾熏笼"，不仅是出于实用，还与这一时代上流社会讲究排场有关，或者说，与这一时代贵族生活追求"表演性"有关。

志怪小说集《幽明录》中有一个故事，讲述一个叫甄让的人的奇怪遭遇，他在赶路途中遇到神秘的"社公"一家，故事对社公的出行排场的描绘，却是对魏晋南北朝贵族生活方式的真实反映。其中写道，社公"隐膝几，坐白旃坐褥，玉唾壶，以玳瑁为手巾笼"，这里所说的"手巾笼"，应当就是《东宫旧事》明确提到、当时贵族必备的手巾熏笼。北齐颜之推《颜氏家训》中形容南朝士大夫子弟的作风："坐棋子方褥，凭斑丝隐囊，列器玩于左右，从容出入，望若神仙。"（"勉学"篇）魏晋南朝士大夫"列器玩于左右"的情景，在《北齐校书图》《高士图》等绘画名品中都有所表现。但是，《幽明录》"甄让"故事对社公的起居排场的描写，让我们真正明白了"列器玩于左右"的含义。这些"器玩"是各种珍贵材质的贵族生活用品，比如唾壶，比如手巾熏笼，象征着时髦、高档的生活方式。把它们摆在身周围，公开炫耀自己的奢侈与高雅，构成了魏晋南北朝士大夫"表演"其风度的一部分。这样蒙着手巾的小熏笼和小熏炉，还出现在了敦煌61窟五代时期壁画"维摩诘经变"中。

手巾熏笼在魏晋南北朝时期具有摆设品的性质，成了贵族生活方式的符号之一，所以相当受重视。入唐以后，贵族作风

摆设在床上的手巾熏笼。(敦煌61窟五代壁画《维摩诘经变》局部)

这一只"熏炉罩"用竹篾编成,上蒙细绢,熏炉内焚香所产生的灰尘,可以被绢面吸附住。高15厘米,底径19厘米,很可能是"手巾熏笼"。(湖南长沙马王堆西汉墓出土)

熏笼 / 227

发生了彻底变化,没有人再"表演"高贵了,手巾熏笼也就失去了独立存在的理由。

三

在熏衣之外,人们看重的,是用熏笼来熏被。牛峤一首《菩萨蛮》就形容闺房里的情景:"熏炉蒙翠被,绣帐鸳鸯睡。"《全唐诗》中一首归为李白之作的《连理枝》词,也有句云:"喷宝猊香烬、麝烟浓,馥红绡翠被。"傍晚,临睡前,在熏笼上熏香被子,是富贵人家卧室里的常景。

把被子放到熏笼上熏烤,还有一层用处:在寒冷的天气,让被子变得温暖。对此,白居易有一首《秋雨夜眠》交代得清楚:

> 凉冷三秋夜,安闲一老翁。卧迟灯灭后,睡美雨声中。
> 灰宿温瓶火,香添暖被笼。晓晴寒未起,霜叶满阶红。

在深秋的雨夜,床前有小炉留着温水的宿火,用于熏暖被子的熏笼下添了香,终夜散着轻轻的香气,所以诗人这一夜睡得非常舒服。"香添暖被笼",明言熏笼有暖被的意义。

一袭被子经熏笼熏过之后,盖在身上,又舒适又温暖,清爽的气息让人神魂俱适，所谓"惹香暖梦绣衾重"（顾夐《浣溪沙》），似乎梦境都带着温暖的芳香；温庭筠《菩萨蛮》中"暖香惹梦鸳鸯锦"一句，也是同样的意思。更重要的是，香衾可以刺激情欲，给男女之欢增加浪漫、温馨的气氛。于是，就有了温庭筠《更漏子》写道，一位"眉浅淡烟如柳"的女性，会"待郎熏绣衾"——在等待意中人来临时，特意把绣被熏香。尹鹗《秋夜月》则写了一个迷情的夜晚：

黄昏慵别，炷沉烟，熏绣被，翠帷同歇。醉并鸳鸯双枕，暖偎春雪。语丁宁，情委曲，论心正切。夜深、窗透数条斜月。

一位名妓与她的眷恋者，在白天的娱乐活动结束之后，仍然"懒得"分手，于是焚起名香，熏好绣被，共度缠绵之夜。两个人似乎有说不完的心里话，窃窃低语，直到深夜。而这样的闺房，在清晨的景象则是："翡翠屏开绣幄红，谢娥无力晓妆慵，锦帷鸳被宿香浓。"（张泌《浣溪沙》）屏风拉开，帐帘挂起，美人懒懒起身，这时候，帐子里，双人被上，隔宿的香气依然浓烈。

熏香被衾之举，既然有为男女欢娱助兴的意味，那么，一旦被子熏香之后，却无人来共同分享，就不免显得寥落、凄凉。这也成了男性文人喜欢发挥的主题，如韦庄《天仙子》：

> 蟾彩霜华夜不分，天外鸿声枕上闻。绣衾香冷懒重熏，人寂寂，叶纷纷，才睡依前梦见君。

一位女性独处闺中，秋夜凄清，月光与寒霜一样泛着冷光，偶尔有高天上南飞的雁阵的鸣声，直传到枕前。被子的香气已淡，盖在身上发冷，她也没心情用熏笼把它重新熏暖。在没有人声，只听得落叶簌簌的夜深时分，好不容易蒙眬睡去，结果立刻又一次梦见了思念的人。冯延巳《菩萨蛮》"翠被已销香，梦随寒漏长"，表达的意思也正相近。

被衾已经熏香，却无人来共度春宵，这样一个情境，也被结合进了"长门怨"的经典主题中：

> 凤帐鸳被徒熏，寂寞花锁千门。竟把黄金买赋，为妾将上明君。（温庭筠《清平乐》）

《全唐诗》收有一首归名为杜牧的《八六子》，将相同的意境铺陈得更其清冷："龙烟细飘绣衾，辞恩久归长信。凤帐萧疏，椒殿闲扃。"虽然香烟在悄悄地熏着华被，但这是在冷宫中，因此一派萧条，没什么希望。

"斜倚熏笼"的意象，推测起来，主要该归功于熏被这一奢侈习俗。为了避免衾被沾染土尘，熏被只能在床上进行，所以，当时有专门用在床上的熏笼。薛昭蕴一首《醉公子》就有

"床上小熏笼"之句,全词为:

> 慢绾青丝发,光砑吴绫袜。床上小熏笼,韶州新退红。叵耐无端处,捻得从头污。恼得眼慵开,问人闲事来。

时间显然是入夜后,词中的女主人公已经卸妆了,随便把一头乌丝挽个懒髻,全身都缩到一床被子下,倚着床上的小熏笼打瞌睡。被子是用新织的韶州绢为面,染成鲜嫩的粉红色或者说淡肉红色,这一床淡红被子笼住了她的全部身形,旁人只能看到她的一头松丝,以及被下露出的穿着砑光白绫袜的纤足。她这么懒懒的,既不肯正式就寝,又没兴致干别的,其实还是因为心情不好,所以,不管谁打扰她,都会惹她发脾气。

应该说,这首词已经很清楚地交代出,熏被要在床上进行。推测起来,床上放一只小熏笼,本来是在熏香那一床红被,但女主人公像只小猫一样溜到了被子下,拥着熏笼,披着被子,独自闷闷不乐。与她一样,在漫漫长夜,失意的女性们,在遭受失眠的痛苦折磨时,躺在枕上无法入睡,或者,根本就害怕不得不独自就寝这样一个事实,往往会选择斜倚着熏笼彻夜孤坐。虽然夜色深了,不免"熏笼香气微"(孟浩然《寒夜》),但熏笼下依稀的残香,以及尚未完全熄灭的炭火,多少还显得有一丝活气,像是一线温柔的安慰。

明·陈洪绶《斜倚熏笼图》局部。

◆ 香兽与香囊 ◆

一

虽然说"烧香取味,不在取烟""爇时亦以不见烟为佳",但香经爇烤,散发出淡淡的烟缕,总是不可避免。不过,由于在制香、焚香的过程中,采取了种种办法来减少烟气,所以,那生成的香烟,只是淡淡的、细弱的、似有还无的一缕,"博山炉暖澹烟轻"(顾敻《临江仙》)、"炷香斜袅烟轻"(毛熙震《临江仙》)、"忽一线炉香逐游丝"(苏轼《哨遍》"春词")。为了这一线轻烟,人们设计出各种形态的香炉,以充分展示其袅袅而上的情态。

有一种办法,是把香炉做成动物的造型。洪刍《香谱》卷下"香之事"中记载:"香兽,以涂金为狻猊、麒麟、凫鸭之状,空中以燃香,使烟自口出,以为玩好,复有雕木埏土以为之者。"动物造型的香炉统称为"香兽",一般都是铜、银材质,外表鎏金,也有木雕或陶瓷制品;内部是空膛,作燃香之用;而动物的口部都有开孔,与内膛相通,成为吐烟口。一旦焚起香,烟缕就从兽口或禽啄中轻轻溢出。

大约是因为狻猊（狮子）、麒麟一类造型的香兽看去很有气派，所以，在宋代，被当成了大型宫廷仪式上的陈设。据《宋史》"礼志"，天子在集英殿举行"大宴"时，"设银香兽前槛内"。另外，陆游《老学庵笔记》卷四有云：

> 故都紫宸殿有二金狻猊，盖香兽也。故晏公《冬宴》诗云："狻猊对立香烟度，鹭鸶交飞组绣明。"靖康后入于金，奉使者尝见之。

说明宫廷中陈设香兽的场合非止一处。

宫殿上安放香兽，自然是为了显示皇家气派、天子威仪，其实，这并不是香兽的主业。香炉采用动物造型，更富有意趣，所谓"以为玩好"，本来是逗大家高兴的玩意。为奢侈生活加油助威，才是这"玩意"的最长项。唐人秦韬玉《豪家》有句：

> 地衣镇角香狮子，帘额侵钩绣避邪。按彻清歌天未晓，饮回深院漏犹赊。

地衣，是唐代流行的一种特制地毯。花蕊夫人《宫词》中有云"青锦地衣红绣毯"，显示地衣并非毛织品，而是锦类的丝织品，白居易《红线毯》一诗中，也明言丝织的宣州红线毯为"地衣"。丝地衣有种种用处，但是，在贵族生活中，很重要的一个用场是作为"舞筵"。那个时代,欣赏歌舞的时候,一定要先在地上铺一张地毯,然后由舞伎在地毯上表演舞蹈,这一作风在《红线毯》一诗中交代得十分清楚。于是就有了花蕊夫人的《宫词》一首:

　　山楼彩凤栖寒月,宴殿金麟吐御香。蜀锦地衣呈队舞,教头先出拜君王。

西蜀宫廷中的皇家夜宴开始了,殿上,麒麟造型的香兽吐着御香,殿檐下,可以望到附近一处依山楼阁的廊影,月光照亮了装饰在楼顶上的雕凤。名贵的蜀锦做成的五彩地衣上,就要开始表演团体舞,队形已经站好,由带队的"老师"走出来,跪拜天子。

这种丝地衣,虽说"线厚丝多卷不得"(《红线毯》),比较厚硬、沉重,但是,铺在地上,似乎还是容易起皱,特别是在表演舞蹈的时候:

　　金花盏面红烟透。舞急香茵随步皱。(欧阳修《玉楼春》)

舞蹈进行到高潮时,舞伎们热烈的脚步会把舞筵踢踏得起乱皱,因此,必须要在四角放上镇角。在唐代,流行用狮子造型的香兽来充当这一角色:

> 狻猊镇角舞筵张,鸾凤花分十六行。轻动玉纤歌遍慢,时时偷眼看君王。(和凝《宫词》)

狻猊就是狮子。作为"舞筵"的地衣,是由狮子造型的香兽压在四角,舞伎们在这样的舞席上表演大型的群舞,时时变化复杂的阵形。秦韬玉《豪家》有"按彻清歌天未晓,饮回深院漏犹赊"之句,同样涉及夜宴的歌舞,"地衣镇角香狮子"多半也是在表现豪家歌舞的排场。彩锦或红丝绒的地衣,四角蹲踞着鎏金狮子香兽,从口中喷着香烟,明烛高烧,夜色如水,就在这样的情景中,大型歌舞一场又一场地上演,姿影缤纷,歌声绕梁。

狮子造型的香炉,在近年考古发掘中屡有出土。如 1995 年西安唐代曹氏墓出土的一件滑石狮子香炉,"白色,光洁细腻,纯净微透明,温润如玉",观之可爱。(《西安唐代曹氏墓及出土的狮形香熏》,王自力著,《文物》2002 年第 12 期,68—71 页)

值得注意的是,出土唐代狮子香炉中有相当比例采用底座式足,此处这一只就是如此。香炉无论采用单支足还是多支足,一般都将支足做得细长纤巧,这样可以让香炉显得造型轻盈。但是,狮子香炉往往把支足做成重坠的底座,想来,这带底座的狮子香炉当年正是用作地衣、"舞筵"的镇角,所以特意设计得下盘沉重,是为了让其重心低,不宜倾翻。曹氏墓出土的滑石狮子香炉通高只有 12.8 厘米,底边长 7 厘米,非常小巧,摆

唐代滑石狮子香炉。(陕西西安曹氏墓出土)

歌舞是唐人生命的一部分,当时,戏剧还不发达,长时间的歌舞表演是最重要的娱乐。(陕西礼泉唐郑仁泰墓出土女舞俑)

起来不占地方，置于几案上、床帐中，固然都很合适，但是，如果用来安置在地上做镇角，也一样可以胜任角色。

在宋代佚名画作《乞巧图》中，有一处二层的小楼，在其上层的楼阁内，安置有两座丝织物蒙覆的大案，案上陈设着各色乐器，一律收裹在囊袋里。这里显然是一处"歌台舞榭"，用于表演、欣赏歌舞的场所。最值得注意的是，在地当中，铺着一方红地五彩花纹地毯或说"地衣"，上面压着四座鎏金狮子，其中最前面的一座也是带有底座式足，造型与出土唐代狮子香炉基本一致。可以推断，画中的这一处细节正是描绘了"狻猊镇角舞筵张"的场景，只不过，因为歌舞并非马上就开演，所以，乐器都收裹在囊袋里，四只"香狮子"也没有燃香，没有被安置在舞筵的四角。此时，这些狮子香兽被收拢在地衣中央，免得碍人走动。可以想象，一旦准备开始演出，这些香兽腹中就会燃起香烟，然后被挪移到地衣的四角。画家在地衣上恰恰画出四只香兽，显然不是随意发挥，而是照搬当时生活中的实际情况——一只香狮子镇守地衣的一角，一张地衣当然就该配备四只。这样的细节是不可能凭空杜撰出来的，画家想必是在当时的现实生活中经常接触到这类场景，才能在艺术中有如此细腻而自然的表现。

地衣的镇角香兽并不止狮子造型一种。李贺《宫娃歌》有句："象口吹香毾㲪暖"。"象口吹香"，应当是指"空中以燃香，使烟自口出"的香兽，只是在此处呈现为象的外观；"毾㲪"，是指铺地的毛毡，此句的意思，似乎也暗含以象形香兽作为毡毯的镇角之意。另外，尹鹗《金浮图》有云：

> 繁华地，王孙富贵。玳瑁筵开，下朝无事。压红茵、凤舞黄金翅。玉立纤腰，一片揭天歌吹。满目绮罗珠翠。和风淡荡，偷散沉檀气。

五彩地衣与镇角香狮子。（宋人佚名《乞巧图》局部）

写富贵王孙、当朝显宦家中的盛大歌舞场面：红地衣铺成的舞筵上，是凤凰展翅造型的鎏金香炉镇着四角。就在这红地衣上，歌声与乐声竞入云霄，舞女们的舞衣、装饰让人眼花缭乱，同时，软风入座，立在舞筵四角的金凤炉从凤啄中吐出的名贵香气，也被这暖风吹搅开来。唐人通过歌舞的形式来享受生活的时候，那气派、那排场、那热情，实在让后人在梦中都难以企及。

二

在上层社会的日常生活中，那些没有歌舞热闹的平常日子，香兽同样是离不得的"玩好"。如和凝的两首《宫词》作品谈道：

> 香鸭烟轻蒸水沈，云鬟闲坠凤犀簪。珠帘半卷开花雨，又见芭蕉展半心。
> 莺锦蝉罗撒麝脐，狻猊轻喷瑞烟迷。红酥点得香山小，卷上珠帘日未西。

与主要供男性欣赏的热烈的歌舞场面相反，日常的后宫生活——一旦天子那男性的身影缺席——安静、闲适得让人感到空虚，时光漫长，难以打发。香兽口中喷吐出的轻烟，算是在寂寞的殿阁中产生的丝微生气。

香兽在《花间集》中经常露脸，倒不是出于以上的几种原因。和凝《河满子》有云：

却爱熏香小鸭，羡它长在屏帷。

"屏帷"连称，是指当时床设的特殊形制：床周围安置一圈屏风，屏风外是四合的床帐。"羡它长在屏帷"，是说羡慕鸭形香炉长久地立在床屏与床帷之内，也就是说，羡慕它总是待在床上，潜台词是，羡慕这小香炉总能够陪女主人过夜，与那美丽的女性亲密无间。毛熙震《小重山》有句："红罗帐、金鸭冷沉烟。"魏承班《满宫花》："金鸭无香罗帐冷，羞更双鸳交颈。梦中几度见儿夫，不忍骂伊薄幸。"以及宋人欧阳修《燕归梁》："屏里金炉帐外灯，掩春睡腾腾。"词意都非常明确：在当时的豪华卧室，床帐内总是陈放有香兽。

这种伴人度夜的香炉，总是以玲珑可爱为宜，因此以金鸭造型为多，此外，也有采用水鸟"鸂鶒"形外观的："绣帏香断金鸂鶒。"（顾敻《河传》）"小金鸂鶒沉烟细，腻枕堆云髻。浅眉微敛注檀轻，旧欢时有梦魂惊，悔多情。"（顾敻《虞美人》）当说到"金鸭""金鸂鶒""金炉"时，都是指"涂金"，也就是铸铜成炉体，外表鎏金。另外，拿瓷香炉作为帐中熏香之器，也很流行。温庭筠《春愁曲》中就提到兔形的帐中瓷香炉:"凉簪坠发春眠重,玉兔熅香柳如梦。"瓷质的外观莹润如玉,所以瓷香炉一般都被美称为"玉炉":"小屏屈曲掩青山,翠帱香粉玉炉寒,两蛾攒。"(顾敻《虞美人》)至于这类帐中"香兽"的实物,今天也不难见到,比如有江西吉水南宋墓中出土的一件铜香鸭,以及现藏美国芝加哥美术馆的北宋青白瓷香鸭、景德镇市珠山出土的"大明成化年制"三彩香鸭。

晚唐的实物,则有法门寺出土的鎏金银龟炉一只。这些香兽体积都不大,北宋青白瓷香鸭通高不足 20 厘米;"大明成化年制"三彩香鸭通高 25.3 厘米;法门寺银龟纵长 28 厘米,高 13 厘米。香兽小巧,置于帐内角落,并不碍事。

于是,就寝之前,在帐中小香炉内爇起一炷名香,就成了每天晚上必须进行的一道程序:

> 初夜含娇入洞房,理残妆,柳眉长。翡翠屏中,亲爇玉炉香。整顿金钿呼小玉,排红烛,待潘郎。(和凝《江城子》)

因为客人是初次留宿,这位艺妓特别重视,她借口脸上的化妆已残,需要补妆,提前撤退回卧室。一回卧室,她就忙碌开了。首先亲手料理好帐内小香炉的熏香 —— 营造出一种优雅的情调是顶重要的,这个道理,古人也懂。然后,女主人公才顾得

| "大明成化年制"三彩香鸭。(景德镇市珠山出土)

上收拾自己的打扮,同时,还急唤小丫鬟,吩咐她多点几支红蜡烛,让卧室内的气氛趋于完美。

在这样的卧室中,入夜,床帐中的光景就会是:"帐深枕腻炷沉烟。"(顾敻《酒泉子》)有一丝幽霭的香气在帐帷间徘徊。不过,夜是漫长的,随着时辰一点点过去,香炉中,合香制品被熏烤得渐渐散尽了气味:

> 夜悄悄,烛荧荧,金炉香尽酒初醒。春睡起来回雪面,含羞不语倚云屏。(欧阳炯《赤枣子》)

在沉沉长夜中,炉内的小块炭墼或香饼子悄悄燃尽,香灰与残香随之转冷,这让孤寝与无眠,让无奈的思念与等待,都显得更其凄清:

> 宝帐玉炉残麝冷,罗衣金缕暗尘生,小窗孤烛泪纵横。(顾夐《浣溪沙》)

三

唐时,在床帐中熏香的方式很多,不仅是安设香鸭一种。《全唐诗》所收花蕊夫人《宫词》中,有一首云:

> 窗窗户户院相当,总有珠帘玳瑁床。虽道君王不来宿,帐中长是炷牙香。

"帐中长是炷牙香"一句后注云:"一作'帐中长下著香囊'。"(卷七八九,一作王建诗,见卷三〇二)王琚《美女篇》中也有

"屈曲屏风绕象床，萎蕤翠帐缀香囊"之句，说明把香囊悬挂在床帐中，同样是流行的方式之一。过去，一般都以为，这里所说的香囊是指锦、罗制成的小香袋。在唐代及其前后时期，"香囊"一名，也确实最经常用来指丝织物缝的香袋。如唐人皇甫枚《飞烟传》中，步飞烟就送给倾慕者赵象一枚"连蝉锦香囊"。拿这种锦香囊作为表达感情的礼物送给心上人，看来是当时的流行风气，孙光宪就在一首《遐方怨》中咏道：

> 红绶带，锦香囊。为表花前意，殷勤赠玉郎。

锦香囊缝有绶带，可以系结，唐人往往把这样的香囊系结在怀中或袖内，起香身的作用。赵象在得到连蝉锦香囊之后，就"结锦香囊于怀"。另外，关于杨贵妃之死，在唐代就广为流传的一个细节是：

> 妃初瘗，以紫褥裹之。及移葬，肌肤已消释矣。胸前犹有锦香囊在焉。中官葬毕以献，上皇置之怀袖。（宋人乐史《杨太真外传》）

杨贵妃生前在胸前系有锦香囊，后来，唐玄宗把这个香囊放在怀内、袖中，以慰思念之情。

不过，法门寺衣物帐中，出现了"新恩赐到金银宝器……

银金花盆一口重一百五十五两,香囊二枚重十五两五分,笼子一枚……"的记录,"香囊"被列在多件银器中,且"二枚重十五两五分",说明必定是银质。经专家比对研究,认定出土物里的两件带链银香球就是衣物帐中所说的"香囊"。这一发现,澄清了不少误会。

法门寺出土银香囊以其内部的精巧设置而引人兴趣。这种香球的外壳是个圆球,球壳上布满镂空花纹,以便香气散出。内部的装置则巧妙地利用了重力原理,在球体内装置两个可以转动的同心圆环,环内再装置一个以轴承与圆环相连的小圆钵。在小圆钵中盛放上点燃的炭墼、香丸以后,无论香球怎样转动,小圆钵在重力作用下,都会带动机环与它一起转动调整,始终保持水平方向的平衡,不会倾翻。

最初关于这种香器的介绍见于《西京杂记》,称为"卧褥香炉""被中香炉",因为它"为机环,转运四周,而炉体常平,可置之被褥",尽可放置在被褥之间,即使在推碰下发生滚动,球壳内的圆钵也始终保持水平平衡,钵里的燃炭不会倾洒出来,发生烫伤肌肤、灼燃被褥的事故。此后,一直到元明时期,文献中都不乏关于这种"被中香炉"的记载,"香球"一名,就是宋代以来对于这种精巧香器的通行称呼。因此,当发现唐代文物中也有采用同样构造的香球时,人们根据文献记载,认定这些香球就是"被中香炉",放在被子内起熏香作用。但是,唐代出土银香球非止一件,全都带有挂链,这就容易让人产生疑问:

香囊内机关巧妙。(法门寺出土)

法门寺出土镀金银香囊悬垂的状态。

香兽与香囊 / 249

如果把带有挂链的银香球放在被子内,那挂链岂不很碍事吗?正如扬之水先生所指出,真正用于被底的香球,应该是如国家博物馆所藏的一件明代铜香球,通体浑圆,没有挂链之类的累赘。(《两宋香炉源流》,扬之水著,《中国典籍与文化》2004年第1期,57页)

法门寺衣物帐显示,在唐代,金属材质、内安特殊机括的这样一种香器,实际是被称为"香囊"。从这一条线索出发,搜寻唐人诗作的相关表述,我们才得以认清这类小巧"玩好"的真正用途。白居易《青毡帐二十韵》中说:

铁檠移灯背,银囊带火悬。深藏晓兰焰,暗贮宿香烟。

"铁檠移灯背"与"深藏晓兰焰"相关联,形容灯火;而"银囊带火悬"与"暗贮宿香烟"互连,把银香囊之用说得无比清楚:悬在半空中,内里盛有点燃的炭墼或香饼,放上香品,蒸出微微的香烟。唐人吕温《上官昭容书楼歌》:"香囊盛烟绣结络,翠羽拂案青琉璃。"胡杲《七老会诗》:"凿落满斟判酩酊,香囊高挂任氤氲。"说香囊"盛烟""高挂任氤氲",显然也是在描写同样的生活细节。法门寺等处出土香囊实物上带有金属挂链,与诗中的描写也相符合,正是通过金属挂链,香囊才可以悬挂到高处。

吕温的《上官昭容书楼歌》,通篇都在想象才女上官婉儿的书楼的景象，在这一想象中，书楼中，应该挂有飘散香烟的香囊，并且这香囊还带有彩络装饰。有意思的是，法门寺出土"卧龟莲花纹五足朵带"银熏炉，配有五个鎏金银质提手，提手所呈现的图案是居中一只上下扣合的圆香囊，而在其上下左右穿系有绦带，这些绦带还打成复杂的花结，恰是香囊"绣结络"的形象。

| 法门寺出土涂金银熏炉的银提手。

看来，诗人的想象并不是凭空捏造，用彩带打成的流苏来装饰香囊，在当时生活中是确实存在的现象。带有香囊"绣结络"图案的银提手，多少可以帮助我们感受香囊昔日带着彩结、流苏装饰，静静悬垂半空的风采。胡皓《七老会诗》一诗，则是讲述一群高寿老人的文会雅集。可见，在当时的士大夫生活中，挂香囊以熏香的做法并不罕见，而且，很可能就应用在书斋里。元稹有一首意境优美的《友封体》，就很能说明问题：

> 雨送浮凉夏簟清，小楼腰褥怕单轻。
> 微风暗度香囊转，胧月斜穿隔子明。
> 桦烛焰高黄耳吠，柳堤风静紫骝声。
> 频频闻动中门锁，桃叶知嗔未敢迎。

诗人在小楼上消夏，享受着雨后清爽的凉意。这里连用了两个细节说明此时此刻士大夫生活环境的清净如水：微风悄悄吹入，带动半空中的香囊兀自转动；月光斜射到纸糊的格子门上，让门扇微微透着明光。诗人在这里摆脱了一切人世的烦嚣，所以，宁愿杜门谢客，明知有贵人光临，也迟迟不去迎接。（不过，诗中的微妙语气却流露出诗人真实的心态：虽然闭门隐居，却有贵客殷勤造访，这才真正值得人得意。）唐代士大夫生活的清雅恬适一面，从这首诗中可以有很深刻的体验。不过，只有知道唐代香囊是金属圆球的造型，用吊链悬在半空，才能明白

这件罗香囊，绣着鸟儿，是可以佩系在身的。（辽宁法库叶茂台辽七号墓出土）

这位婢侍身份的少女，袖管滑开，露出了系在臂上的一对香囊，正应和了汉诗中"肘后垂香囊"的描写。（江苏常州戚家村南朝墓出土模印仕女画像砖）

何以一丝微风就会让它轻转;知道这随风轻转的香囊在圆球外壳上布满镂空花,内里有炭火低燃,焚着名香,细弱的烟缕从外壳的镂花中悄悄散出,才能更细致地体会这首诗的意境。

在宋代,这样的香囊甚至被引入了国家大典。在集英殿举行的"大宴","殿上陈锦绣帷帘,垂香球,设银香兽前槛内",香球与香兽一起用来为大型政治活动制造气氛。不过,后来的朝代好像只继承了陈设香兽的做法,"垂香球"一制却失传,以至于我们今天对这样一种香器及它的应用十分陌生。

因此,当唐人谈到在床帐中悬挂香囊,说"帐中长下著香囊""菱蕤翠帐缀香囊",都不是指绣春囊那样的锦绣香袋,而是可以燃香、机关巧制的镂花金属球。这一点可以通过王建《秋夜曲》进一步证实:

香囊火死香气少,向帷合眼何时晓。城乌作营啼野月,秦川少妇生离别。

诗写少妇独居,思念在外征战的夫婿,难以成寐。香囊中的炭火已灭,香气也微弱了——诗人用这样一个描写来婉转地暗示夜色已深,少妇面对着空空的床帷闭目独卧,只觉得长夜难尽。此处所说的"火死香气少"的香囊,显然属于"翠帐缀香囊"的情况,挂在床帐里。

这样一来,前引花蕊夫人《宫词》的版本之一:

> 窗窗户户院相当，总有珠帘玳瑁床。虽道君王不来宿，帐中长下著香囊。

就显得非常生动。皇苑之中，一处处宫院里，都按照皇帝的住宿标准安排家具陈设。而且，虽然明知道皇帝不会来这些地方过夜，但是，在这些天子级的标准间里，床帐中都挂有贵重的香囊，一到夜里，就放入炭、香，"高挂任氤氲"。如果诗中所说的是实情，那可真是作孽啊。话说回来，法门寺出土的两件镀金银香囊，原本就是唐代皇宫中的用器。唐僖宗是这两件香囊的施主，很可能曾经使用过它们。在被唐僖宗施舍到法门寺之前，这两件华丽香囊的用途，必然是高悬在皇宫中"阁子"一类的小型空间里，喷吐香烟。而且有一种很大的可能是，它们曾经悬挂在唐僖宗的床帐中，见证晚唐皇宫的长夜。

参考文章：

《被底的香球》，孟晖著，《潘金莲的发型》，江苏人民出版社，2005年，161—163页。

《两宋香炉源流》，扬之水著，《古诗文名物新证》（一），紫禁城出版社，2004年，40—83页。

《香囊》，阎艳著，《〈全唐诗〉名物词研究》，巴蜀书店，2004年，95—97页。

《西安唐代曹氏墓及出土的狮形香熏》,王自力著,《文物》2002年第12期,68—71页。

◆ 帐中香 ◆

一

宋人黄庭坚曾作《有惠江南帐中香者戏答六言》之诗，又有《有闻帐中香以为熬蝎者，戏用前韵二首》，赫然提到了"帐中香"这样的概念。其《有惠江南帐中香者戏答六言二首》云：

百炼香螺沉水，宝薰近出江南。一毬黄云绕几，深禅相对同参。

螺甲割昆仑耳，香材屑鹧鸪斑。欲雨鸣鸠日永，下帷睡鸭春闲。

第一首的意思表明，朋友送的这种"帐中香"，是江南的名产，利用昂贵的原料精心炮制而成。如此的"宝薰"，在书斋、禅室里焚上一炷，好友们一起品香、参禅，是人生美事一件。第二首则写白日午睡，在床帐内的金鸭里焚"帐中香"，恢复其本职工作。显然，在宋代人的生活中，床帐里焚香，要使用专门的"帐中香"，这在那个时代的人看来，是很自然的事。并且，上好的帐中香质量很高，佳味可珍，所以也不一定只限于在床帐内焚熏，完全可以转而为文人生活服务。

具体的"帐中香"配方，《陈氏香谱》中保留了数种，包括"江南李主帐中香"四方，"开元帏中衙香"一方，"苏州王氏帏中香"一方。像"开元帏中衙香""江南李主帐中香"，直接与唐玄宗、南唐二主这些风流皇帝联系了起来。黄庭坚诗中有"宝薰近出江南"之句，显示当时在江南地区出产有一些独具特色的香品。《陈氏香谱》中的一些香方则显示，在宋代，人们把江南地区出产的名香，直接与南唐宫廷连在一起，认为是南唐余韵。

归名为"江南李主帐中香"的四个配方之中，列在第四的方子与"开元帏中衙香""苏州王氏帏中香"一样，采用当时比较常见的"合香"方法，把多种名贵香料切细、研细，和以蜜等辅料，正如"螺甲割昆仑耳，香材屑鹧鸪斑"两句所叹颂的意思。但是，列在前面的三个方子都很特别，让人注意。其第一方云：

沉香一两（锉细如炷大）、苏合香（以不津瓷器盛）。右以香投油，封浸百日，蒸之。入蔷薇水更佳。

根据"以香投油"的文意来看，原料中的苏合香，实为苏合油，是膏液，所以才要"以不津瓷器盛"，装盛在不沾水的干燥瓷器里。苏合油本来是指提取苏合香树的树脂而得到的芳香油液，出产于小亚细亚、中东地区，是最早进入中国的异域芳香油之一。（参见《中草药彩图手册（六）》，徐鸿华主编，广东科技出版社，2003年，180页）但是，入唐以后，"苏合油"同时也指马来出产的一种枞胶制成的香膏。（《唐代的外来文明》，360页）因此，方子的教导是，把名贵的进口香料——沉香投放到苏合香油中，密封后浸泡一百天，然后，把沉香取出来，直接作为香品熏爇。

沉香，是树脂类香料，产自中国南方及东南亚。采集的方法大致是，把沉香树干上没有结香的部分削净，仅留产生结香的部分；因为结香的部分饱含油脂，比重比较大，入水即沉，所以得名"沉水香"，简称"沉香"。（《中草药彩图手册[六]》，84页）

把沉香放到苏合香油中浸泡，让香油的气息进入沉香，是把来自世界不同地区的名贵香料结合到一起，从而获得一种新的香型。这倒没什么可惊讶的，从南北朝时期起，贵族阶级就开始把来自世界四面八方的香料掺和到一起进行"合香"了。如果拿洪刍《香谱》，《陈氏香谱》中的其他香方做比较来看，这种做法的清新之处，反而在于它的原料配方、加工工艺相对简单。香料只有两味，没有太多的辅料；用一种非常简单而聪明的方法，让一种珍贵的香气浸润到另一种香气之中，既保持了两种香气的原汁原味，又产生了一种新的混合香型。在当时风

沉香。(引自《和汉药百科图鉴[二]》)

从唐代起,就出现了一种特殊的工艺品,利用香料块的天然形态,加工成小山形状,摆设在室内,叫作"香山子"。这个细节,足以说明古代中国进口香料的惊人规模。(陕西扶风法门寺地宫出土)

贵重香料来自海外，于是，绘画中出现了这样的异国人形象——抱负着大块天然香料，从万里之外迢迢远来。（传为唐人阎立本所作《职供图》局部）

雅人士的眼里，这一做法只怕还有"返朴归真""清水出芙蓉，天然去雕饰"的妙趣呢。打个不恰当的比喻，这有点像大观园里的人吃鸡鸭吃腻了，非要闹个"油盐炒枸杞芽儿""顿（炖）得嫩嫩的"鸡蛋羹来吃吃，或者贾宝玉忽然想起吃"莲叶羹"一样，是貌似简单的一种极度折腾。

不过，苏合油泡沉香，还只是两种树脂类香料的结合。方中最后说"入蔷薇水更佳"，用蔷薇水泡沉香，才是最理想的形式。蔷薇水，也就是西亚玫瑰香水，正是在晚唐、五代时期传入中国。在中国人的心目中，这一新宠迅速取代了传统的进口芳香油——苏合油的地位。到了宋代，蔷薇水对中国的进口变得很稳定，它的神奇花香让宋人十分陶醉，很多"合香"方中都要用到。其中，有一种比较清新但造价昂贵的方法，就是用蔷薇水直接浸泡各种名贵树脂类香料，如《陈氏香谱》中介绍的"熏华香"：

> 今按：此香盖以海南降真劈作薄片，用大食蔷薇水浸透，于甑内蒸干。慢火爇之，最为清绝。樟镇所售尤佳。

推测起来，蔷薇水清新的花香，让中国的贵族阶级十分陶醉，于是，人们想到，把蔷薇花香与树脂类香料的香气相结合，从而获得一种崭新的、美妙的鼻观享受。

但是，进口蔷薇水数量有限，价格也很昂贵，想要大量使用，终究不那么方便。这也没关系，有替代的办法，《陈氏香谱》介绍了一种奇妙的"李王花浸沉"：

> 沉香不拘多少，剉碎。取有香花蒸，荼蘼、木樨、橘花或橘叶亦可，福建末利花之类，带露水摘花一碗，以瓷盒盛之，纸盖，入甑蒸食顷，取出，去花留汗，汁浸沉香，日中暴干，如是者三，以沉香透润为度。或云皆不若蔷薇水浸之最妙。

这里反映的情况非常有意思。"或云皆不若蔷薇水浸之最妙"，其意应该反过来理解，正因为蔷薇水的供应比较吃紧，所以才想办法寻找本土的替代品。实际上，这条资料非常珍贵——它反映了中国人仿造阿拉伯香水的最早尝试。

在这一技术中，最引人注意的一点，是没有使用蒸馏器。"李王花浸沉"中，"蒸"香花以求其"汗"，也就是"蒸取其液"的具体方式，是把各种香花放在瓷盒里，用纸糊住合缝，然后放入甑中，再把甑置于水锅上，在其下生火加热，非常显然的，这里是采取了道家的提炼方式。道家在"飞""升""炼"的时候，常用的方法，就是把原料放在一个密封的小盒或罐里，置于火上；或者，把原料置于底面带孔的甑中，再将密封的甑坐在水釜上，然后在釜下加热。总之，是利用火力，或者釜中水受热产生的蒸汽，起到催化的作用，促使盒、罐里的原料在热力作用下发生物理的或化学的变化，从而得到所需要的成品。

"李王花浸沉"，"王"字应为"主"字之误。在洪刍《香谱》中有"江南李王帐中香法"，而与《陈氏香谱》中的"江南李主帐中香"第二方、"江南李王煎沉"方都完全一致，说明"李王""李主"是一回事，指五代南唐宫廷。因此，"李王花浸沉"，实应为"李主花浸沉"，这一名称，等于把"花浸沉"一法的发明权归于"江南李主"，南唐小朝廷。如果这一记载属实的话，那么，中国人仿造阿拉伯香水的最早尝试，在五代就开始了。看起来，在这最初的阶段，人们并不真正了解香水制造的秘密，只是模糊地了解到，蔷薇水是"蒸"出来的。于是，中国人在试图理解和模仿异域技术的时候，就只有借助道家的传统提炼技术，想要通过把香花密封在容器里，放在水釜上加热的方式，"蒸"出香水来。

《天工开物》中介绍从水银中升炼银朱的方法，就是把原料密封在罐中，在火上加热。

利用道家"飞""炼"的方式，把香花放在纸封的瓷盒里"入甑蒸"，结果是花瓣中的水分携带香精析出，方中称为花之"汗"。蒸馏工艺，这一香水制造中最关键的技术，却在"李王花浸沉"中完全缺席。如此致命的技术缺陷，大概注定了实验难以成功。技术上的误解，带来的是各个环节上的困难。比如，花瓣中的水分十分有限，单靠"蒸取其液"，很难得出多少香"汁"。对此，人们也试图寻找应对的办法，"李王花浸沉"中的弥补措施是"带露水摘花"，这里反映出的思维定式仍然很有意思。让香花带着一点水露放入瓷盒受热，实际是通过这点水来吸收花瓣析出的香精，得到更多的香液。花瓣受热时析出的香精，如果通过大量的蒸汽来回收，可以得到数量更大、纯度更高的产品，这一蒸馏工艺的原理，"李王花浸沉"时期的人们并不懂得，却强调采摘带露水的花，以为露、霜、雨这些自然性质会影响成品的结果，这是典型的道家思想方式。我们在这里看到，一种文明传统受惠于另一文明传统的文化成果，并且渐渐截获到相关的技术信息。由于古代信息交流的渠道不畅，最初传来的消息相当模糊，缺乏细节，于是，受惠方便按照自己的理解来破译这一消息，以复制那一重要技术，但是，在理解中，它只能依靠自己的知识体系，于是在对外来信息的破译中，就不自觉地发生了改写。

二

把带露香花封在瓷盒中蒸，蒸一次大约得不到多少香"汗"。但是这似乎并不妨碍人们的兴趣。其实大家真正关注的是，用"汗"形成的香"汁"来浸润沉香，虽然"不若蔷薇水浸之最妙"，但也有不错的效果。用这点子珍贵的"汗"浸泡沉香，再把沉香放到阳光下晒干，这样反复蒸、泡、晒三次，让沉香彻底浸透花香，才算成功。真是折腾得很。那时的人大约也觉得太折腾，于是灵机一动：既然如此，何不把沉香也放到瓷盒里，一起上火蒸呢。《陈氏香谱》中"花熏香诀"一方，就反映了这样一种发展趋势。方子说，"用好降真香结实者截断，约一寸许，利刀劈作薄片"，把名贵的降真香先截成一寸来长，再劈成薄片，还要再进行一些初步的加工处理，接着：

> 随意用诸花熏之。其法，以净瓦缶一个，先铺花一层，铺香片一层，铺花一层及香片，如此重重铺盖了，以油纸封口，饭甑上蒸少时，取起，不得解，待过数日，取烧，则香气全矣。

这是干脆把香料与香花一起放在密封容器里上火蒸了。在蒸汽的热力作用下，让花的香精直接被香料吸收，不仅来得痛快，而且也更见效果。

有趣的是，在最初的误会期过后，中国人渐渐了解到阿拉伯—波斯世界的香水蒸馏技术。南宋初年，蔡绦在其所著《铁围山丛谈》卷五中指出：

> 旧说蔷薇水，乃外国采蔷薇花上露水，殆不然。实用白金为甑，采蔷薇花蒸气成水，则屡采屡蒸，积而为香，此所以不败。但异域蔷薇花气，馨烈非常，故大食蔷薇水虽贮琉璃缶中，蜡密封其外，然香犹透彻，闻数十步，洒著人衣，经十数日不歇也。至五羊效外国造香，则不能得蔷薇，第取素馨、茉莉为之，亦足袭人鼻观，但视大食真蔷薇水，犹奴尔。

把早期香水制造的基本原理讲得相当清楚。"实用白金为甑，采蔷薇花蒸气成水"——把蔷薇花放在金属甑里，安置在水锅上，然后在水锅下用火力加热，利用水蒸气来收集蔷薇花瓣受热后分解出的香精，形成香水。从这一记述看，至迟在两宋之交，中国人已经掌握阿拉伯人制造香水的秘密。

文中没有解释"甑"的具体形制，无法得知此处所言之甑是否带有蒸馏器的构造。然而，南宋人张世南《游宦纪闻》卷五有云：

> 永嘉之柑为天下冠，有一种名"朱栾"，花比柑橘，其香绝胜。以栈香或降真香作片，锡为小甑，实花一重、香骨一重，常使花多于香，窍甑之傍，以泄汗液，以器贮之。毕，则撤甑去花，以液渍香。明日再蒸，凡三四易花。暴干，置磁器中密封，其香最佳。

按照文中的介绍，"锡为小甑，……窍甑之傍，以泄汗液，以器贮之"，明明是蒸馏器的形制。这说明，到南宋时期，中国人已经了解到蒸馏香水的基本技术，以及相应所需的蒸馏器。

蔡绦《铁围山丛谈》在介绍蔷薇水"实用白金为甑，采蔷薇花蒸气成水"之后，又谈道，"至五羊效外国造香，则不能得蔷薇，第取素馨茉莉为之，亦足袭人鼻观"，提供了非常关键的情报：在两宋之交，广州一带，人们正是利用外来的蒸馏技术，采用本地的花品，仿造蔷薇水。不过，虽然有了蒸馏器，宋代仿造阿拉伯香水的成果，相比从原产地走过万里海路的进口香水，还是有差距，"但视大食真蔷薇水，犹奴尔"。那么问题出在哪里？宋代人普遍认为是原料的局限，中国没有大食的蔷薇，只能用茉莉等花来代替，于是成品的香气有偏差，没有玫瑰那种独特的甜郁气息。

南宋人赵汝适《诸蕃志》卷下"志物"关于"蔷薇水"一条说：

> 蔷薇水,大食国花露也。五代时,番使蒲诃散以十五瓶效贡,厥后罕有至者。今多采花浸水,蒸取其液以代焉。其水多伪杂,以琉璃瓶试之,翻摇数四,其泡周上下者为真。其花与中国蔷薇不同。

《陈氏香谱》"蔷薇水"条引叶庭珪《香谱》,所述与此大致相同,都表达了与《铁围山丛谈》相同的观点,是香花品种的不同,使得广州产香水不敌进口货的魅力。

易遭忽视的是,《游宦纪闻》还揭示了一项值得注意的情况,在掌握外来的蒸馏技术之后,人们把这一新技术与已经发展起来的本地"浸香""蒸香"传统相结合。由此形成的加工方法为:把树脂香料劈片而成的"香骨"与朱栾花一层层相间地铺在甑——蒸馏器中,然后加热,蒸汽携带花朵与香骨受热释放出的香精,在甑顶凝成馏露,然后沿器壁流下,顺着甑上的小窍流出,被收集起来——这就是最初步的香水。拿这香水来浸泡那刚刚在甑中蒸过的香骨,这一做法依然遵循着"李王花浸沉"的路数。第二天,把浸了一夜的香骨再次与朱栾花层叠铺在蒸馏器内,重复前一天的过程,反复三四个来回。

该方法的精妙之处在于,一套生产流程,却能同时产出两种产品,一为"蒸香"的固体成品,可以用于焚爇;二为"汗液",即蒸馏香水。把香花与香骨一起在蒸馏器内反复蒸馏,然后再用香骨浸泡在蒸馏香水里,结果是,由此制成的香片与香水都有着复合香调,携带着树脂香料与花朵的两重气息。

然而,从文献记载来看,《游宦纪闻》中介绍的那一动用蒸馏器来蒸香的方法,并未广泛流行。在宋代,生命力旺盛的是"花熏香"一法,如《陈氏香谱》"南方花"一条中提到:

> 温子皮云:……凡是生香,蒸过为佳。每四时,遇花之香者,皆次次蒸之。如梅花、瑞香、酴醿、密友、栀子、末利、木樨及橙、橘花之类,皆可蒸。他日爇之,则群花之香毕备。

树脂类香料最好都用香花来蒸过,而且,不仅蒸一次,要一年四季不停地上火蒸。凡是有香花开放的季节,就拿当令的花与这香料一起蒸上一回,这样一年闹下来,频频蒸过的香料如果再入熏炉焚炷,就会散发出所有各种香花的芬芳。

从"凡是生香,蒸过为佳"这段话中,可以清楚看出宋人的思路:人们最喜欢的就是把鲜花与树脂香料一起蒸,让沉香之类的名香带上四季花朵富有生命力的香气。

独特的合香方式,让宋人的香炉中花香浓泛。宋代诗词中相关的描写很多,如张元干的一首《浣溪沙》"求年例贡余香":

> 花气薰人百和香。少陵佳句是仙方。空教蜂蝶为花忙。
> 和露摘来轻换骨,傍怀闻处恼回肠。去年时候入思量。

明白不过地告诉后人，地方年年进贡给朝廷的"贡香"，正是利用"花熏香"法蒸成。"和露摘来轻换骨"，鲜花带露摘下，与"香骨"同蒸，其精华全部进入香骨。这样的成品一旦入炉焚蒸，过去一年四季所开过的百花的香气纷纷升起，仿佛花魂知返，让人不由地追忆起往日的时光。

同一作者的另一首《浣溪沙》"戏简宇文德和求相香"，把"花熏香"的风味描述得更其动人：

花气蒸浓古鼎烟。水沉春透露华鲜。心清无暇数龙涎。
乞与病夫僧帐座，不妨公子醉茵眠。普熏三界扫腥膻。

沉香用带露的鲜花蒸透之后，也就如同被春天浸透，入炉焚蒸，让碧锈斑驳的古铜鼎中顿时花气蒸腾。这像露水一样明净的芳香，让天地为之一清。

从种种记录来看，用香花蒸香片的方法发展起来之后，其风头远远压过了"蔷薇水浸香"——虽说，"蔷薇水浸香"一法本是香花蒸香的"源头"。《陈氏香谱》"瓢香"一条说：

《碎录》云：三佛齐国以匏瓢盛蔷薇水至中国，水尽，碎其瓢，而蒸之，与笃耨瓢略同。又名干葫芦片，以之蒸香最妙。

盛蔷薇水的葫芦瓢，在长途运输中被蔷薇水浸润，带了香气。到达中国后，这沾有蔷薇水香气的葫芦瓢也被弄成碎块，当作香料焚烧。不仅如此，在焚熏之前，这东西还被当作"蒸香"的原料，与香花一起上火蒸，进行深度加工。这条资料恰恰反映了在宋代"蒸香"是多么普遍、多么盛行的合香方式。更神奇的是，"花熏香诀"还附了一个因陋就简的妙方：

或以旧竹辟簧，依上煮制，代降；采橘叶捣烂，代诸花，熏之。其香清，若春时晓行山径，所谓草木真天香，殆此之谓。

如果买不起降真香，没关系，总能搞到旧竹篾片吧？就拿这个代替降真香。没有花园可以采花，也不要紧，找些橘树叶捣拦，照样可以起香花的作用。把这两样原料按照"诸花熏降真香"的方法炮制一番，旧竹篾片就能变成可供焚爇的香料，而且效果还特别好，香气清新，有"草木真天香"之妙，让人一闻到，就感到如同身处在春天早晨的山道上！

三

"江南李主帐中香"(蔷薇水泡沉香)——"李王花浸沉"(试图仿制香水来泡沉香)——"花熏香诀"(香花与香料一起上火蒸)——"南方花"一节之蒸香法(四季香花——与香料同蒸),这样的一个脉络似乎显示出中国人在利用、理解与仿造西亚玫瑰香水一事上所走出的奇妙道路。

在最初的阶段,由于没有掌握香水蒸馏工艺,只好凭借传统技术来尝试仿制,结果当然不理想。人们并没有就此止步,而是积极地想办法予以改进,但改进的结果是彻底回到传统技术中去。把香花与香料一起放到密封的小型容器里,放在甑内,架在水釜上蒸,任二者在容器内产生变化,这完全是道家的提炼方式。至于拿各种香花来与一种香料反复地一起蒸,也应该是道家化的一种处理方法。其间,蒸香法虽然也被外来技术"轻轻撞了一下腰",但是,作为一种新鲜的合香方式,它拥有了自己的理念和逻辑,自己的发展路数。

更有趣的是,洪刍《香谱》中的"江南李王帐中香法"内容为:

> 右件用沉香一两细锉,加以鹅梨十枚,研取汁,于银器内盛却,蒸三次,梨汁干,即用之。

鹅梨是一种香味强烈的梨,把十只鹅梨研成梨汁,与一两沉香末和在一起。然后,把这混合原料放在银容器里,再将容器放入甑内,坐在水锅上,在火上反复蒸,直蒸到梨汁收干为止。显然的,这是让沉香"借"梨汁的果香,让梨汁清且甜的香芬浸到沉香中。这一做法,显然是"花熏香"之道的进一步扩展。在《陈氏香谱》中,"江南李主帐中香"之二,正是此方:

> 又方:沉香一两、鹅梨十枚。右用银器盛,蒸三次,梨汁干即可。

在书的稍后部分,同样的处理方式又以"江南李王煎沉"的概念出现:

> 每以沉香一两,用鹅梨十枚,细研取汁,银、石器入甑蒸数次,以稀为度。或削沉香作屑,长半寸许,锐其一端,丛刺梨中,炊一饮时,梨熟乃出。

其中介绍了两种方法,第一种,与洪刍《香谱》所记"江南李王帐中香法"的方式完全相同;第二种,在原则相同的情况下,具体步骤小有变化:把沉香削成半寸长的细签,一端削尖,然后把那些细长的沉香片深深插入梨果之内,在火上蒸,等梨被蒸熟,就可以下火。

在北宋的汴梁，香料铺开设在繁闹的十字街头。这家店铺前竖立的招牌上有"刘家上色沉檀拣香……"字样。汴梁的这类店铺，主营四方批发业务，并非零售店。（宋·张择端《清明上河图》局部）

而《陈氏香谱》"江南李主帐中香"之三，内容大同小异：

> 又方：沉香末一两，檀香末一钱，鹅梨十枚。右以鹅梨刻去瓤核，如瓮子状，入香末，仍将梨顶签盖。蒸三溜，去梨皮，研和令匀，久窨，可爇。（《补遗》）

把鹅梨挖去内核，装入沉香末、檀香末，密封，然后上火蒸——这是把原料之一的香梨直接发展为盛香料的容器了。蒸过之后，把梨皮去掉，梨肉连同其中的香末一起研碎、和匀，做成饼儿、丸儿，经过"窨"的程序之后，就可以焚烧。这一合香方法，似乎与仿制外国蔷薇水的冲动风马牛不相及，但是，经过前面的梳理，我们似乎可以考虑这样一个可能性：用香花、香果"蒸香"，是中国人在最初尝试仿造阿拉伯香水失败之后，意外得出的新经验。

实际的情形是，不单香花、香果，很多材料都被宋人发展为用以"蒸香"的材料，如《陈氏香谱》中有两方：

> 降真香：蕃降真香切作片子，以冬青树子单布内绞汁，浸香蒸过，窨半月，烧。
>
> 假降真香：蕃降真香一两（劈作碎片），藁本一两（水二碗，银、石器内与香同煎）。右二味同煮干，去藁本不用，慢火衬筠州枫香烧。

还有一方"桂花香":

> 冬青树子、桂花香(即木犀)。右以冬青树子绞汁,与桂花同蒸,阴干,炉内爇之。

应该说,"蒸香",也称作"熏香""煎香",是中国香料史上很独特的一种合香方式。特别应考虑的是,以上所言种种"蒸香"方子,其实始终遵循着道家的技术传统与理念。同时,它似乎又不是道家传统在封闭状态中自我发展出来的结果,而是受到了外来文明现象的启发与刺激。

事情到此还没有结束。南宋人周去非于淳熙年间所著《岭外代答》中,其卷八"花木门"有"泡花"条云:

> 泡花,南人或名柚花……气极清芳,与茉莉、素馨相逼。番禺人采以蒸香,风味超胜,桂林好事者或为之。其法:以佳沉香薄片劈,著净器中,铺半开花,与香层层相间,密封之。明日复易,不待花萎香蔫也。花过乃已,香亦成。番禺人吴宅作心字香及琼香,用素馨、茉莉,法亦尔。大抵浥取其气,令自薰陶,以入香骨,实未尝以甑釜蒸煮之。

按这一记载,到南宋初年,在广东地区发展出的一种蒸香法,连上火蒸煮的工序都废除。这种合香方式倒更接近后世熏茉莉花茶的方法,把香料薄片与半开的花层层相间,密封在容器中,让花香自然地浸入香骨。蒸香最终发展出这样一种形式,应该与中国人的审美习惯有关,具体地说,与宋代士大夫阶级的审美习惯有关——更喜欢微妙的、自然的、清淡的、绵长隽永的香气。火力猛蒸出来的香品,也许气味过于鲜明,反而让士大夫们渐渐失去了兴趣。

| 宋人佚名《竹涧焚香图》。

《岭外代答》中这条记录传达了那么丰富、那么重要的信息，实在值得浓笔重墨，饱做文章。比如，宋人诗词中提到的"心字香"，原来正是"蒸香法"制成，是在龙涎、沉香的名贵香气中，散发着素馨、茉莉的淡淡清芬。可惜我已经啰唆得够多了，不敢继续泛滥开去。但顺便要说的是，明人张应文《清秘藏》卷上"论名香"中，谈到收藏名香的方法：

> 凡琪楠、沉水等香，居常以锡盒盛诸香花、蜂蜜养之，则气味尤美。其盒，中格置香，花开时，杂以诸香花；下格置蜜，上施盖焉。中格必穿数孔，如龙眼大，所以使蜜气上升也。每蜜一斤，用沉香四两，细锉如小赤豆大，和匀，用之，则所养之香，百倍市肆中者矣。

在保存名香时，将之与香花一起杂置，密封在小香盒里，这似乎仍是蒸香余韵。另外，在火上利用蒸汽的热力来"合香"的方法也活跃了很长时期。《格致镜原》引明人杨慎所著《升庵外集》云：

> 江浙作木犀降真香，蒸汤上，非法也。

直到明代，江浙地区还在利用古老的蒸香方式，把桂花与降真香一起放在汤锅之中进行蒸熏。

四

按《陈氏香谱》的记载,"花浸沉"一法的发明权归于"江南李主",南唐小朝廷。如果依照本文的梳理,"蒸香"方式的源头起于"蔷薇水浸沉香",而在宋人看来,"蔷薇水浸沉香"这一清新独特的合香方式,也是产生于南唐宫廷。"花(液)浸沉""(香梨)煎沉",同样被说成是南唐宫廷的发明。这样的记录究竟有什么样的意义,可以导向什么样的结论,还有待仔细思考。

这里要说的是,"花(液)浸沉""(香梨)煎沉",一方面作为重要的合香技术,郑重得到介绍;另一方面,"花(液)浸沉"与"江南李主帐中香"中"蔷薇水浸沉香"方有明显的联系,而"(香梨)煎沉"则直接作为"江南李主帐中香"的方子之一,得到反复推荐。如果这几条资料记录准确的话——实际上没有任何理由怀疑其准确性——那么,对于《花间集》中那些豪华床帐内的香气,我们就可以建立起比较具体的概念。

当然,仅凭对配方的阅读,我们不可能在纸面上真正复原那些香气。洪刍《香谱》《陈氏香谱》中罗列的众多香品配方,究竟是什么样的香气效果,今天实在无法想象。但从熏衣香、帐中香等名目上,就可以看出,在那个时代,贵族、士大夫阶级对于香气有很精妙的细分。把彼此之间差异微妙的香气,运

用在不同的生活场景中,成了奢侈享受的一项重要内容。李商隐《促漏》云:

> 舞鸾镜匣收残黛,睡鸭香炉换夕熏。

百华香露

明代制墨名家方于鲁以"百花香露"入墨,并自作长诗以志其事,创出墨史上的一段佳话。对于香水,中国人似乎一直有自己的理解。(明·方于鲁《方氏墨谱》)

毛文锡《赞浦子》：

> 锦帐添香睡，金炉换夕薰。

都不是随口乱说，从唐代以来，不同的时辰，不同的场所，不同的情境，都要配焚不同的合香制品。到了夜晚，当然要换"夕熏"，也就是"帐中香"。

在五代，蔷薇水刚刚进入中国不久，人们由此发明了"蔷薇水浸沉香"，却立即用来作为"帐中香"。"花浸沉"是"蔷薇水浸沉香"的替代品，想来也同样会被作为帐中香的佳品。由此衍生出来的鹅梨煎香，一样被认为最适合用于夜帐中。五代贵族生活的风味，在这里透露了一丝消息。

《陈氏香谱》中，"开元帐中衙香"归名为唐玄宗、杨贵妃时代的合香方子，是把多味树脂类香料、香草捣末，用蜜合成丸。同书记录有四个"江南李主帐中香"的方子，其中之一与另外一个"苏州王氏帐中香"方，遵循着同样的路数。也就是说，在这些方子中，无论其合成的香型是多么层次丰富、气息沉厚，但总是树脂类香料、香草之气的混合，不带有蔷薇水香、花香或果香。但是，"蔷薇水浸沉香""花浸沉"、鹅梨煎香，恰恰是让树脂类名香的气息中，携夹有花香、果香，予人异常清新的鼻观享受。以如此的新品作为帐中香，那夜帐便在沉香的贵重香芬里，始终有一丝花香或果香在徘徊。晚唐、五代词中

谈到"帐中香",有时会说是"沉香",如:

> 小金鸂鶒沉烟细,腻枕堆云髻。(顾夐《虞美人》)
> 帐深枕腻炷沉烟,负当年。(顾夐《酒泉子》)
> 博山炉冷水沉微,惆怅金闺终日闭。(顾夐《木兰花》)
> 黄昏慵别,炷沉烟,熏绣被,翠帷同歇。(尹鹗《秋夜月》)
> 晓来闲处想君怜,红罗帐、金鸭冷沉烟。(毛熙震《小重山》)
> 沉水香消金鸭冷。(李珣《定风波》)

也许并不偶然。当时的夜帐中,确实常常是沉水的幽香低回,并且掺有一丝花香或果香的妙韵。

这样一种生活情调得以形成,还要考虑的一个因素是,在五代、宋时期,"南方花"在中原生活中全面盛开。蔷薇水在中国登陆之时,恰逢"南方花"进入中国香料史的历史时刻,因此,蒸香法得以发明并完善,可以说是凭天时之利。把诸种"南方花"(其中很多都是移植成功的异域植物)引入中原生活,使之成为重要的观赏植物与香料,这一过程虽然开始得很早,但是,大致是在晚唐、五代获得成功,到了宋代成为定局。在合香中频繁使用"南方花",就是这一形势的一个明显表现。而受到影响的一个生活细节,就是豪华床帐的夜香里,从此有浓郁的花香氤氲徘徊。如果从这个传统来看，南宋朱敦儒的一首《菩萨蛮》就别具意义：

> 芭蕉叶上秋风碧。晚来小雨流苏湿。新窨木樨沉，香迟斗帐深。
>
> 无人同向夕，还是愁成忆。忆昔结同心，鸳鸯何处寻。

词中明确地说，夜晚床帐中所熏焚的是"新窨木樨沉"，这样一种合香在《陈氏香谱》中有很具体的介绍，称为"木樨香"：

> 沉香、檀香各半两，茅香一两。右为末，以半开木犀花十二两，择去蒂，研成膏，搜作剂，入石臼杵千百下，脱花样，当风处阴干，爇之。

是把桂花捣成花泥，然后与贵重的沉香、檀香连同茅香研在一起，细杵后做成小花饼。"新窨木樨沉，香迟斗帐深"，清楚地言道，在宋人的床帐中，就焚烧这样带有沉、檀与桂花香气的香品。

理解这样一种生活风俗，对于我们品味五代、宋词，也许有意想不到的帮助。比如李清照的《凤凰台上忆吹箫》：

> 香冷金猊，被翻红浪，起来人未梳头。任宝奁闲掩，

> 日上帘钩。生怕闲愁暗恨，多少事、欲说还休。今年瘦，非干病酒，不是悲秋。

"金猊"，就是女词人床帐中的香狮子，在夜里，它口中吐出的香烟，多半是贵重的沉香气，其中又氤氲着淡淡的蔷薇水香，或者茉莉、桂花等的花香，甚至是梨的甜汁香。是刚刚送走了这样一个夜晚之后，女词人与心爱的丈夫一起，面对着离别将至的早晨。

参考文章：
《蔷薇水与琉璃瓶》，扬之水著，《古诗文名物新证》（一），紫禁城出版社，2004年，126—135页。

◆ 宝钿与金粟 ◆

一

古代诗文中的一些描写,不可避免会涉及当时的一些习语习词,在今人读来,往往就有理解的难度。有的时候,非常幸运地,考古发现会意想不到地提供出答案,让真相破土而出。

比如,温庭筠的一首小词《归国遥》:

> 香玉,翠凤宝钗垂簏簌。钿筐交胜金粟,越罗春水绿。　　画堂照帘残烛,梦余更漏促。谢娘无限心曲,晓屏山断续。

其中"钿筐交胜金粟"一句就有些不大好理解。猜得出来,这里是在说女人的首饰,但是,是什么样的首饰,为什么要这样说,就让人摸不着头脑。法门寺出土衣物帐中,有这样的记载:

> 真身到内后,相次赐到物一百二十二件:⋯⋯宝函一副八重并红锦袋盛;⋯⋯第二重珷玞石函一枚金筐宝钿真

（珍）珠装，第三重真金函一枚金筐宝钿真（珍）珠装……

实物发现的情况则是，一枚玉质佛骨舍利被套盛在八重宝函中，这八层宝函的材质，与衣物帐中的记载完全相符。其中，最华丽的恰恰是第二重的珷玞石函与第三重的真金函。这两个套函的质地虽然不同，但是，外表上的装饰完全一致：二者都采用"掐丝焊接"工艺，利用细金丝盘成花瓣、叶、鸟的外轮廓，焊粘到器表上，形成金丝盘绕成的图案。在金丝围成的边框内，则镶嵌着形状与之完全契合的各种宝石雕琢成的花瓣、叶、鸟。另外，在函棱处，以及金镶宝石图案的周围，有大粒的珍珠通过黏合剂直接粘缀到宝函的外壁上。

衣物帐与文物相对证，道出了工艺史上很重要的一个情况：在唐代，"宝钿"是指用宝石（按照今天的标准，实际往往是半宝石）雕琢成小片花饰，利用黏合剂，镶嵌到器物的表面上；"金筐"，其意思大致相当于"金框"，是指细金丝盘成的、围绕在宝石饰件周围的外框；"珠装"，是指把珍珠直接粘缀在器物表面上作为装饰。

因此，"钿筐"一词，实为诗人对于"金筐宝钿"这一当时常用词汇的缩略，意思是指一件布满宝石镶嵌的花饰、周围绕以金丝边框的首饰。那么，"钿筐"又何以"交胜金粟"呢？"金粟""粟"，在唐代文学中屡屡出现，其意总是指首饰、用具上的装饰。如李贺《追赋画江潭苑四首》之三，有句云：

> 鞦垂妆钿粟，箭箙钉文牙。

宋人吴正子《笺注评点李长吉歌诗》于此注云："鞦，马鞶也，上为粟文。"（《四库全书》）指出，在此处，"妆钿粟"之意，是"为粟文"，做出如小米一样的纹饰。

我们可以非常直观地看到，赑屃石函与真金函外壁的金镶宝石花饰——金筐宝钿花饰，在金边框也就是金筐的外缘上，一律密密地焊接着一排小金珠。这里涉及从汉代以来长期流行的一种黄金工艺——金珠焊接，也就是制出极小的黄金珠粒，焊接到器物表面作为装饰。这些金珠确实小如粟米，甚至往往比粟米还要小得多；它们密密排在一起的形态，也让人想到粟——小米所形成的纹样，正是"为粟文"。因此，"金粟"显然是指焊接在器表的小金珠，围绕在金筐宝钿花饰周围，形成了"交胜"，即争辉斗艳的效果。

金筐宝钿、交胜金粟的唐代金首饰实物，近年发现不少，例如陕西省西安市灞桥镇金乡县主墓中出土的金首饰残件，等等。不过，这些出土实物上，宝钿往往因为年久而脱落，失去了钿、粟交胜的辉煌。偶尔，非常幸运地，也有一些金首饰上部分地残留了宝钿，这时，我们就不得不面对昔日的华丽，承受唐人的富贵气派那种独特的震撼感。比如1988年陕西咸阳国际机场贺若氏墓出土的双鹊戏荷纹金梳背与梅花纹金耳坠，就把"钿筐交胜金粟"转化成最直观的现实。

金筐宝钿珍珠装石函。

金筐宝钿、交胜金粟。(石函细部)

金筐宝钿珍珠装金函。

唐代双鹊戏荷纹金梳背。(陕西咸阳国际机场贺若氏墓出土)

其中，最引人兴趣的应该是双鹊戏荷纹金梳背，因为华美的梳子正是中唐以后女性最时髦的首饰。梳背呈梯形，也正是那时最时尚的一种形式，纯金底上是金筐的双鹊戏荷纹，其中还残存着几粒青金石、绿松石的宝钿；在没有宝钿的地方，填满了金珠焊接而成的金粟，形成一种类似"鱼子底"的效果。梳背上原本接有象牙的梳齿，但如今象牙齿都已残断不存。

这样的金梳，在当年可是最时髦的首饰，诗人们就屡屡地提到，温庭筠《鸿胪寺有开元中锡宴堂，楼台池沼，雅为胜绝。荒凉遗址，仅有存者。偶成四十韵》中描写歌女舞伎的装束，是：

艳带画银络，宝梳金钿筐。

同样地，"钿筐"在这里是金筐宝钿的缩略语，诗中描写了一把金质的、带有金筐宝钿花纹的"宝梳"，与贺若氏墓中出土的实物实在毫无二致。

大约从中唐时期开始，女性们流行在头上插戴各种梳子，这些梳子实际不再是梳头理发的实用工具，而是纯粹的贵重首饰，今天一般将之称为"插梳"。因此，唐宋诗词中在提及梳、篦的时候，一般是指首饰化的插梳。如白居易《和梦游春诗一百韵》描写一个梦境，梦中出现的美人是"风流薄梳洗，时世宽妆束"，居然按照当时最时髦的样子打扮。接下来，就是对她的"时世妆"的系列描写：

袖软异文绫，裾轻单丝縠。裙腰银线压，梳掌金筐蹙。带襻紫蒲萄，袴花红石竹。

可见，"金筐"的梳在这里是美人的打扮的一部分，是插在她头上的首饰。所以，贺若氏墓出土的双鹊戏荷纹金梳背，正是当年在唐代女性中最为热门的头饰。实际上，在敦煌61窟五代贵妇像，以及现藏大英博物馆的《父母恩重经变相妇人供养者像》等作品中，我们都可以看到这种梯形、带方角的梳子，是当时很流行的头上插梳的一种。

此外，河南偃师唐李景由墓中，出土了三只金筐宝钿、交胜金粟、珍珠装的钗头钿花。难得的是，宝钿、珍珠基本完好，没有脱落。这三朵钿花都是金粟围饰边框，筐内嵌绿松石及似水晶的透明宝石，中心粘缀一颗白珍珠。墓主下葬于开元二十六年（738），这三件钿花，让我们感受到"开元全盛日"之时唐代首饰的精工与瑰丽。

河南偃师唐墓群中，另一座同属于盛唐时期的陈郡袁氏墓（葬于开元十七年，即729年）中同样有一朵金筐宝钿、交胜金粟的钿花，出土时宝钿已经脱落，但是，这朵金质的钿花是套插在一支银钗上，展示了这类宝钿花的使用方式，因此十分重要：钿花的背面焊有一套管，银钗的一支钗股就穿过这套管，从而把钿花套装在钗头。一旦把银钗插上发髻，贵重的宝钿花就在髻畔宝光四射。由此，我们知道了宝钿花的灵活用法，它

河南偃师李景由墓出土唐代钗头钿花。

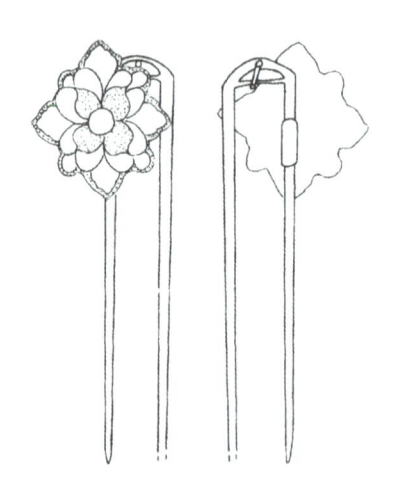

钿花可以套装到钗梁上。(引自《河南偃师杏园唐墓》)

们可以随意地套装到钗头上，也可以随时卸下，全看女主人的巧意安排。

二

法门寺出土玟玞石函与真金函上，其"为粟文"的方式，是在金筐的外缘上，密密焊一排小金珠，仿佛一道饰边。贺若氏墓出土的"金筐宝钿梳掌"，其"交胜金粟"的方式与此不同，是在凡无"金筐宝钿"花纹的地方，都密密地焊上小金珠，形成"鱼子底"（这是今天的习惯叫法）；陕西西安何家村窖藏出土的"金梳掌"又微有区别，只有少部分地方填满了金珠，大部分保留金质的素底，这样，就形成了素面的金底与金粟密排两种不同视觉效果的交映。实际上，用小金珠填充"金筐宝钿"之外的部分，形成鱼子底的效果，是"金筐宝钿"类首饰中最流行的做法之一。李贺《恼公》中"短佩愁填粟"之句，一种可能的解释，当是指佩饰上用"金粟"满填，形成鱼子底的样式。

首饰的金底上填满细小的金珠，一接触光照，就会浮动细腻的、变幻不定的闪光，如同水波映泛阳光，效果相当神奇。因此，这样的首饰从汉至唐一直长期流行，并且愈益精工。杜甫《白丝行》中云："缫丝须长不须白，越罗蜀锦金粟尺。""金粟尺",想来就是尺面上填满了小金珠装饰。何家村窖藏中所出的金梳背,恰恰是单纯地以"金粟"与金丝做装饰,应该可以命名为"金粟梳掌"吧。

不过,就今日所见的出土实物来看,像何家村窖藏中所出金梳背那样,在装饰中单纯使用金粟一项工艺,属于比较少见的情况。从汉代以来,金粟、金筐、宝钿就总是结合在一起,文学中,为了简约的需要,常常使用简称,如"钿筐""金筐""金钿筐"。关于李贺"鞦垂妆钿粟"一句,《笺注评点李长吉歌诗》注云:"鞦,马鞥也,上为粟文。"清人王琦汇解:"金华曰钿。钿粟者,钿文粒粒然,如粟之文也。"(《李长吉歌诗王琦汇解》,《三家评注李长吉歌诗》,上海古籍出版社,1998年,106页)这样的解释当然是非常正确的,不过,应该说,还是仅解释了

| 金粟梳掌。(陕西西安何家村窖藏出土)

一半。"钿粟"，不仅是指金粟装饰，而是包含了金筐宝钿、交胜金粟这一配套的装饰手法。

鞦，具体地说，是指络在马后股上的绊带，这里可能是代指全套的皮马具。从出土唐三彩马上，往往可以看到，在后鞦、胸带乃至辔头等处，悬挂有一个个叶形的垂饰，当时称为"杏叶"。三彩马上的这些杏叶垂饰的花纹，明显是在精心模拟锤花、模压等金属工艺所应有的效果，其反映的现实中的原物当然是金属材质。所谓"鞦垂"，应当就是指这类垂饰。按照诗人的说法，当时最豪华的马具上，其金属垂饰是金筐宝钿、交胜金粟，非常奢侈和辉煌。实际上，唐三彩马上的这类垂饰，总是被表现得异常精心，像陕西乾县节愍太子墓出土的一匹三彩马，其垂饰的中心部分，明显表现了镶嵌圆形宝石，也就是金筐宝钿的效果，同时，这中心的圆形饰与周围一圈花纹，被涂以不同的色彩，似乎是在模拟不同颜色的宝钿的"交胜"效果。同时，在许多三彩马上还可以看到，皮马具上的金属铰具也走向极端装饰化，经锤花、模压等工艺制作出浮雕形式的花纹，并且在中心镶嵌宝石，采用了"宝钿"的工艺。可以推测，这些动用了"宝钿"工艺的铰具，其中最高档者，也会是"妆钿粟"，就是金筐宝钿、交胜金粟的全套功夫一起招呼上去。

同样地，王建《宫词》中描写：

粟金腰带象牙锥，散插红翎玉突枝。旋猎一边还引

镶嵌宝石的鎏金杏叶，在这匹三彩马上得到刻意表现。（陕西乾县节愍太子墓出土）

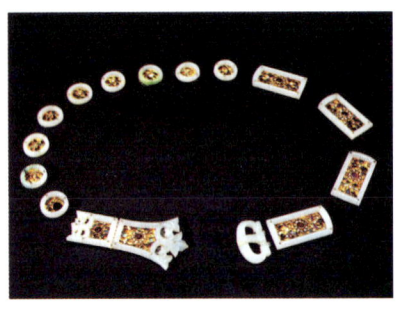

金筐宝钿玉梁带，这是属于男人的华丽。（长安县南里王村窦皦墓出土）

辽代一位"驸马爷"的一把玉柄刺鹅锥，配着鎏金银锥鞘，足以展示古代男贵族们腰带上所佩刺鹅锥的精工与华贵。（内蒙古自治区哲里木盟辽陈国公主墓出土）

马，归来鸡兔绕鞍垂。

这里描写打猎的装束，"粟金腰带"，也并非指一条仅采用金粟纹的金腰带，而是指金筐宝钿周围填以金粟的贵重腰带。1992 年，长安县南里王村窦暾墓中就出土了这样一套腰带饰件，其华贵的风貌至今让人目眩。最可惊的是，这套腰带饰件，不仅是在金板上做出金筐花纹，内嵌红、绿、蓝三色宝石及珍珠，外填金粟，而且，还用凝脂般的白玉琢成饰件的边框，用金钉固定在金板上。

唐代文献中，常提到"宝钿带""金钿带"，显然，也是对采用金筐宝钿、交胜金粟工艺的腰带的省称，其实物风貌，窦暾墓出土品已经提供了最好的范例。特别要说的是，如此炫丽的宝钿带，是男人的专用品。至于"象牙锥"，据孙机先生考证，挂在腰带上的"锥"，是契丹等北方少数民族在狩猎活动中，用于刺鹅饲鹰的专用工具——刺鹅锥。因此，这里描写的唐家天子形象，是腰束金框宝钿金粟腰带，腰带上悬挂着"胡风"的象牙柄刺鹅锥，跃马打猎。金筐宝钿、交胜金粟的男人腰带，是个值得单谈的重要题目，这里且不赘言。

三

金筐宝钿的工艺，在唐代实在是非常流行的，以致在安史之乱中，唐肃宗百忙里还要下诏："禁珠玉宝钿、平脱、金泥、刺绣。"（《新唐书·肃宗纪》）。最有意思的是《旧唐书》中的一则记载，唐代宗宝应二年（763年），曾经"禁钿作珠翠等，委所司切加捉搦"，国家想要在民间杜绝宝钿工艺，杜绝把宝石切琢成小片花饰，大量装点器物的风气。为了表示朝廷根除不良社会风气的决心，竟至于把这一工艺归同于犯罪活动，一旦发现有人涉案，就要抓起来追究法律责任。如此严厉的措施也并没有真起作用，以致在大历七年（772）再次下诏："不得造假花果及金手（此处误，应为'平'字）脱、宝钿等物。"（《代宗纪》）

朝廷对于宝钿工艺恼怒到如此的地步，是有原因的：这种昂贵而浪费的装饰手法，在唐代贵族生活中，使用的范围越来越广泛，并不仅用于贵重首饰和马具，而是蔓延到家具和日常器具上。在何家村窖藏中，就出土了带有金筐宝钿、交胜金粟团花纹的金杯实物。唐诗中，甚至提到一种"粟钿金夹膝"的小型家具，见常理《古离别》：

君御狐白裘，妾居缃绮帱。粟钿金夹膝，花错玉搔头。

"夹膝"之意，有两解：一说为"伏几"，在唐代引申为几状的竹枕；一说为圆笼状的"竹夫人"。此处诗意是写少妇独守空闺，思念征人，应当是指"竹枕"。但是，难道竟有金筐宝钿、交胜金粟这样豪华的竹枕吗？另外，五代词人阎选有一首很低级趣味的《谒金门》，大约就是因为趣味问题，没有被选入《花间集》：

美人浴。碧沼莲开芬馥。双髻绾云颜似玉，素蛾辉淡绿。　雅态芳姿闲淑，雪映钿装金斛。水溅青丝珠断续。酥融香透肉。

描写美人洗浴，其中提到，澡盆是"钿装金斛"，这大约同样是文人的夸张，当时的现实生活中，似乎还不至于奢侈到这样的地步。

不过，《旧唐书·文宗纪》记载，唐文宗即位之初，颁布的诏令中特意提到：

先造供禁中床榻以金筐瑟瑟宝钿者，悉宜停造。

从反面说明了，当时真的专门造有"金筐宝钿"的床榻，供皇宫中使用。传世唐人佚名画作《宫乐图》中，仕女们所坐的兀（凳）子，周围边框上明显有金属嵌件、珠宝镶嵌的纹样，可视为"金筐宝钿"豪华家具的一种体现。

一些唐三彩家具冥器,似乎也在模拟木制家具上镶嵌金属饰件、珠宝的情形。另外,相传为唐代画家卢棱伽作品的《罗汉图》中,对于几、椅等家具的描绘非常细致,其中,第八尊者所坐的兀(凳)子,第十一尊者、第十五尊者所坐的高背椅,都是珠装宝嵌,这样的坐具出现在画中,或许并不完全是艺术家的自由发挥、凭空杜撰,而是真实反映了"金筐宝钿"豪华家具的风采。

如此看来,利用"金筐宝钿"的方式制造豪华家具、日常用具,在唐代的宫廷与上层社会,都是真实存在的情况。温庭筠一首《菩萨蛮》,写的是他最迷恋的场景之一——女性晨妆:

宝函钿雀金鸂鶒,沈香阁上吴山碧。杨柳又如丝,驿桥春雨时。　　画楼音信断,芳草江南岸。鸾镜与花枝,此情谁得知。

令人吃惊的是,"宝函钿雀金鸂鶒"一句所展示的形象,与法门寺出土的瑸玞石函竟是如此接近。"钿雀""金鸂鶒",应该都是指金筐宝钿的鸟雀纹饰。(当然,"金鸂鶒"也有可能是指用金平脱法做成的贴金鸂鶒纹,但是,目前从出土实物中,似乎还没有见到金筐宝钿与平脱两种工艺共现于一器的情况。)因此,似乎可以理解为,词中是在描写一只盛放化妆品与首饰品的奁

唐人佚名《宫乐图》局部。

海外贸易的活跃，使得各种异国宝石成为唐代金银工艺中的娇客。最受唐人追捧的是"瑟瑟"，也就是蓝宝石。（陕西西安何家村窖藏出土）

盒，其上有金筐宝钿的鸟雀纹饰。而法门寺出土斌玞石函上，函盖的四面，都饰有一对金筐宝钿的鸳鸯纹，金筐外焊有金粟。这只石函是为盛装佛骨舍利而制，自然极尽工巧与豪华。但是，显然的，在民间，几乎同样豪华的宝奁，就作为女性的梳妆盒使用。妆奁当然不可能采用斌玞一类的石材，也很少有纯金、纯银材质（但皇宫中会有纯银妆具），因此，词中的这只奁盒多半是漆器，属于在日常用具上动用金筐宝钿工艺的例子。

石函正面。

温词的场景与意境就围绕这样一只奁盒展开，不能说没有用心：近景，是一只妆奁，上面各色红、绿、蓝宝石嵌成的花鸟与灿灿的金纹饰交相辉映；背景，是展开在豪华小楼上的一道屏风，在丝绢屏面上画满青绿山水或金碧山水，天然地成了映衬这只宝函的"底纹"。窗外檐前，则是新柳如丝，无边春雨。

当然，关于"宝函钿雀金鸂鶒"一句，也可以考虑一种更稳当的解释。和凝《山花子》有"鸂鶒战金红掌坠，翠云低"的句子，说明"金鸂鶒"很可能是指鸂鶒造型的金质步摇或钗簪。至于"钿雀"，《全唐诗》中收录一首欧阳炯的《西江月》，有"细雀稳簪云髻"之句。"细雀"说不通，显然为"钿雀"之误，清代《御选历代诗余》（《四库全书》）在收录此词时，就改为"钿雀"。"钿雀"而能"稳簪云髻"，说明其意是指一件金筐宝钿、交胜金粟的金雀钗。如果这样理解的话，那么"宝函钿雀金鸂鶒"的含义甚至更为生动：首饰匣打开之后，镶嵌彩色宝石的金首饰与纯金首饰交映成一片，闪烁在青绿山水的画屏前。在此，必须要提的是，李景由墓中的三只金筐宝钿、交胜金粟、珍珠装的钗头钿花，出土时，恰恰是盛放在一只方形银平脱漆奁盒的上层。

李景由墓所出奁盒，"盒内物品分层存放，上层加一木屉，屉内装木梳及金钗饰物。木屉之下装圆形漆粉盒、鎏金银盒、小银碗及小型鎏金铜镜等"。（《河南偃师杏园唐墓》，中国社会科学院考古研究所编著，科学出版社，2001年，150页）三只"钿筐交胜金粟"的钗头钿花（即"金钗饰物"），就安卧在奁盒中的木屉之上，一旦打开奁盖，这些钿花就赫然在目。负责清理工作的考古工作者一定没有想到，当他（她）小心翼翼揭开这只奁盒的盒盖时，无意中重复了温庭筠词中美人的动作，看到了唐代生活中经常出现的景象。在地下沉睡了一千二百多年之后，银平脱漆奁盒连同盒中的钿花、梳妆用具忽然地重新现身人间，并且具体地复活了温庭筠笔下的一个小小的场景。只可惜，在这一刻，世界却是沉睡的，对于这复活的奇迹，木无知觉。

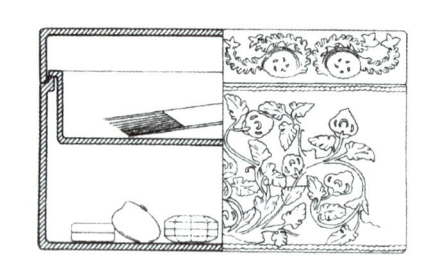

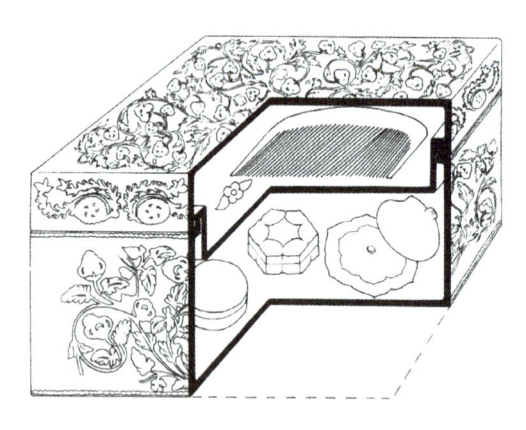

| 李景由墓出土唐代奁盒内部结构示意图。(引自《河南偃师杏园唐墓》)

放置在床面上的各式梳妆用奁盒及高镜台、挡床屏风的花鸟屏面成了它们的背景。(王处直墓西耳室西壁壁画)

银平脱漆奁盒"外表用繁缛的银箔平脱纹样制作,在极薄的银箔上剔刻出缠枝花卉图案,技法娴熟,纹饰细密"(同上书,149—150页)。这类银平脱漆奁的实物出土非止一件,是唐时豪华梳妆用具最常采用的形式。王处直墓东、西耳室壁画中的各式奁盒,纹饰风格与这件银平脱漆奁盒实物非常相近。西耳室壁画的女用梳妆具中绘有一只月牙形小盒,而河南偃师杏园唐王嫕墓中恰恰出土有一只造型相近的月牙形漆盒,盒盖、盒壁都采用银箔平脱装饰图案。这种种线索都显示,王处直墓中所绘的奁盒,正是像李景由墓出土奁盒实物这样的金箔或银箔平脱的漆器。动人的是,王处直墓东耳室壁画中,这些金辉银芒的漆奁是散放在一道山水屏风之前。李景由墓盛有"钿框"钗头花的银平

同样的场景也出现在《乞巧图》中,不过,这里展示的是床上折叠屏风,屏面上绘有水墨山水。

脱漆奁，王处直墓东耳室壁画，法门寺出土的宝函，这三者组合成一台强大的时光机器，倏地把我们送回到温庭筠生活的时代中。

王处直墓东耳室壁画甚至帮助我们搞明白，为什么温庭筠能够拿一道屏风来做首饰盒的衬景。按当时的生活习俗，低矮的床榻仍然是主要的坐具形式，女性一般都盘坐在床榻上梳妆，富贵人家的女性甚至有专门的"梳洗床"。梳妆的时候，各种用具直接放置在床面上。在这些供坐卧的床榻的后沿，一般都竖有彩画的大屏风。在这种情况下，床后屏风的画面，当然就成了散落在床面上的各式梳妆盒的背景。（参见《山枕》一文）温庭筠不过是把他所见到的日常生活场景照实写下来而已。

无论"宝函钿雀金鸂鶒"一句是指一只"钿框"奁盒，还是指奁盒中的珍贵首饰，句子所呈现的画面效果，就如同把镜头集中到一个局部，并把这局部加以放大，让容易被人忽略的细节美，一下变得鲜明。

温庭筠的作品虽然意境极其狭隘，但是，难得的是，他一遍遍地重复写同一个题材、同一种场景，但是，每次都能勾画出非常新鲜的画面，质感、色彩感乃至其中传达出的非常细微的心理感觉，都彼此并不雷同。

四

其实，宝钿器之所以在社会上泛滥，禁而不止，究其源，在于宫廷带头作孽。代宗时下诏禁止民间"钿作珠翠"，违者要遭抓捕；到了文宗即位，却宣布停造皇宫中使用的金筐宝钿床榻，这前后两道诏令本身就是个绝大的讽刺。

《杨太真外传》中有一个很伤感的情节，涉及一只"红粟玉臂支"。故事先讲开元盛日，"诸王、郡主、妃之姊妹，皆师妃，为琵琶弟子。每一曲彻，广有遗献"。半真半假的，宫廷大贵族们都拜杨贵妃为老师，向她学习弹琵琶。每学会一支曲子，弟子们就要捧出各种珍宝，奉献给老师作为酬谢。一群富贵闲人玩起了"过家家"，在一派假装的天真中极尽谄媚之能事，与《红楼梦》中"闲取乐偶攒金庆寿"的意思相仿，只是唐宫中的气派与风雅，是贾府所难望项背的。贵族们"广有遗献"的场面，想必是珍宝满眼，争奇斗富。然而，此时小说笔锋一转，写出了杨贵妃性格中的细腻、体贴乃至温厚的一面。被包围在阿谀声中，她却能够察觉到一个身份特殊的"弟子"、舞女谢阿蛮的尴尬——

> 妃子是日问阿蛮曰："尔贫，无可献师长，待我与尔为。"命侍儿桃红娘取红粟玉臂支赐阿蛮。（《唐宋传奇集》，

鲁迅校录,齐鲁书社,1997年,175页)

阿蛮只是个舞女,当然拿不出什么珍奇宝物来孝敬杨贵妃。杨贵妃敏感地察觉到这种大场面中一个卑微舞女的困境,体现出她"智算警颖,迎意辄悟"(《新唐书》"后妃传")的性格特点。更难得的是,女孩子突然面对各种奢侈品,却与这些奢侈品彻底无缘,在这种情况下总会产生的那种失落心情,杨贵妃也能体察。所以,她不仅用言语为阿蛮解围,还赏赐阿蛮一件珍贵首饰,以平抚富贵悬殊对这位舞女的心理刺激。

杨贵妃的赏赐,是"红粟玉臂支",听去很奇怪的称呼。到了小说后半,安史之乱平息以后,物是人非,在华清宫,阿蛮再次为唐玄宗跳起了她擅长的《凌波曲》——

> 舞罢,阿蛮因进金粟装臂环,曰:"此贵妃所赐。"上持之,凄然垂涕曰:"此我祖大帝破高丽,获二宝:一紫金带,一红玉支。朕以歧王所进《龙池篇》,赐之金带。红玉支赐妃子。后高丽知此宝归我,乃上言:'本国因失此宝,风雨愆时,民离兵弱。'朕以为得此不足为贵,乃命还其紫金带。唯此不还。汝既得之于妃子,朕今再睹之,但兴悲念耳。"言讫,又涕零。(《唐宋传奇集》,183页)

原来,"红粟玉臂支"就是一只"金粟装臂环",也被称为"红玉支"。"红粟玉臂支""红玉支"等名，显然也像"钿筐"等叫法一样，是对具体工艺、材质、器形等的一种简称，实际应该是指红玉为胎、带有金粟工艺装饰的臂环。

在这里，也许可以探讨一下"装"在唐宋工艺中的含义。法门寺衣物帐上出现了"瑸玞石函一枚金筐宝钿真（珍）珠装""真金函一枚金筐宝钿真（珍）珠装"的记录，而实物则是将珍珠直接黏合到不同材质如瑸玞石、真金的器物表面上。唐宋文献中往往出现作为工艺专业词的"装"，有时也写作"妆"，似乎总是指用一种贵重材质的精工花饰，与另一种完全不同的材料相结合。而且，所"装"之饰一般占比例较小，仅起局部装饰的作用。"红粟玉臂支"的情况也是这样，它是"金粟装"，是带有金粟纹的金饰件，与红玉臂环相结合，为之增辉。

小说中的这件首饰来历很神秘，"红玉"是什么样的宝石，今天很难猜测。不过，何家村窖藏中，一件莲瓣纹提梁银罐的盖内留有唐人的墨书题记，其中赫然写明："玉臂环四。"而罐内则盛藏四只（两对）白玉镯，于是，唐代的玉臂环在今天也就有了实物样本。其形制与后世的玉镯有很大区别，装有"转关"或曰"交关"，也就是合页：玉材被截成三段，每段的两端都装上金属合页，然后把合页互相衔接，其中一对合页做成活扣或活轴，这样，三段臂环在金属合页的作用下，可以随意打开或者扣合。（两对臂环上的"转关"设计很巧妙，这里只描述一个大致情况，以免过于烦琐的细节让读者厌烦。）装在每截臂环两端的

何家村窖藏出土金装玉臂环，纯金合页制作精巧。

玻璃制造在唐代得到极大发展，精致的玻璃花饰同样适宜装点首饰。（宁夏固原唐史诃耽夫妇合葬墓出土）

宝钿与金粟 / 317

合页"转关",就成了金属工艺的用武之地。何家村窖藏中,一对玉臂环采用了鎏金铜片合页,合页外缘做成花蕾、兽首形,上嵌宝石、琉璃珠,近似"金筐宝钿"的做法;另一对则采用纯金合页,并且利用錾刻、锤打工艺制成兽头纹,效果如浮雕,也就是唐人所说的"隐起"形式。

由这两对唐代玉臂环实物,我们可以猜出"红粟玉臂支"的大致形制:红玉环被分成三段,装上金合页,开合自如。而金合页上则采用"金粟"工艺,有粒粒金珠随着阿蛮舞动的手臂而悄然闪烁粼粼细光,像鱼群欢游在阳光下的水面。——也许,这正是最打动文学家想象的地方。当然,按照那时的惯例,金粟工艺一般来说总是与金筐宝钿相伴,因此,红玉支必定瑰丽得让人目眩。

让人感慨的是,这样一只无知觉的首饰,既见证了"开元全盛日"的奢华与堕落,也让衰败后的苟活倍显凄凉、辛酸。唐玄宗对于红玉支的一番解释,也是异常深刻的一笔。原来,这是高宗时代,唐军大征高丽时所获得的珍贵宝物!再翻过头去想,这样一件见证唐朝对外胜利的重要战利品,凝结着无数唐军将士和高丽人民的鲜血与苦痛,可以说是唐朝国力强盛的象征物之一,竟然被一个妃子嘻嘻哈哈,赏给了她宠爱的舞女,出于一个非常"人性化"的理由——怕女孩子没有奢侈品而伤心。一个皇朝轻浮到了这样的地步,焉得不亡!更让人感慨的是,唐玄宗在喋喋述说红玉支来历的时候,祖先昔日征伐四方,开拓出万国来朝的盛世局面，却一朝败在了他这个昏君的手里——这一层，他可全然没有想到。几乎倾覆社稷，涂炭生灵的罪责，他提也不提。他不住呜咽的，只有他失去的女人。作为小说人物的唐玄宗，实在可以与作为历史真实人物的李煜有上一拼。李煜"一旦归为臣虏"之后，让他记忆深刻的居然是"最是苍黄辞庙日，教坊独奏别离歌，垂泪对宫娥"（《破阵子》），而唐玄宗捏着只手镯，悲泣"朕今再睹之，但兴悲念耳"。安史之乱后，唐玄宗几乎立刻就获得了人们的同情和原谅，因为他对心爱的妃子能够念念不忘，痴情至死，是个难得的、很有"人情味"的皇帝。但是，细想一想，他的这种"人情味"未免让人毛骨悚然。

《杨太真外传》相传为宋人乐史所撰，但是，其中至少是关于"红粟玉臂支"的情节，在唐代就已经广为流传了。如罗虬《比红儿诗》就利用了这个典故：

金粟妆成扼臂环，舞腰轻薄瑞云间。红儿生在开元末，羞杀新丰谢阿蛮。

而李贺在《河南府试十二月乐词·五月》中，引申了这一典故：

雕玉押帘上，轻縠笼虚门。井汲铅华水，扇织鸳鸯文。回雪舞凉殿，甘露洗空绿。罗袖从徊翔，香汗沾宝粟。

写悠闲从容的宫廷消夏生活,在专门用于避暑的凉殿上,贵族们用观赏歌舞表演来打发酷热的长日。舞女们罗袖翻飞之际,香汗沾湿了腕上贵重的金粟臂环。

参考文章:

《东周汉晋腰带用金银带扣》,孙机著,《中国圣火》,辽宁教育出版社,1996年,75页。

《巧夺天工——何家村金银器的制作工艺及作坊》"掐丝与金珠焊缀"一节,韩建武、贺达炘著,《花舞大唐春——何家村遗宝精粹》,陕西历史博物馆等编著,文物出版社,2003年,27页;"金筐宝钿团花纹金杯"一节,沈睿文著,同书,62—63页;"玉臂环"一节,胡小丽著,同书,218页。

◆ 结条钗 ◆

一

法门寺出土衣物帐中记载，咸通十五年（874），唐代皇帝供奉的金银茶具中，有："结条笼子一枚重八两三分。"经专家们研究比对，断定出土物中的一件通体用银丝编成的提梁带盖笼，就是帐中所说的这一"结条笼子"。

在衣物帐中，这只"结条笼子"，与一套金银茶具前后列在一起，被普遍认为属于茶具的一种。宋人蔡襄《茶录》"论茶器"中列有"茶笼"："茶不入焙者，宜密封，裹以箬，笼盛之，悬高处，不近湿气。"看起来，"结条笼子"，与同出的另一只鎏金飞鸿球路纹银笼子，都是收贮茶团的专器。如果真是这样的话，那么，花蕊夫人的一首《宫词》作品，在理解上就有了微妙的变化：

白藤笼掐白银花，阁子门当寝殿斜。近被宫中知了事，每来随驾使煎茶。

关于诗的第一句,有几种不同的版本。《全唐诗》作:"白藤花限白银花。"意思很不好理解。其"限"字下注云:"一作笼掏。"如此,则句子为:"白藤笼掏白银花。"看到法门寺出土结条笼子,综合全诗的意旨,似乎作"白藤笼"更合适。结条笼子,是用银丝交互编结的方法,编成笼体、笼盖,然后,再用金丝盘成的花饰编缀在笼的外壁及盖上,作为装点。特别是笼盖,中心伫立一朵金丝编结成的陀螺状"塔形花",周围簇以立体的金丝编荷叶。此外,笼盖上还缀有若干金丝盘成的花饰。总之,这只笼子是银丝为体,外缀金丝花为饰,因此今天的人称之为"金银丝结条笼子"。

法门寺出土金银丝结条笼子。

由这个例子来推论,"白藤笼掐白银花"的意思,似乎是指白藤条编的笼子,外壁、盖上以白银制的花饰做装缀。然而"掐"字何意,仍不可解。值得注意的是,唐人段成式撰《酉阳杂俎》卷一"忠志"谈道:"安禄山恩宠莫比,锡赉无数。"然后罗列"其所赐品目",有"掐魁织锦筐、银笊篱"。"掐魁织锦筐"是什么意思,让人难以明白。但是,《资治通鉴》"天宝十年"记载同一事件,道是:

> 上命有司为安禄山治第于亲仁坊,敕令但穷壮丽,不限财力。既成,具幄帘器皿,充牣其中。……于厨厩之物皆饰以金银,金饭罂二,银淘盆二,皆受五斗,织银丝筐及笊篱各一。

"掐魁织锦筐、银笊篱"与"织银丝筐及笊篱各一",显然是同一套物品的两种叫法,如果是这样的话,"掐魁织锦筐"乃是"织银丝筐"。

明人所编《蜀中广记》与《全蜀艺文志》中,花蕊夫人《宫词》的这一句作:

> "白藤笼搯白银花。"《说文解字》:"搯,捾也。"清人段玉裁注:"《通俗文》:'捾出曰搯,爪按曰掐。'掐即搯也。"掐、搯二字同义、互通。

唐人韦绚撰《刘宾客嘉话录》(《四库全书》)有云：

> 贞观中，弹琵琶裴洛儿始废拨用手，今俗为掐琵琶是也。

同样的记述也见于唐人李绰所著《尚书故实》(《四库全书》《说郛》卷三十六)中。弹奏琵琶，本来是由弹奏者用"拨子"拨动丝弦以发出乐声，传说琵琶名手裴洛儿率先革新，废弃拨子不用，改用手指弹拨丝弦。在唐时，人们把用手指拨弄琵琶弦的方式称为"掐琵琶"。

从上述这些线索似可推断，在唐代，利用金属丝编织器物这一手工艺，被称作掏、掐。手指拨弄琵琶弦的动作异常灵巧，于是，人们就用"掐"这一形容手工编结金属丝动作的动词，来称呼手拨琵琶的演奏动作。假如可以这样理解的话，那么"白藤笼掏白银花"一句就讲得通了：是说白藤编的茶笼上，装缀有白银丝编结的花饰。这样解释之下的茶笼，在风格上还真与法门寺出土"金银丝结条笼子"一致，只是一为白藤编笼、银丝编花，一为银丝编笼、金丝编花。看起来，大唐皇宫的奢侈，西蜀小朝廷还是难以攀比。

不管怎么说，结合全诗之意，说"白藤笼"是指茶笼，应该是不错的。而"金银丝结条笼子"，则让我们具体看到了那一时代宫廷使用的茶笼的具体形象：盖口与笼口以子母口的形式

挂在高处的茶笼激发了无名画家的灵感，在一幅"烹茶图"中，他添加了这样的闲笔：一只茶笼的上层存放了几只桃子，引来一群儿童偷桃。这样生动的场面，却出现在墓室壁画上。为死亡而绘的画作，居然洋溢着如此强烈的对于生活的热情！（河北宣化辽张文藻墓壁画）

互相扣合，因此可以扣合牢固，不会轻易滑开；笼上装有活动的提梁，可以提携，也可以悬挂；下面装有四支立足，如果把茶笼放到一个平面上，那么，笼底悬空，不会受潮，也不会沾到土尘。

花蕊夫人这首《宫词》作品的有趣之处，是透露了宫廷生活的多重信息。所谓"阁子"，是唐代居室中很灵活的一种设置，相当于明清时代的"隔断""暖阁""碧纱厨"，其大致形式，是用木条钉成墙屏，在一间居室的大空间中，根据需要，隔出一方小空间，墙屏上糊以油纸或纱罗。这一方相对独立的小空间，就叫"阁子"或"槅子"。诗中的这处"阁子"，离皇帝的寝殿非常近。有多近？——阁子的门就斜对着寝殿。更让人眼红的地方在于，这里是专门放置皇帝御用茶具的地方。茶笼要"悬高处，不近湿气"，所以，你要是从阁子门前经过，就能从敞开的门中，看到高悬在半空中的白藤茶笼，茶笼上银饰耀眼。茶笼都这么华贵，那是有道理的——笼中养护的可是为皇帝预备的团茶。当然，让人嫉妒和羡慕的其实还是在阁子中静静忙碌的那个小小纤影，这小宫女因为聪明伶俐，最近被分派了"红"差事，专门负责给皇帝煎茶。皇帝驾行到哪里，她就跟到哪里，可以说，终日不离皇帝左右。

宋人佚名作品《会昌九老图》中有一个片段：在一处轩堂中，几位士大夫围案而坐，赏画、品文。这处轩堂附属的一间小室内，放置着各种茶具，两个男仆在其中忙碌。

另一卷宋人佚名作品《商山四皓会昌九老图》，其"会昌九老"一段，与前面所谈的《会昌九老图》，内容大同小异，应该是《会昌九老图》的仿本。而在这一仿本中，文人聚会的轩堂旁，一样有附属的小室，室中当地安置着煎水的小炉灶，点茶用的一双汤瓶就立在灶上炭火中，一位童仆正在照看灶火。南宋佚名作品《卢仝煎茶图》，表现山野间的一座茅屋，一位隐

宋人佚名《会昌九老图》局部。

结条钗 / 329

士坐在屋中，以诗书自娱。就是在这样一座隐居的草舍里，仆人煎茶的场所也依然要与主人的起居室分隔开。画面显示得清楚，在士大夫身后，一道带木棂窗的薄墙，把茅屋一分为二。在薄墙另一边的小室内，设着烧茶水的风炉。画面的这一部分保存不好，画迹漫漶，但是，还可以依稀看到仆人用扇在风炉前扇风这一形象的残迹。显然的，这一处小室，是专用于煎茶的地方。有一个细节是，就在这煎茶小室的横梁上，吊挂着一只罐状的容器。这一罐状容器，应该是"悬高处，不近湿气"的茶笼。几卷宋画中所表现的"煎茶室"，等于是用图画的方式解释了花蕊夫人《宫词》作品的意思。唐宋时代，讲究的人家，奴婢煎茶的地方，要与主人的生活场所隔开。但是，因为品茗在当时是很重要的生活内容，所以，这煎茶的专室一定与主人的起居之处非常近，往往就在"隔壁"。煎茶的专室空间不大，相关的器具一并存放在这里，横梁上，还会吊着茶笼，让茶团远离潮气。

唐宋时代，煎茶的复杂程度，好像有点接近今天一杯真正好咖啡的出笼过程，不仅煎制中需要很多的技巧，就是"开煎"之前的多个预备环节也非常烦琐。当时的贵族士大夫生活中，又把煎茶、饮茶看得很重，因此，擅长煎茶的人，也就容易成为"红人"。

这一点，在《太平广记》卷二七五记载的"上清"故事中，表现得相当清楚。故事说，贞元年间（785—805），丞相窦参

宋人佚名《卢仝煎茶图》局部。

唐人饮茶，要在茶水中放入盐、姜乃至牛酥、杂果。因此，法门寺出土的成套超级豪华茶具中，配有专门的"盐台"，用以盛放盐等调料。（陕西扶风法门寺地宫出土）

遭政敌陷害，家破人亡。窦参所宠信的女奴上清，被罚没入宫中为宫婢，"后数年，以善应对，能煎茶，数得在帝左右"，她一来善于言辞，二来擅长煎茶，是金子总不免要发光，上清凭着这么两项突出的才能，最终被召到了唐德宗面前，并且，在皇帝身边"侍圣"的机会还不少。这就使得上清终于找到了机会，为旧主申冤报仇。这个故事很有力地表明，善于煎茶的宫人，或者说负责给皇帝煎茶的宫人，在人们的心目中，有着"通天"的机会，地位特殊。这里所谈的花蕊夫人《宫词》作品，其实隐约反映了当时的这一流行观念。起码，随驾煎茶，与那夜夜熬通宵熏熨御衣的差使，有天上地下的区别，算得上是"上差"。

二

法门寺衣物帐中的这条简单记录，其意义还远不止于对一首《宫词》的理解。它涉及金银工艺的重要一支，揭示出类似今天我们习惯所称的"花丝工艺"的金银丝加工工艺，在唐代称为"结条"。从茶笼实物来看，结，是指编结、盘结，与"白藤笼掏白银花"之"掏"同意；条，是指很细的金银丝。《全唐诗》中恰恰收有一首《银结条冠子》诗（徐夤作）：

日下征良匠，宫中赠阿娇。瑞莲开二孕，琼缕织千条。蝉翼轻轻结，花纹细细挑。舞时红袖举，纤影透龙绡。

据诗中的说法，这一工艺来自民间，民间的巧匠被宫廷征召，用结条的工艺，为宫中美女制作银丝冠子。冠子采用莲花造型，并且，莲花瓣有上下两重，全靠无数的雪洁银丝交编而成。每一瓣银莲花都像蝉翼一样轻薄透明，而且，银丝在编结的过程中还会被组织成精妙的花纹。这样的结条银丝冠子，当然是比较轻的，是镂空、半透明的。一旦戴在舞蹈宫人的头上，轻纱薄罗的红袖扬举之时，袖衣上隐约透映出银丝冠玲珑纤巧的形影，冠影轻如蝉翼，舞袖也轻如蝉翼，这两重轻影叠在一起，视觉效果当然让人陶醉。在看到金银丝结条笼子之后，对于诗中的种种渲染，就不用费力去想象了。

唐人苏鹗著《杜阳杂编》中，记载了种种神奇到离奇的传闻。其中一条说，唐敬宗宝历年间（825—827），"浙东国贡舞女二人，一曰飞鸾，二曰轻凤"，这两位舞女"衣轾罗之衣，戴轻金之冠，表异国所贡也"。其中，据说来自外国的"轻金冠，以金丝结之，为鸾鹤状，仍饰以五彩细珠，玲珑相续，可高一尺，秤无二三分"。有了法门寺出土结条笼子与徐夤《银结条冠子》诗打基础，现在，我们已经完全能够理解这段文字所试图表达的意思。可惊异的是，像《杜阳杂编》中的其他很多细节一样，有关"轻金冠"的叙述虽然充满夸张，但仍然闪烁着现实生活的鲜明影子。

　　结丝笼子实物，《银结条冠子》诗中的描述，以及"轻金冠，以金丝结之"的说法，都证明在涉及金银工艺时，"结"的意思，是用金银丝编结或者盘结成花纹，那么，和凝的一首《宫词》也就好把握了：

> 结金冠子学梳蝉，碾玉蜻蜓缀鬓偏。寝殿垂帘悄无事，试香闲立御炉前。

"结金冠子"，其意思显然是指结金丝而成的冠子，也就是"轻金冠"，按照当时的流行，还可以叫作"金结条冠子"。这位宫妃戴着如纱影般半透明的金丝轻冠，双鬓同样梳得薄如蝉翼，鬓旁，钗头上坠饰的小小玉蜻蜓也是那么轻巧玲珑，总之，整个头饰都是轻盈、活泼的风格，却又华贵非常。女主人公显然是一位受宠的幸运女性，能够在皇帝寝殿里打发时光，悠闲地站在御用香炉前，查看焚香的情况。这样的人物，打扮得不平凡也就不奇怪了。

　　金丝、银丝的结条冠，想来属于超级豪华之物，不是人人都能享用的。但是，以"结条"工艺做成的簪钗，似乎在当时很为流行，和凝的另一首《宫词》就绘声绘色：

> 红罗窗里绣偏慵，辫袖闲隈碧玉笼。兰殿春晴鹦鹉睡，

结条钗飐落花风。

透过红罗的窗纱，我们看到一位宫女在做绣活的时候，感到慵倦，于是，她停下刺绣，松放了原本挽紧的袖口，依偎在竹编的熏笼上瞌睡。这是一个"袅晴丝飞来闲庭院"的日子，精致小殿笼罩在春天的晴光里，反而更显得宫中的时光缓慢，好像很难有什么事发生。廊下的鹦鹉都感受到了这种无奈与无聊，不再叽叽喳喳，反倒睡着了。只有轻风吹落了枝头的花瓣，并且，穿过窗纱，在经过那伏在熏笼上静静不动的人儿时，带动她头上的结条钗轻轻颤动。

　　听来不可思议，吹落枝头花瓣的风，那是多么的轻微，怎么能够顺势带动金银首饰颤动？出土实物再次揭开了谜底：1956年出土于安徽合肥西郊南唐汤氏墓中的几件银钗、步摇，让我们见识了"结条钗"的真实风貌。这几件首饰的钗头花饰，都是部分或者全部地采用了结条工艺。不过，与法门寺金银丝结条笼子完全不同的是，作为茶笼，当然要结实、牢固，所以，所用的金银丝都比较粗，而且缠绞、编结得非常紧密、严谨；几件银首饰则相反，故意把银丝拉得极其细弱、柔软，在编结成花时，展示的手法也非常灵活，甚至显得有些随意，结果就是，这几件银首饰上的翘花、垂饰都异常的轻灵，如果有微风吹过，它们会随风轻颤，这一点，是不用怀疑的。

　　更可惊的是，这几件银首饰中，一件"四蝶银步摇"，与另

层层花瓣装缀在冠上,形成"花冠",在中唐以后,是长期风行的头饰。冠上的花瓣一般都是用纱罗制成,以金丝编结而成的花冠,则远远超出了一般女性的梦想。(唐人佚名《宫乐图》局部)

金镶玉步摇。(安徽合肥西郊汤氏墓出土)

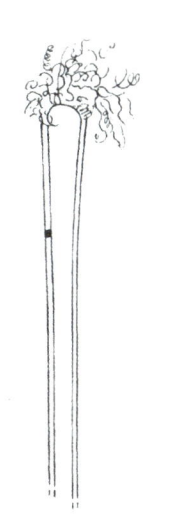

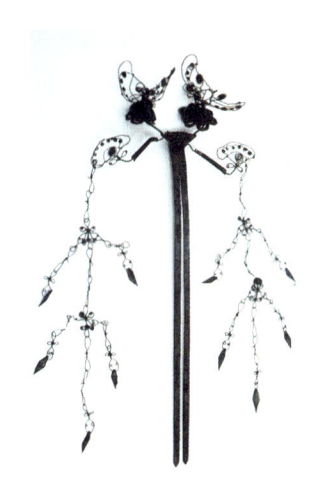

四蝶银步摇。(安徽合肥西郊汤氏墓出土)

河南偃师杏园唐王嫮墓出土铜结条钗。(引自《河南偃师杏园唐墓》)

结条钗 / 337

一件"金镶玉步摇",它们的形影,赫然出现在我们伟大的《簪花仕女图》上:几位仕女高髻前的步摇,与这两件出土实物几乎一模一样。在这里,文献、出土实物、传世绘画,完全对合起来了。由此我们知道:汤氏墓中出现的这几件"结条钗",并不是特例,而是代表了那一时代非常流行、非常时髦的首饰样式,代表了那一时代头饰所追求的风格与趣味。河南偃师杏园唐王嫮墓中,出有三件铜钗,钗头花饰正是采用类似的结条工艺,用细铜丝盘绕成"花须"一般的螺旋形垂丝,并且穿有铜片作为坠饰。(《河南偃师杏园唐墓》,中国社会科学院考古研究所编著,科学出版社,2001年,104、135页)这三件铜钗虽然工艺简单,材质低廉,无法与"四蝶银步摇""金镶玉步摇"争辉,但风格一致,说明这类以轻巧善颤取胜的结条钗当年是最流行的首饰。王嫮下葬于唐代宗大历十年(775),墓中所出三件结条铜钗,显示这种轻巧首饰在中唐时代就已经大成气候。

另外,杏园宋思真墓也出土有两件"双股钗,顶端附加一束铜丝,丝端串联着小珍珠",只可惜锈蚀严重。(同书65页)

汤氏墓出土的"结条钗"中,"四蝶银步摇"是在双股钗的钗头花上,斜立两根粗银丝,粗银丝上各接一朵银花;在银花之上,又各斜出一小段银丝缠的弹簧,弹簧头上,再接一只银丝结条蝴蝶。所谓"蝶恋花"的流行主题,在这里得到了又一次的巧妙演绎。值得注意的是,蝴蝶的银丝几乎细柔如线,当年不知名的巧匠用了近乎写意的手法,用纤细而不失劲挺的细银丝，盘出蝶翅上的斑眼纹，结成凌空飞展的蝶翅。在钗头花的两侧，还以向下斜挑的方式，伸出一对弹簧式的细银丝挑梁，梁头同样翘立着一只细丝盘的蝶形花朵。同时，这对蝴蝶、一对花朵，当年都结有长长的垂饰，这些垂饰同样是用几乎像丝线一样纤细、柔软的银丝结成流苏，末端穿以小银片。

《簪花仕女图》中的步摇，与这件实物完全相同。其实，是在有了实物之后，我们才真正能够理解画中的描绘：比如，手执拂子逗弄猧子狗的仕女，其高髻上的步摇，就是从小小的钗头花上对称地斜分出四支挑梁；其中，向斜上方翘立的金丝挑梁上，先接一花朵饰，花上再立一飞鸟饰；横向跳出的一对金丝挑梁，梁头翘立双重花朵饰。同时，钗头花及斜挑在两侧的一对花饰下，都坠有长长的流苏垂饰，略有不同的是，流苏上饰有珍珠及红琥珀的圆坠。其他几位仕女的步摇与此大略相同。

《簪花仕女图》局部。

这些线索，可以非常有力地帮助我们理解《花间集》中的一些描写。首先，温庭筠那永远可爱的句子："翠钗金作股，钗上蝶双舞。"(《菩萨蛮》)就在我们眼前化成了现实，化成了"四蝶银步摇"上一对凌空的结条银丝蝴蝶。为了更好地品味这两句词，还必须谈到这组出土物中的一件"银镶琥珀双蝶钗"。高春明先生早就在其著作中为我们指明了这件出土实物的重要性："(银镶琥珀双蝶钗)整个造型酷似翩翩飞舞的彩蝶，使人自然地联想起唐人温庭筠《菩萨蛮》中：'翠钗金作股，钗上蝶双舞'的诗句。"(《中国服饰名物考》，上海文艺出版社，2001年，108页)这件钗不带垂饰流苏，因此不入步摇之列，其形式也自有特色：在钗梁与钗头各焊接一菱形银花饰，象征蝶身，其上镶有小粒琥珀；围绕蝶身，用细银丝"结"出写意式的蝶翅，周围再"结"以银丝盘成的涡纹，由此形成一对"结条"蝴蝶，展翅在银钗上，不仅异常生动，而且空灵剔透。也许，这支结条钗更接近温词的原意。既说是"翠钗"，就不仅有金丝银丝，还饰有翠毛、翠玉之类。此处的实物上虽然没有"翠"，但点缀以琥珀，已经非常方便我们去感受温词的意境了。我是在周汛、高春明两位先生所著的《中国历代妇女妆饰》中第一次看到这件钗，在那一刻，意识到自己与温庭筠当初所描述的生活场景迎面相遇，中间不存在任何时光上的隔阂，那本以为不可见的过去竟然真实得几乎触手可及，实在是令人激动难抑。

此外，像和凝《临江仙》中形容头饰："凤凰双飐步摇金"，

"四蝶银步摇"、《簪花仕女图》的步摇，都是在钗头上左右各斜出一挑梁，梁头立一蝶或鸟形的结条花饰，形成一对蝶或鸟并飞的局面。因此可以推测，和凝《临江仙》所说的正是同样形式的步摇，也就是说，在金步摇的顶端上"花开两枝"，立有一对凤凰。其实，《簪花仕女图》中一位手揭纱领的仕女，其步摇上正是一对拖长尾、展翅并飞的金鸟饰，描画得非常清晰，可以当作和凝词句的插图来理解。温庭筠《夜宴谣》："长钗坠发双蜻蜓。"李珣《临江仙》："不语低鬟幽思远，玉钗斜坠双鱼"等，大约也都是在歌咏同样形式的时髦首饰。

五代银镶琥珀双蝶钗，"钗上蝶双舞"。（安徽合肥西郊汤氏墓出土）

词中强调"凤凰双飐",这飞在步摇顶端上的凤凰,想来也是"金结条"形式,如同"四蝶银步摇""银镶琥珀双蝶钗"上的结条蝶一样,异常轻纤,当然容易"双飐"不已。进一步地,这些细丝花饰还往往是以弹簧式的金银丝挑梁斜撑在半空,如果人儿一动,她头上这些悬空而矗的花饰当然会敏感地轻轻摇颤。甚至,即使落花轻风吹过,也能带动结条饰件轻轻颤动。和凝《山花子》:"鹦鹉战金红掌坠。"无疑也是在描写类似的效果:鹦鹉造型的结条花饰耸立在弹簧式的挑梁头,随时都会轻轻颤动,闪烁金光;旁边则倒插着红象牙梳。

《簪花仕女图》局部。

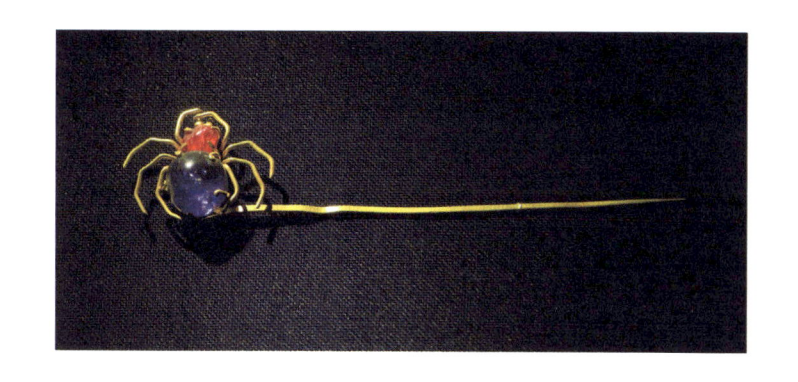

形态生动的昆虫，一直活跃在女性的钗头。这支明代的金簪，就是以蜘蛛作为簪头的花饰，看去是不是很有"现代感"？（江苏南京邓府山明墓出土）

照这样的路数推理，温庭筠的一首《菩萨蛮》也有了新的理解方式：

凤凰相对盘金缕，牡丹一夜经微雨。明镜照新妆，鬓轻双脸长。

"凤凰相对盘金缕"，很容易就让人以为，这是衣服上的金线盘成的对凤花纹。按这个意思，整个上半阕就完全解释不通。但是，如果把"凤凰相对盘金缕"理解为并立在步摇钗头的结条金丝凤凰，那么词意就豁然开朗了：这是在描写一个女性晨妆完毕之后，对镜凝视自己的容颜。镜中的影像，是蝉鬓轻盈，

结条钗 / 343

双颊秀媚，高髻前耸立着金丝的"钗头凤"，髻顶簪着新开的牡丹花，这花朵经昨夜的细雨催开，刚刚从园中摘下，就直接上了头顶，分外地鲜润娇艳。如果词意可以这样理解的话，那么，此处的描写俨然如同《簪花仕女图》的题咏之句。

三

结条钗的设计中，有一个别具匠心的细节，必须多谈一句。从实物上看，用来支持、挑起钗头花饰的挑梁，流行做成细巧的弹簧形式，以形成钗头花易于摇颤的效果。和凝《宫词》有句："香云双飐玉蝉轻。""螺髻凝香晓黛浓，水精鸂鶒飐轻风。"南唐汤氏墓中出土的另一件"金镶玉步摇"，是银镀金的钗梁，同样地，从钗头花上伸出四支（两对）弹簧形的短挑梁。与此钗同出的还有一对玉花饰，是非常轻薄的玉片，碾雕成镂空的花瓣形，其外围嵌同样轻薄、镂空的银花饰。出土时，这对玉花饰已经从步摇上脱落，但是，推理起来，当初也应该是接缀在步摇的弹簧式挑梁上。由这一例子，就可以理解，玉蝉、水精（晶）鸂鶒何以也能"飐"，喜欢轻摇不已——因为它们耸立，或者垂坠在一小段弹簧的顶头。和凝《临江仙》："碾玉钗摇鸂鶒战。"或许是指，在玉钗头上缀饰金银结条鸂鶒形花饰；

或许是指，金银钗头上斜伸有弹簧式挑梁，挑梁的顶端耸立着小巧的玉鹦鹉。无论属于哪一种情况，为什么会"钗摇"而"鹦鹉战"，对我们都不再是谜了。《簪花仕女图》中，逗狗、执花、戴金项圈的三位，其步摇上高耸的双鸟饰，是以白粉描绘，间以描金，或许正是在表现碾玉或水晶（实际很可能是玻璃）的鸟形饰件。在这幅画作的照映下，韩偓的《忍笑》就变得生动无比，如在眼前：

> 宫样衣裳浅画眉，晚来梳洗更相宜。水精鹦鹉钗头颤，举袂佯羞忍笑时。

一位年轻的艺妓举起袖子掩在面前，竭力地假装羞涩，却忍不住地要笑出来，这动作，这神态，带动得她钗头上的水晶鹦鹉（有可能是玻璃仿制品）都轻轻颤动不住，这形象何其娇媚！

张泌一首《江城子》有道："绿云高绾，金簇小蜻蜓。"为了适应结条工艺的特点，当时钗头上流行的花饰也以蝴蝶、蜻蜓、蝉、鱼、凤等灵动的造型为主。《花间集》屡屡形容金首饰"袅""软"，似乎不合逻辑，如："檀画荔支红，金蔓蜻蜓软。"（张泌《生查子》）"袅钗金燕软。"（毛熙震《酒泉子》）"碧玉冠轻袅燕钗。"（毛熙震《浣溪沙》）只有在看到"四蝶银步摇""银镶琥珀双蝶钗"上轻灵的结条花饰之后，才能明白当初词人用"软"来形容的传神。

然而，最传神的描写，当属王建的一首《宫词》：

> 蜂须蝉翅薄松松，浮动搔头似有风。一度出时抛一遍，金条零落满函中。

细丝结成的蝉、蝶之类，花须摇，薄翅颤，没有一点分量，倒像是轻浮在簪钗（"搔头"）上，而且稍有动静就会颤摇，使得簪钗上好像随时有轻风掠过一般。接着两句形容女孩子打扮时的特有景象：每次打扮，都要把所有的这些结条首饰一一抓起来，琢磨一下，一旦不中意，就随手扔回去，所以首饰奁里就像遭了劫，一片狼藉，精巧、脆弱易坏的金结条首饰胡乱堆满了奁盒。一千年来，女孩子打扮自己的时候，那种兴奋得近于神经质，忽然变得毫无主意，一定要把自己所有的饰物都倒腾一遍的做事风格，倒始终是没怎么改变；女孩子最终打扮得精致鲜丽，高高兴兴跑开，全不管身后的"闺中"混乱如同大军战败溃退之后的战场，这样的情形，也没有太大的改变。但是，这里被女孩子随意乱扔的，是多么精致的、闪烁艺术才华的工艺精品啊。在不知道"结条"这一唐代的专业名词之前，对今天的人来说，"金条零落满函中"就很难理解。现在，我们明白了，"金条"的意思是金丝，而且是极其细软的金丝，于是恍然：全句的意思，是指多种金结条首饰被胡乱叠压在一起，已经看不清各自的具体造型，只显得一片华贵的细金丝在闪烁。

由这里出发，也许我们可以做出更大胆一点的推理。王建在另一首《宫词》里说：

> 玉蝉金雀三层插，翠髻高丛绿鬓虚。舞处春风吹落地，归来别赐一头梳。

如果按照我们对传统金玉首饰的一般印象，诗中的说法就完全没有道理。假如"玉蝉金雀"之类，都像西门庆家女人头上的首饰，单单一件"满池娇分心"簪子，"揭实枝梗的"，就"使了三两金子"，如此沉甸甸的首饰在头上插戴几层，那还跳得动舞吗？再说，如果在跳舞的过程中，这样的贵重首饰劈扑往下掉，不仅不美，也太荒谬了。但是，既然中唐以后流行轻巧的结条首饰，诗人的夸张，就有了现实根据作基础。从出土实物上看，结条首饰似乎确实不太结实，容易掉落小零件，也许，在当时的生活中，特别是舞蹈场面中，真的会有结条首饰上的小挂饰悄悄遗落，掉落的过程是如此轻，难以被人察觉，于是激发了诗人的想象。

四

必须要交代的是，晚唐五代首饰并非只采用结条一种工艺，从目前所见的出土实物来看，这一时代的首饰在形式上很丰富，而且各有特色。比如有一种花钗，钗头花以金、银薄片为体，雕镂成镂空的花纹，外轮廓往往如翘曲的叶形。这种花钗一般都是成对出土。在扬州邗江蔡庄五代墓中出土有一件女木俑，其脑后附着有两件银饰，正呈现为这种花钗的样式，只不过尺寸缩小而已。据高春明先生研究，该女俑脑后尚有两个小孔，与现存"花钗"的插孔位置对称，因此，当初女俑在脑后应该上下各插一对花钗。在《簪花仕女图》中，从画深处冉冉而来的仕女，脑后低低地插有一对首饰，造型与这种花钗实物非常接近，与蔡庄五代墓女木俑脑后插"花钗"的方式与位置也一致，因此，可以确定，画中正是表现了插戴此一类花钗的具体情景。

在画中，花钗低垂，钗头花反翘而上。花钗实物的钗头花都制作得轻而薄，想来很容易随着人的走动而微微颤动。1956年陕西西安东郊韩森寨唐墓出土的一支鎏金蝴蝶纹银钗尤有创意，做出并头的两支钗头花，每一支钗头花都以细银丝为梁，与钗柄相衔接，两条细银梁都故意在半途扭转一圈，并且两支钗头花还彼此交扭一次。细银梁扭转一圈，无疑就有了类似弹

| 扬州邗江蔡庄五代墓出土女木俑背面。

| 《簪花仕女图》局部。

| 鎏金蝴蝶纹银钗，应为"金翘"。（陕西西安东郊韩森寨唐墓出土）

结条钗 / 349

簧的效果，花钗如此设计，明显意在让钗头花能够具有不断轻颤的效果。这类花钗一般都是银质鎏金，金光闪闪，推测起来，很可能就是诗词中提到的"金翘"：

> 晚起红房醉欲消，绿鬟云散袅金翘，雪香花语不胜娇。
> （毛熙震《浣溪沙》）

唐代文学中常提到"翘"类首饰，出现最多的是"翠翘"，从《簪花仕女图》的描绘，以及韩森寨唐墓出土鎏金蝴蝶纹银钗等首饰实物上，对"翘"的昔日风采，我们或可窥其仿佛。

参考文章：
《簪钗与步摇》，周汛、高春明著，《中国历代妇女妆饰》，学林出版社，1997年，52—68页。
《中国服饰名物考》"发钗""步摇"二节，高春明著，上海文艺出版社，2001年，103—121页。

◆ 犀梳与牙梳 ◆

一

日本浮世绘作品中，艺妓们高高的发髻前后，十有八九要插上硕大的梳子，作为醒目的装饰。用梳子作为头饰的这样一种风气，早在中国的中唐时代就盛行过，而且一直延续到了宋代。想来，日本女性插梳为饰的时尚，是受到中国影响吧。浮世绘中，日本女性的发髻、双鬓的样式，也与中唐时代中国女性的梳发方式大致相同，这个现象相当让人惊异。根据日本艺术表现来看，《源氏物语》时代的日本贵族女性，发式、头饰自成一路，并没有采取中唐时尚，何以多个世纪之后，日本女性的妆饰忽然重现出唐代中国的头上风光呢？也许，会有了解日本历史的学者可以提供答案。

在唐宋时代，插梳在女性头上"炫"出的一派热闹风光，只能以"奇""怪"二字来形容。这是中唐以后兴起的风气，唐代的壁画、传世绘画等作品，让我们今天可以非常清楚地了解当时这一时尚有多么疯狂。一般是在发髻的正前方一上一下对插两把大梳；也可以在发髻的正后面插一把大梳；还有一种形式，是在发髻正前方的额发上横插一把较大的梳子,然后,在两边对称地各插一把小梳,唐人佚名《宫乐图》中的吹胡笳仕女即是如此。因为普遍流行上下或左右对插两把梳的风气,所以宋代女词人朱淑真一首《鹧鸪天》中会有"垒金梳子双双耍,铺翠花儿袅袅垂"的描写。至于她在另一首《鹧鸪天》中写道:

> 日日楼心与画眉。松分蝉翅黛云低。象牙白齿双梳子,驼骨红纹小棹篦(箆)。

光景大约接近《宫乐图》中的吹胡笳仕女,在额发正中插一把驼骨红梳,两侧对称地各插一把白象牙梳。

《宫乐图》中另一位吹笙的仕女在发髻前一上一下横插两把小梳,在两侧再各插一把小梳,元稹《恨妆成》"满头行小梳"之句,估计也就是指这样一种情形吧。最惊人的是敦煌61窟五代壁画中的贵妇,满头的金雀钗、步摇、长簪钗,同时,还在额发上正中插横一对大梳,在这对大梳两侧,同样地,再一上一下对插两把稍小——仅仅是稍小——的梳子。其中,"曹元忠夫人供养像"行列里的一位(南壁东起第三身),甚至在耳后,还有一把雕花大梳自下向上斜插在发上。看到这样的情景,才能真正体会王建在一首《宫词》里的讲述:

> 玉蝉金雀三层插,翠髻高丛绿鬓虚。舞处春风吹落地,

归来别赐一头梳。

《宫乐图》中的吹胡茄仕女。

当时，地位娇贵的女人真的可以插饰"一头梳"。宋人王谠《唐语林·补遗二》记载了一种更夸张的风气："长庆（821—824）中，京城妇人首饰有以金碧珠翠，笄、栉、步摇，无不具美，谓之'百不知'。"唐穆宗时，长安流行的时尚，是各种珍贵材质的簪、梳、步摇，插满一头，还起了个很特别的名称叫"百不知"。敦煌61窟五代贵妇，现藏大英博物馆的《父母恩重经变相妇人供养者像》等作品中的女性，头上恰恰是步摇、长簪钗、大梳林林总总，对"百不知"首饰风格有极精彩的呈现，显见得"百不知"之风在敦煌之地曾经长久地热炽。

繁华热闹的"百不知"头饰风格。
(《父母恩重经变相妇人供养者像》局部)

在中原地区,"百不知"的风气没有持续多久,渐渐兴起的,是冠子与插梳齐上的"冠梳"组合。顾夐《虞美人》中描写了一位身份暧昧的女道士:

> 少年艳质胜琼英,早晚别三清。莲冠稳篸钿篦横,飘飘罗袖碧云轻,画难成。

按说是出家人,但是她的打扮一点也不清净,头上虽然戴着象征女道士身份的莲花冠,但是冠前还横插着"钿篦",也就是金筐宝钿的插梳。可能正是受道家风气影响,大约从中唐起,女性流行在头上戴各式各样的冠子,这一风气到宋代越演越烈,宋代稍有身份的年轻女性,个个头上戴冠。在戴冠的同时,还一定要用插梳来相配,冠与梳,成了宋代女性头上必不可少的装饰,以致当时干脆用"冠梳"来指称女性头饰。宋代女性的冠子是奇形怪状,插梳则日益变长,形成很独特的一道风景。关于高冠长梳的记载很多,如宋人王栐《燕翼诒谋录》卷四云:

> 旧制,妇人冠以漆纱为之,而加以饰,金、银、珠、翠、采色装花,初无定制。仁宗时,宫中以白角改造冠并梳,冠之长至三尺,有等肩者;梳至一尺。议者以为妖,仁宗亦恶其侈。皇祐元年(1049)十月诏,禁中外不得以角为冠、梳,冠广不得过一尺,长不得过四寸,梳长不得过

> 四寸。终仁宗之世无敢犯者。其后侈靡之风盛行，冠不特白角，又易以鱼魫；梳不特白角，又易以象牙、玳瑁矣。

最高潮的时候，宋代女性头上的冠子可以高达三尺，插梳长达一尺。据南宋人吴自牧《梦粱录》卷十三"诸色杂货"中介绍：

> 若欲唤锢路钉铰、修补锅铫、箍桶、修鞋……接梳儿、染红绿牙梳……修磨刀剪、磨镜，时时有盘街者，便可唤之。

长大的梳子难免容易折断，需要修补、接好；染成红绿色的牙梳、骨梳会褪色，需要重新染色。在宋代的都城中，专门负责接梳儿（《武林旧事》"小经纪"称为"接补梳儿"）、染梳的手艺人，就像补锅匠、磨刀磨剪子的一样，成日在大街上、胡同里转来转去，随时提供服务。由这一点，就可以看出插梳在宋代女性生活中有多么重要的位置。

在元、明时代，插梳渐渐变形，退化成一种插钗，钗头为新月形，依稀保持着梳背的形式，其位置，仍是簪插在"鬏髻"（冠子的变体）之前。入清以后，这一变体形式也被废弃，从首饰中消失。（参见清初人叶梦珠《阅世编》"内装"一节）但是，插梳的流风所及，在很多地方都留下了鲜明的痕迹。比如，著名的福建惠安女的传统头饰就明显带有唐风，发髻正中插红绿塑料梳，即是唐宋插梳风气的留存，而头裹围巾，则是唐代女性外出时披"冪䍠"面巾这一风俗的余韵。另外，苗族等少数民族女性也有头插银梳或其他材质梳子的习惯，应该是受到唐宋插梳时尚的影响。

插在髻后的长梳。（江西景德镇市郊宋墓出土女瓷俑）

二

插梳除了可以在样式、长度方面一较高低之外，主要依靠材料的华贵来争强斗胜。最有富贵气息、最绚丽耀目的，当然要算唐代的"金筐宝钿梳掌"。（参见"宝钿与金粟"一节）另外，不带宝钿装饰的纯金梳也在高档精品之列：

> 花花，满枝红似霞。罗袖画帘肠断，卓香车。回面共人闲语，战篦金凤斜。惟有阮郎春尽，不归家。（温庭筠《思帝乡》）

一辆华车辘辘驶过，车帘开处，显露出车中女性的形象，只见她转过脸与什么人说着话，头上斜插的凤纹金梳一颤一颤，闪着光芒。雕饰凤纹的插梳在当时一定非常流行，唐人吴融《和韩致光侍郎无题三首十四韵》之一中，也有"篦凤金雕翼，钗鱼玉镂鳞"之句。温庭筠《归国遥》中称："小凤战篦金飐艳。"再次强调，这种雕纹精美的金质小梳，插在发上，会不停地颤动，闪光。江苏扬州三元路唐代窖藏中出土的一件晚唐"金錾花篦"，应该就属于温词中所写的对象。

这件"金錾花篦"，通体是用一块金片做成。工匠先把金片剪制出梳的轮廓，再剪出梳齿，然后，在半圆形的梳背上镂刻出繁密精细的花纹，包括一圈缠枝梅花与蝴蝶相间纹样、一圈鱼鳞纹等，中央的主纹则是在缠枝卷叶纹中雕一对吹乐的飞天。整个梳背的花纹全部镂空，效果仿佛剪纸纹样，显得纤巧轻盈。这种故意做得尽量薄而轻的金梳，插在发上，大约会颤动而闪光。

唐代金錾花篦。（江苏扬州三元路唐代窖藏出土）

《花间集》中,当时贵重插梳的几种材质都被谈到,如玉梳:

镂玉梳斜云鬓腻,缕金衣透雪肌香,暗思何事立残阳。(李珣《浣溪沙》)

唐代玉梳的实物也屡有出土,如故宫博物院藏一件唐代青玉双鸟纹梳,在弧形梳背上透雕一带花草与双鸟纹,可见,玉梳也追求轻巧玲珑的风格。另外,王处直墓中出土有一把玛瑙梳残件,大约各类美石在当时都得到了充分的开发,用以制作出更珍贵、更出奇的插梳。

在金、银、玉梳之外,最流行的还有"犀梳"与"象牙梳"。如李珣《南乡子》描写江南民女的打扮:

拢云髻,背犀梳,焦红衫映绿罗裾。越王台下春风暖,花盈岸,游赏每邀邻女伴。

据孙机先生研究,古代的中原地区原本生有犀牛与象,但是,二者在战国时代就已灭绝。因此,唐人使用的犀角,全部靠从南诏、安南,乃至印度、非洲等地输入。好犀角制作的日用器皿、装饰品,在当时都被视为珍物,价值珍贵,因此,作为头饰的犀梳也非常受追捧。据说,犀角中质量比较好的是"水犀",于是杜牧《张好好诗》中有"主人再三叹,谓言天下殊。赠之天马锦,副以水犀梳"之句,说张好好的歌声实在动人,以致主人不惜出大手笔做酬谢,赠给她贵重的天马锦、水犀梳。

弯弯的犀角,如何能制作成梳子?唐人段公路《北户录》卷一"通犀"条中的一段文字解开了谜底:

> 今广州有善理犀者,能补白犀,补了,以铁夹夹定,药水煮而拍之,胶为一体。制梳掌,多作禽鱼随意。匠物论其妙,至于铸玉者,方之蔑如也。

"白犀"究竟为何物,还有待研究。《东观汉记》云:"(东汉章帝)元和元年,日南献白雉、白犀。"似乎中南半岛所产的犀角,被专门命名为"白犀"。在唐代,广州有善于制犀角器的工匠,能够把"白犀",也就是中南半岛产的犀角,用特殊的工艺进行加工。其大概的方法是,设法把犀角的碎片拼补在一起,然后用铁制的模范把犀角夹在当中,放在特殊的药水中煮。(推测起来,在这道工序之前,想必还有一道工序——把犀角切割成片。)经过这样的处理,犀角片会变软、变得黏稠,不仅碎片可以胶在一起,而且还会顺着铁模的形状,形成器物造型,并且在表面呈现浮雕式的花纹,待冷凝之后,就固定为人们所预设的器型、纹样。

由此,唐代文献中的一些相关现象也就不再让人困惑了。

比如，五代冯延巳有一首很"三级片"的《贺圣朝》：

> 金丝帐暖牙床稳，怀香方寸，轻颦轻笑，汗珠微透，柳沾花润。云鬟斜坠，春应未已，不胜娇困。半欹犀枕，乱缠珠被，转羞人问。

写云雨之欢中的女性，半倚"犀枕"，被子也胡乱缠在身上。"犀枕"与"珠被"相对，似乎都是华饰之词，并非实指。但是，那一时代医书中却一再强调犀角枕的好处，如相传晋人葛洪所著的《肘后备急方》中，"辟魇寐方"，也就是防止做噩梦影响睡眠质量的方子，其一为："又方：作犀角枕佳，以青木香内枕中，并带。"认为犀角枕可以有效地防止做噩梦，如果在枕中放一些青木香，效果更好。《太平广记》卷一九五"豪侠"之《红线传》中则描写，田承嗣夜晚睡觉的时候，是"头枕文犀"。文学描写显然建立在一定的事实依据之上，根据《北户录》的记载，在唐代，把犀角重新处理，加工成犀角贴面的硬枕，并非不可能完成的任务。

《北户录》特别指出，犀角的这一加工方式尤其适合于制作犀梳，可以利用铁模，在犀梳背上随意制作出各种禽、鱼造型的浮雕花纹，所以说，"制梳掌，多作禽鱼随意"。这一工艺的高妙，在当时人看来，比造假玉的技艺还显得神奇。但是，犀角贵重，价值不菲，何以李珣《南乡子》中写民女打扮，也能个个头戴犀梳？《北户录》接下来如是说：

> 又有裁龟甲或觜蠵，陷黑玳瑁为斑点者，亦以铁夹煮而用之，为腰带、衬叠子之类，其焙净，真者不及也。

当时还流行制造仿犀角器，其方法与制犀角器的工艺相同，但材料发生了变化：用南方产的大龟甲与黑玳瑁代替昂贵的犀角。把大龟甲切成小片，在龟甲片上嵌入一点点的黑玳瑁，形成黑斑花纹，然后，用铁模夹住，放在特制的药水中煮，使得龟甲、玳瑁变软，彼此黏合，并按照铁模内的范样，形成表面有浮雕花纹的器物造型。文中介绍说，当时常用这种方法制作腰带、碟子等用具，其明净的质地效果，比真犀角器还要讨人喜欢。

从这一介绍，我们才知道，唐代时兴仿造假犀角器，大量的所谓犀角器，其实是利用龟甲、玳瑁仿真而成。这些仿犀器，无论在外表上，还是花纹上，其实都比真犀器更漂亮悦目。从花纹角度来说，把黑玳瑁嵌到龟甲上，在淡色地上形成点点深色斑纹，当然显得生动，然而，真犀角本身其实并无这样丰富活泼的纹路变化。唐人刘恂《岭表录异》中把这一工艺介绍得更为详细：

> 觜蠵者，俗谓之兹夷，乃山龟之巨者，人立其背，可

> 负而行。产潮循山中，乡人采之，取壳以贷。……广州有巧匠，取其甲黄明无日脚者（甲上有散黑晕为日脚矣），煮而拍之，陷黑玳瑁花，以为梳篦杯器之属，状甚明媚。

介绍了完全相同的工艺，而直言这一工艺用于制造"梳篦杯器之属"。在唐人佚名《捣练图》中，忙碌中的女性们，个个头上插梳。其中，戴在正面或两鬓的梳子，或是梳背部分，或是梳齿部分，呈现为淡黄色，其上布满点点黑斑。这种颜色与纹样看去实在不像犀角，但却符合"取其甲黄明无日脚者"，"陷黑玳瑁花"这一记载。根据《北户录》《岭表录异》的记载，《捣练图》中的这些带点点黑斑的插梳，只能是以龟甲镶嵌玳瑁而制成。《北户录》说，如此的制品，"真者不及"，真犀角器反而比不上其可爱美观，说得很明确，在唐人观念中，用龟甲嵌玳瑁而成的各种制品，都被归为仿犀角器。因此，《捣练图》中的黑斑梳，正是当时人所谓的"犀梳"，实际是仿制的假"犀梳"。唐代女性戴"犀梳"的情景，在这里得到了实实在在的展现。

真犀角加工而成的插梳当然最珍贵，但是，如此的奢侈品实在不是大多数女性可以梦想的。于是，仿制的犀梳就大行其道，如《捣练图》中所示，唐代女性头上的犀梳，真正以犀角制成者很少，大多均为美丽的仿制品。

时尚的变化真是令人感慨。在汉晋时代，南海出产的玳瑁珍贵而又时髦，用玳瑁制作的首饰等奢侈品，属于最贵重、最

插在髻前的"犀梳"。(唐人佚名《捣练图》局部)

高档的精品之列。一位汉代女性会这样表达自己的感情:

> 何用问遗君?双珠玳瑁簪,用玉绍缭之。(《有所思》)

玳瑁首饰在汉代人的心目中地位非常之高。但是,随着中外贸易的逐步开拓,入唐以后,犀角身价尊贵,玳瑁的声势却衰落许多。反映在女性时尚上,玳瑁首饰彻底失宠,真玳瑁竟沦落为制造假犀梳的材料。有趣的是,《北户录》中直言,假犀角器往往并不像真品,而是比真品更花哨、好看。《捣练图》中那些带点点黑斑的淡黄色"犀梳",也确实远离了犀角的色泽与纹路。根本不像真品,却非要顶着"犀梳"之名,这反映了很特殊的一种心理:犀角在唐代被捧到了非常高的地位,为了赶时髦,真假"犀梳"盛行不衰;为了美观,人们却又一味追求把假犀梳制作得纹路鲜明,色彩可爱,以致偏离了原品的风貌。类似的唐代实物,近年也有出土。如陕西长安县风雷仪表厂唐墓中出土的三件唐梳,目前定名为"角篦",以为是动物角雕琢而成。这三件唐梳的材料为角质物是无疑的,但是,按照唐代文献的记载,这类梳篦多半是龟甲制成,而非"动物角"。并且,三件梳极其薄而平整,似乎"以铁夹夹定,药水煮而拍之,胶为一体"的工艺处理,才能让龟甲或说"动物角"变得如此扁平。梳背上的浮雕花纹,看去也不像雕琢而成,而像是用花模("铁夹")压制出来的。其中一件的梳背上满布微微凸起的

唐代"犀梳"，实为龟甲等材料仿制而成。
（陕西长安县风雷仪表厂唐墓出土）

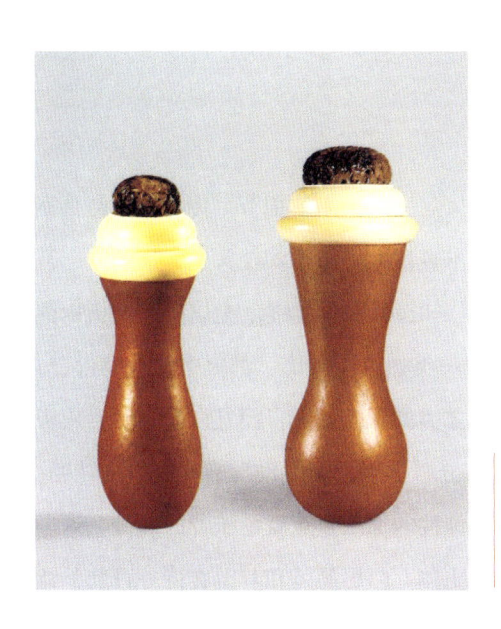

古老的玳瑁加工工艺一直传习到近代，蛐蛐葫芦盖上的"蒙心"，就是这一工艺制成。

波浪纹，浪中是一对水禽在容与嬉戏，恰恰符合"制梳掌，多作禽鱼随意"的记述。因此，这三件梳，应该就是唐代最流行的仿制"犀梳"，是《北户录》《岭表录异》中所记制犀、仿犀工艺的实物遗存。

至于利用玳瑁等"以铁夹夹定，药水煮而拍之"的工艺，实际上一直在延传、发展。例如清代以来的蝈蝈葫芦，其盖上的"蒙心"，有一种就是以玳瑁为料，加工成穹形，并雕镂出极精美的镂空花样，所采用的工艺，正是唐代制犀、仿犀技术的进一步精深化。

三

在这里还可以顺便搞定一个小小的细节。传世绘画与墓室绘画、陪葬俑等各种艺术表现中，唐宋女性头上所带的梳，都不带握把，不是"把梳"。也就是说，插梳，是以梳背与梳齿两部分组成。而金筐宝钿一类的繁复装饰，都集中在梳背部分；梳齿细长，很难做镶嵌之类的深度加工，而且在插戴时，梳齿会被插入头发里，大部分看不到，所以也没必要搞得太花哨。因此，插梳上，最具装饰性的加工重点就是梳背的部分，这里也是最吸引眼光的首饰主体。白居易《和梦游春诗一百韵》诗云"梳掌金筐甓",其意是说"梳掌"上有金筐宝钿的装饰,那么,根据实际情况得出的合理解释就是,所谓梳掌,就是今天我们所习惯称呼的"梳背"。《北户录》云"制梳掌,多作禽鱼随意",正如陕西长安县风雷仪表厂唐墓中出土唐梳实物所展示,禽鱼一类的主题性花纹,只可能在梳背上制作。犀梳作为当时女性最流行的头饰,当然都是不带握把的。实际上,汉唐梳出土实物中,似乎还没见到带有侧出握把的类型。所以,这里说的"制梳掌",也只能是指制作插梳的梳背。欧阳修《南歌子》中有句:"凤髻金泥带,龙纹玉掌梳。"描写女性的头上风光:造型奇特的发髻用金泥发带来束住,还点缀着插梳,梳的样式是"龙纹玉掌",显然,这是指雕有龙纹的玉梳背。

梳掌曾经是长期流行的习惯叫法,《齐民要术》中引韦诞《笔方》,就有"皆用梳掌痛拍,整齐毫锋端"之句,凭生活经验,我们猜得出,这里的意思是说,把梳子反过来,用梳背的边缘用力拍打兔毫和羊青毛,使它们整齐。所以,贺若氏墓、何家村窖藏出土的金梳背,按照它们当初面世之时的叫法,应该被称作"金筐宝钿梳掌"。

唐人喜欢描写女性头上插梳的贵重与俏丽,就不免屡屡涉及梳掌,如和凝的一首《山花子》,通篇都在描写一位艺妓打扮,其中有云:

莺锦蝉縠馥麝脐,轻裾花草晓烟迷。鹦鹉战金红掌坠,

> 翠云低。

"鸂鶒战金红掌坠",很容易让人误会为描写水禽。"鸂鶒战金",写水鸟的羽毛闪着金光;"红掌坠",则为鸂鶒的红掌在拨水,即"红掌拨清波"之意。但是,如果这样理解的话,整首词的意思就讲不通。联系上下文意,此处这句应该是写女人的首饰,"鸂鶒战金"是说水鸟造型的钗头花不停轻颤,闪着金光;"红掌坠"则指红色象牙梳倒插在发上,倾侧之势,仿佛随时会滑坠。对此,可以参考敦煌61窟五代壁画南壁东起第三身的贵妇形象("曹元忠夫人供养像"行列),这位夫人的耳后,很俏皮地插了一把特大的雕花梳,梳上镶有绿松石一类的宝石,自下向上,反插在发上,看去欲坠不坠,别有情致。

和凝以"梳掌"之"掌"来指代"梳",还有一例,见于他的一首《宫词》作品,描写深夜时分,一位宫女为妃嫔梳理头发:

> 鱼犀月掌夜通头,自著盘莺锦臂韛。

梳掌多呈半月形,所以,诗词中往往以月喻梳,如毛熙震《酒泉子》中有"月梳斜,云鬓腻"这样的形容,"月掌",当然就是指半圆形梳掌。至于所谓"鱼犀",大约是因为当时的真假犀梳都是"制梳掌,多做禽鱼随意",犀梳掌上往往带有鱼纹,所谓"梳文解卧鳞"(吴融《和韩致光侍郎无题三首十四韵》之

簪、梳、步摇、金翘等插满一头,把"百不知"风尚进行到底,耳后还要倒插一把大雕花梳。(敦煌61窟五代壁画《曹元忠夫人供养像》局部)

二），因此就把带鱼纹的犀梳称为"鱼犀"。"鱼犀月掌"，就是一把梳掌半圆形、带模压鱼纹的犀梳子，宫女用它来为尊贵的皇妃梳理头发。

由此可以推知，当诗人偶尔只提"鱼犀"时，是以这一简称来指代当时最流行的犀梳：

再整鱼犀拢翠簪，解衣先觉冷森森。

韩偓的这首《咏浴》想象赵合德入浴时的情态，但是把唐代的流行派到了这位汉代美人身上，说，赵合德入浴前，先整理一下头上的犀梳和翠簪，用这两样首饰把头发绾好。

四

《燕翼诒谋录》中谈到宋代插梳材料的奢侈："梳不特白角，又易以象牙、玳瑁矣。"《梦粱录》"铺席"一节，记录南宋临安著名的店铺中，有"官巷内飞家牙梳铺"；《武林旧事》"小经济"一节则列有"牙梳"一项。象牙梳在首都临安有著名的专卖店，还成为一个独立的手工业行当。

其实，早在唐代，象牙梳就是最热门的品类之一。毛熙震

《浣溪沙》写道：

> 慵整落钗金翡翠，象梳欹鬓月生云，锦屏绡幌麝烟薰。

象牙梳斜插在美人的乌黑鬓发上，就像是半轮明月冲破暗夜的云影。象牙当然可以保留本色，也就是白色，所谓"象牙白齿双梳子"。但是，唐宋时的时髦风气，是把这些象牙梳染成红绿等颜色，还要雕刻出花纹。《清异录》"装饰"中，"绿牙五色梳"条云：

> 洛阳少年崔瑜卿多贵，喜游冶，尝为倡女玉润子造绿象牙五色梳，费钱近二十万。

一把精工制作的象牙梳竟然费钱二十万，真的很夸张。这把梳子是染成绿底色，上面还要用多种色彩的花纹进行装饰。故事也许有所夸张，但是，把象牙染绿或染红，确实是当时的流行风气。《梦粱录》"诸色杂货"中提到，当时，"染红绿牙梳"的匠人就在临安的大街小巷中走动，随时准备为女顾客的牙梳上色（《西湖老人繁胜录》"诸行市"中，此一染梳行业被称作"染红牙梳"；《武林旧事》"小经济"中则称为"染梳儿"），说明象牙梳往往也染成红色。《捣练图》中，仕女们都是在正面或双鬓上插犀梳，而在发髻的正后面、髻根处紧插一枚红梳，这红梳

插在鬓后的红象牙梳。(《捣练图》局部)

给象牙染色的工艺在后世越来越精湛,这座水仙盆景为清宫中的陈设品,条条绿叶就是象牙染绿而成。

显然正是"红牙梳"。王建《宫词》:"家常爱著旧衣裳,空插红梳不作妆。"所言者也当是染成红色的象牙梳。从朱淑真《鹧鸪天》"驼骨红纹小棹篦(篦)"一句来看,由于象牙造价昂贵,因此,用驼骨等动物骨仿造象牙梳,并且加以染红、刻花,也是民间想出的一种对策。

象牙染色后,再在其上用刻线的方式,镂刻出花纹,是唐代很重要的一项工艺,叫"拨镂"。至今,日本正仓院还保留着唐代的绿牙拨镂尺。唐人陈陶《西川座上听金五云唱歌》中描写一位"旧样钗篦浅淡衣"的歌伎,她的"低丛小鬟腻鬖鬖"上,是"碧牙镂掌山参差",不难理解,这是指染绿的象牙梳,梳掌上拨镂有参差的山峦之纹。

在唐代贵族生活中,有很多染色、镂花的小件象牙制品。如唐人段成式《酉阳杂俎》卷一记载,唐中宗景龙年间(707—710),"腊日,赐北门学士口脂、蜡脂,盛以碧镂牙筒"。皇帝赏赐给重臣冬天的护理美容用品口脂、面脂,是盛装在染绿、镂花的象牙筒中。象牙染成绿色或其他色彩所作的工艺品,至今在日本正仓院保留了不止一件。例如其中一件木画紫檀双陆棋盘,在紫檀的木面上,用黄杨、黑檀、象牙、鹿角等镶嵌出精致的小花,花蔓上的片片绿叶,正是象牙染绿而成。

同样的实物,在中国本土也有珍贵留存。新疆阿斯塔那206号唐墓出土的一件双陆木棋盘,与日本正仓院所藏木画紫檀双陆棋盘形制非常接近。棋盘面上布满象牙镶嵌的花纹,其中部分嵌纹呈现为鲜碧的绿色。一些相关书籍在介绍这件棋盘的时候，往往把这些绿色的嵌件称为绿松石，这种解释难以服人。在这件棋盘上，以及出于同一墓葬的一件木质琴几上，花纹上的绿叶都带有晕染效果，叶的边缘最为鲜碧，渐渐变淡，直至叶中央，完全过渡成白色（实际就是象牙或骨片的本色）。绿松石好像都是通体绿色，不会有浓淡变色的情况。棋盘、琴几上由绿变白的镶嵌叶纹，应该是用象牙或骨片雕刻成相应的形状，再施以染绿工艺而成。另外，棋盘、琴几上的绿色嵌件，局部有剥落、褪色的情况，而绿色剥落的地方，恰恰显示出象牙、骨片的本底。何况，日本正仓院所藏唐代木画紫檀双陆棋

| 木画紫檀双陆棋盘。（昭和时代仿造）

盘上，有完全一样的染绿叶纹，即为象牙染绿而成，其中部分绿叶同样呈现为深浅变化的晕染效果。因此，新疆阿斯塔那206号墓出土的双陆木棋盘、木琴几，与日本正仓院所藏木画紫檀双陆棋盘等器物一道，保留了唐代象牙染色工艺的真实风貌。昔日那盛有口脂、面脂的"碧镂牙筩"，那"碧牙镂掌山参差"的翠碧象牙梳，由此都变得触目鲜明，具体可感。

新疆阿斯塔那206号唐墓出土双陆木棋盘。

双陆木棋盘局部。

犀梳与牙梳 / 379

| 新疆阿斯塔那 206 号唐墓出土琴几。

| 琴几局部。

参考文章：

《中国古代服饰研究》"唐张萱捣练图部分""宋瑶台步月图""宋墓壁画梳妆和宴饮"三节，沈从文编著，上海书店出版社，1999年，273、364—365、372—373页。

◆ 金泥衣 ◆

一

在《花间集》中,"金泥"与"金缕"比较频繁地被提及,显示这两项手法是那一时代豪华服饰上最常见的装饰形式。如魏承班《菩萨蛮》描写一位艺妓当席献歌的情景:

> 罗衣隐约金泥画,玳筵一曲当秋夜。声颤觑人娇,云鬟袅翠翘。

在她所穿的罗衣上,有金泥花纹,在灯光中隐映不定。牛峤《菩萨蛮》则写道,艺妓的舞裙上有金泥的凤纹:

> 舞裙香暖金泥凤,画梁语燕惊残梦。

根据唐人诗篇来看,以金泥装饰艺妓的舞蹈服装,是很流行的风气,如孟浩然《宴张记室宅》:

> 玉指调筝柱，金泥饰舞罗。

此外，银泥也常用于表演服装，白居易的诗作中，就屡屡提到银泥舞衣，如其《看常州柘枝赠贾使君》一首：

> 莫惜新衣舞柘枝，也从尘污汗沾垂。料君即却归朝去，不见银泥衫故时。

有趣的是，他有一首《刘苏州寄酿酒糯米，李浙东寄杨柳枝舞衫，偶因尝酒试衫，辄成长句寄谢之》，两位朋友，一位赠送给诗人酿酒原料，另一位送给他表演《杨柳枝》舞的专用舞服，诗人专门作诗答谢：

> 柳枝谩蹋试双袖，桑落初香尝一杯。金屑醅浓吴米酿，银泥衫稳越娃裁。舞时已觉愁眉展，醉后仍教笑口开。惭愧故人怜寂寞，三千里外寄欢来。

朋友赠给白居易的《杨柳枝》舞衣，是"银泥衫"。如此的现实情况，让诗人发挥唐代官员饯别这一题目时，下笔特别有底气，那铺排出来的场面，宏大得吓人：

> 银泥裙映锦障泥，画舸停桡马簇蹄。清管曲终鹦鹉语，

> 红旗影动骎駊嘶。(《武丘寺路宴留别诸妓》,一作张籍诗《苏州江岸留别乐天》)

起首一句就华丽无比:艺妓们纷纷应约骑马而来,搭在马腹两侧的绚丽五彩锦障泥,映衬着她们布满银泥画纹的长裙。

当然,金泥、银泥不仅用于表演服装,也是豪华女服上最常见的装饰,如唐人李德裕《鸳鸯篇》:

> 洛阳女儿在青阁,二月罗衣轻更薄。金泥文彩未足珍,画作鸳鸯始堪著。

《太平广记》"许老翁"中有一个细节,说唐代天宝年间,"益州士曹柳某妻李氏"在准备参加节度使夫人召集的宴会时,"着黄罗银泥裙、五晕罗银泥衫子、单丝罗红地银泥帔子,盖益都之盛服也",一身衣裙,包括帔子,都采用银泥装饰,像这样全套服装都利用银泥花纹来增色,在当时的川中是公认最华贵的服装。

金泥,是指把黄金打成极薄的金箔,再经特殊工艺处理,研成极细的金粉,然后利用特制的胶剂,在器物、服饰上呈现花纹。(参见《髹饰录解说》,王世襄著,文物出版社,1983年,78页)从唐诗中可以看出,金泥工艺在当时广为运用,比如圣旨、诰命书上都用金泥:

金泥衣 / 385

> 金泥照耀传中旨，玉节从容引上台。(薛逢《宣政殿前陪位观册顺宗宪宗皇帝尊号》)
>
> 弘农旧县授新封，钿轴金泥诰一通。(白居易《妻初授邑号告身》)

此外，屏风上也使用金粉，也就是金泥工艺：

> 金粉小屏犹半掩。(顾敻《玉楼春》)

这种金泥装饰的屏风，到了宋代也还流行：

> 深坊别馆兰闺小，障掩金泥。(贺铸《醉梦迷》)

在唐代，用金泥装饰团扇的做法也已经普遍：

> 金泥小扇谩多情。(张祜《赋得福州白竹扇子（探得轻字）》)

金泥工艺在唐代的重要性，通过一条史料表现出来：在安史之乱中，唐肃宗初登位不久，就曾特意下诏："禁珠玉宝钿、平脱、金泥、刺绣。"(《新唐书》"肃宗纪")当然，这类官方措施从来没有真正起过作用。

在织金锦发达之前，金泥、银泥与金线绣、银线绣一样，是在服饰上制造金银色效果的重要手段。《玉台新咏》中有梁朝吴均《秦王卷衣曲》：

咸阳春草芳，秦帝卷衣裳。玉检茱萸匣，金泥苏合香。初芳薰复帐，余辉耀玉床。当须朝宴罢，持此赠华阳。

整首诗就是在描写一件金泥花纹的华丽衣裳。春天来了，到了衣服换季的时节，这件衣服被从衣箱中取出。在箱中藏了一冬，经过带有苏合香成分的浥衣香的长久熏染，一旦被放在床上，衣上的香气就充盈了床帐，而金泥花纹的隐约闪光也让床席生辉。如此看来，在南北朝时期，金泥衣就非常流行了。

二

"罗衣隐约金泥画""金泥文彩未足珍，画作鸳鸯始堪著"以及"艳带画银络"（温庭筠《鸿胪寺有开元中锡宴堂,楼台池沼，雅为胜绝。荒凉遗址，仅有存者。偶成四十韵》），显示唐代服饰上的金泥花纹有可能是采用"画"的方式而成。据王世襄《髹饰录解说》（文物出版社，1983年），1966年在浙江瑞安

金泥衣 / 387

县惠光塔发现的宋代经函，内函、外函上都带有金笔描成的佛像、飞天、花鸟等图案，"金笔似用金粉调胶直接画成，与一般画本相同"（117页）。如此说来，在唐宋时代，金泥工艺，确实有可能是利用金粉与胶调成金泥，然后由工匠用笔蘸金泥，像作画一样描绘出图案。

这不奇怪，在印染工艺不发达的时代，用笔在织物上画出纹彩，是很流行的方式。到了唐代，虽然印染工艺已经相当成熟，但用笔蘸颜彩在织物上画花纹的做法也仍然存在。因此，利用金泥在服装上画衣纹，是很自然的一种选择。据介绍，法门寺出土唐代服装、织物中，就有"描金"衣饰，也就是金泥衣的残件，只可惜目前还看不到进一步的研究资料。另外，新疆阿斯塔那唐墓出土的一段"天青色敷金彩轻容"纱，是在轻纱面上印出六瓣花朵的红色花纹，然后，在其中饰以点点金色花蕊，看去像是金泥粘印而成。

唐代天青色敷金彩轻容纱。（新疆阿斯塔那唐墓出土）

宋代泥金印花填彩菊花纹花边。（黄升墓出土）

宋代泥金印花填彩芍药灯球纹花边。（黄升墓出土）

福建南宋黄升墓中，出土的花边——"领抹"——采用了多种加工工艺，其中两种情况都涉及用金泥显花的情况。一种是，用凸纹版蘸上涂料色浆，在织物面上印出各种图案的底纹，然后用画笔蘸颜料在这些底纹上描绘出细节，使得图案变得生动具体，最后，以金泥勾勒花瓣、叶脉或轮廓线，起画龙点睛的作用。（《福建南宋黄升墓》，115页）

还有一种"色胶描金印花"，是采用了镂空印花工艺。其使用的印刷版不是凸纹版，而是镂空花版。把镂空花版平铺在丝织物上，向有镂空花纹的部位涂刷色浆，移去花版之后，丝织物上就形成了彩色花纹，然后，在花纹边缘加以描金勾边。（《福建南宋黄升墓》，127页）

不过，从今天所见的出土实物来看，到了宋代，用金泥在衣服上画花的方式远不是主流，金泥工艺实际上与印染技术的发展紧密相连，共同进步。还是以黄升墓出土服装为例，其中使用金泥的比例不小，但是以"泥金印花"为主：

金泥衣　/　389

> 泥金印花是在阳刻图案的纹版上，蘸上调制的泥金，然后在上过薄浆熨平的丝织物上直接印出花和叶子的边廓。然后叶内再填彩，则成为印金填彩的花纹。有56件袍、衣、裙的花边，是用这种泥金印花方法制作的。印金花纹有荷花、茨菰、白萍、牡丹、芍药、梅花、月季、蔷薇、卷草、芙蓉、菊花、浮萍、百合、山茶、桃花、梨花、缠枝花、香串流苏、绣球飘带、鱼藻等。出土呈色：花全金，色泽明亮；叶填彩，多为灰蓝色。（《福建南宋黄升墓》，122页）

从以上这三例具体工艺，我们或可体会"金泥文彩未足珍，画作鸳鸯始堪著"的含义。诗人在这样的细节上，也不是随便说着玩的。如果衣服上仅仅是成片金泥形成的光闪闪的图案，还不能让诗中少女满意。要由工匠在衣服上，结合着金泥工艺，用画笔蘸颜彩仔细画出生动的鸳鸯形象，她才肯把衣服穿上身。黄升墓出土服装告诉我们，诗人在这里没有进行什么夸张，仅仅是道出了古代贵族生活的常情。

更让人感慨的是，唐宋是罗最盛行的时代，罗衣成为衣料的主流。黄升墓服饰中，罗料占了一半稍多，正反映了如此的历史事实。这些罗衣上金光闪烁的花边，让"越罗冷薄金泥重"（李商隐《燕台四首·秋》）这样的句子也不再显得遥远。

黄升墓出土服装的一个特点，是这些金泥、贴金装饰，都集中在长长的"花边"（宋时称为"领抹"）上。在上衣的领、

在宋代女服上,两襟是装饰的重点,往往用金箔、金泥、金线来形成花纹,效果辉煌。(福建崇安宋墓出土)

遍体饰以金泥花边的宋代女礼服"大衣"。(黄升墓出土)

金泥衣 / 391

襟、袖缘及下摆边缘、甚至胁下开衩的两侧,裙的边缘及裙衩边缘,都缝镶着金闪闪、五彩绚丽的花边。按照传统裁剪衣料的形式"正裁法",衣料对折形成上衣的前幅与后幅,然后,在前幅、后幅上直接裁出衣襟与双袖的形状。这样,双袖会在袖筒的正下方有一道接缝,必须加以缝合。黄升墓所出的几件正式礼服——大衣上,在一双大袖的下侧缝合处,也镶有一道金色花边,用以掩饰接缝。由于古代织机的织幅比较窄,衣料的横幅宽仅够两袖的一半长度,因此,两只袖子都必须另接一段衣料,才能形成足够长的完整衣袖。在这几件大衣上,袖筒半中间的这一接缝处,也饰有一道金色花边。宋人叶隆礼有一首《渔家傲》,描写一位"春入桃腮生妩媚,妆成日日行云意"的美女,其中形容她的首饰、服装是:

玉碾鸾钗珠结桂,金泥络缝乾红袂。

"乾红袂",就是大红色的衣袖,以"金泥络缝",这显然正是黄升墓大衣的大袖装饰方式。五代李存勖有《阳台梦》云:

薄罗衫子金泥缝,困纤腰怯铢衣重。

李清照《蝶恋花》也有"乍试夹衫金缕缝"之句。"金泥缝""金缕缝"何意,似乎不好理解。根据黄升墓出土实物,以及"金泥络缝乾红袂"的描写，可知这是指上衣的衣衩、袖口等处所镶缝的道道金泥、金线绣花边，而尤其是指袖子的两处接缝用金色花边来装饰。

搞清此般细节并非没有意义，我们可以更好地领会唐诗宋词的意味。如毛滂的一首《生查子》：

钗上燕犹寒，胜里红偏小。
恰有尔多春，不许群花笑。
酒面粉酥融，香袖金泥罩。
芳意已潜通，残雪犹相照。

词中描画了一位宋代美人，当立春之日，她头上簪了飞燕，还簪了成簇的缤纷花胜，在百花开放之前，就用应节头饰塑造出人工的春光。宴会上，她因为饮了些酒，脸颊泛热，升起红晕；双袖散着香气，且用金泥花边编饰袖口与接缝，华光流烁。词人

这位女演员的上衣、两襟、袖口都闪烁着金色花纹，展示了此类服饰实际穿在身上的情形。（宋人佚名《杂剧图》局部）

金泥衣 / 393

感慨，尽管天气尤寒，处处是残雪映着阳光，但是，庆贺立春的宴会，以及宴会上的美人，都替花光灿烂的日子做了路演。

三

让人惊异的是，在宋代，织金锦技术已经完全成熟，但是，金泥饰衣的风气仍然如此盛行，说明这一装饰手法有着异常的生命力。《宋史》"舆服志"中一再限制、禁绝金泥——在宋代称为"泥金"——饰衣风气的诏令，恰恰从反面印证了黄升墓出土服饰所代表的实际情况：

> 端拱二年，诏……其销金、泥金、真珠装缀衣服，除命妇许服外，余人并禁。
>
> 大中祥符元年，三司言："窃惟山泽之宝，所得至难，傥纵销释，实为虚费。今约天下所用，岁不下十万两，俾上币弃于下民。自今金银箔线，贴金、销金、泥金、蹙金线装贴什器土木玩用之物，并请禁断，非命妇不得以为首饰。冶工所用器，悉送官。"从之。
>
> （大中祥符）二年，诏申禁熔金以饰器服。
>
> （大中祥符）八年，诏："内庭自中宫以下，并不得销

金、贴金……泥金……金线捻丝装著衣服,并不得以金为饰。……"

甚至在辽金贵族墓中,织金锦服饰已经占据主要位置,金泥服装也仍然时有出现。例如,金齐国王墓中出土的一条"印金缀珠腰带",在腰带的两端印有繁密的金泥牡丹卷草花纹,视觉效果辉煌。此外,该墓出土的一条"棕褐罗团云龙印金大口裤",整件裤料表面均匀地布满了金泥印成的团云龙纹。黄升墓出土的服饰,金泥、贴金装饰都拘缩在花边上,但印金大口裤的风格却与之不同,匀布裤面的金泥团纹显得更加奢侈。在一卷南宋佚名画家的《歌乐图》中,乐妓们的长背子上都匀布着金黄色小团花,与印金大口裤的装饰手法完全一致,应该说,画中表现了宋代更为奢侈的一类金泥衣的形象。

从唐诗中的描述来看,唐代的金泥衣绝不像黄升墓服装那样拘谨,而是华丽奔放,采用印金大口裤、《歌乐图》那样遍衣金花的形式:

惆怅金泥簇蝶裙,春来犹见伴行云。(京兆韦氏子《悼妓诗》)

在著名的《韩熙载夜宴图》中有两座气派的大床帐,帐帷长垂至地,其上布满了金泥小团花(原画上,这些小团花纹看

去就是用金泥绘成)。宋人高观国一首《浣溪沙》中描写当时富贵人家的室内景象:

遮坐银屏度水沈,障风罗幕皱泥金。

写道,当时挂在轩堂中的挡风帷幕采用金泥装饰,其风采大约与《韩熙载夜宴图》中的帐帷相去不远。这帐帷上的金泥团花,风格与印金大口裤、《歌乐图》都非常接近,如此在面料上均匀印满金泥小团花,应该是宋代丝织物使用金泥装饰的流行方式之一。《韩熙载夜宴图》中的帐帷,在金泥团花周围,还显示有

| 唐代橙黄色蓝色印花印金绫。(青海都兰吐蕃三号墓出土)

唐代，用金线来织锦，这一高级工艺已经相当成熟。织金锦在入元以后大行其道，使得贴金、金泥手法在服饰上失去了地位。（青海都兰唐墓出土）

彩色印染团花纹，采用了"套印"工艺，显得更为精致。如此的工艺处理，在宋代想必也是现实一种。

金泥、银泥用于床帐、门帘、帷幕等"居室挂饰"，在唐代也是非常普遍的情况。如顾敻《虞美人》："晓莺啼破相思梦，帘卷金泥凤。"门帘上装饰有金泥凤纹，清晨来临，这凤纹也随着门帘一同被卷起。牛峤《菩萨蛮》讲述，当时艺妓们的乘车也挂着金泥凤纹的门帘，词人在一条春光晴好的街道上，就撞见了这么一辆香车：

> 柳花飞处莺声急，晴街春色香车立。金凤小帘开，脸波和恨来。

不知是有意还是无意，那金凤纹的小车帘忽然打开了，车中人的如花容颜一闪而过，让词人又生出一番相思、一番惆怅。

金泥在研制、使用过程中，损耗的比率相当之高，所以，一再被官方视作奇巧淫技，试图加以禁止。《宋史·舆服志》中记载大中祥符元年（1008）有关当局（"三司"）的一道建言，倒是说得恳切："窃惟山泽之宝，所得至难，傥纵销释，实为虚费。今约天下所用，岁不下十万两，俾上币弃于下民。……"按照这一官方出具的数字，仅仅民间每年用于各种形式的金饰，所"销释"的黄金就不下十万两，如果符合实际的话，这一情况就很惊人。

宋人佚名《歌乐图》局部。

值得注意的是，黄升墓服饰中，还有一种"洒金印花"的工艺：

> 将镂空花版贴在熨平的织物面上，用掺有色彩的胶粘剂刷印花纹，取去花版后，在花纹上洒以金粉，待其干后，抖去无粘着的多余金粉，即成洒金花纹。（《福建南宋黄升墓》，127页）

该墓所出、编号263号的一件褶裥裙，就用这一工艺印出"双凤穿牡丹纹"。据介绍，印花洒金工艺"和凸版印花相比较，花纹线条较粗犷，色彩较浓，有较强的立体感"。但是，宋代文献中似乎并没有出现"洒金"一词。这一工艺在宋时如何称呼？是否即为宋代文献中频繁提及的"销金"法呢？实在让人非常好奇。

参考文章：
《髹饰录解说》"金""金髹"二条，王世襄著，文物出版社，1983年，76—79页。

◆ 金缕衣 ◆

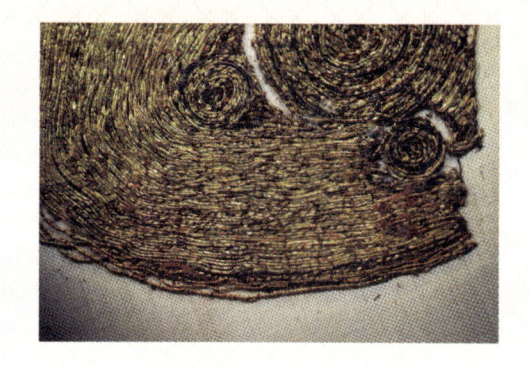

一

唐代诗词中,"金线""金缕""缕金"这些词汇出现的频率惊人,金线,才是装饰女性衣裙的最主要力量。

用金线、银线在衣服上绣花,到近世都还流行,如《红楼梦》中最多见的就是绣金衣裳,什么"玫瑰紫二色金银鼠比肩褂""葱绿盘金彩绣绵裙",等等。因此,我们对于唐诗中屡屡提到金线,就有见怪不怪的感觉。但是,唐人怎么就能有黄金做的线;黄金是硬质的金属,怎么就可以化身成细线,在衣服上"绣"出花纹,这是值得追问的话题。

法门寺地宫中入藏的服饰、丝织品数量惊人,只可惜大部分出土时已经炭化,相关的清理工作还在进行之中。幸运的是,其中有少量织物状态尚好,在这些幸存的织物上,金线的运用是很突出的现象,并且所使用的金线都是捻金线。这是一个至关重要的发现,唐代捻金线的出土,为文学中大量金线服饰描写的可信性提供了坚实的技术基础。

捻金线,是金线技术成熟的标志。要把黄金做成"线",一

金缕衣 / 403

定得经过大致几个步骤：把黄金打成极薄极薄的金箔，薄到见风就化的程度；把金箔裱到羊皮或纸上，一般叫"羊皮金""皮金"；裱好的金箔，经特殊的技术切成细长的金线——在这一步骤制出的金线，因为是直接切割金箔而成，呈扁平状，所以叫"片金线"。把丝线作为"芯"线，涂上粘胶，然后把片金线螺旋地向"芯"线上逐渐缠绕，使片金线围绕着这丝线缠紧、粘牢，就形成了"捻金线"。"捻金"之名，正得自其"捻绕"的工艺。这样做出的金线是圆形的，所以也叫"圆金线"。今日所见关于捻金线的最早记载，见于《宋史·舆服志》：

唐代的片金线。（青海都兰唐墓出土唐代龟甲纹织金锦带）

清代的捻金线。（北京艺术博物馆藏）

（大中祥符）八年，诏："内庭自中宫以下，并不得……金线捻丝装著衣服，并不得以金为饰。……"

宋辽金出土服饰中，也多有捻金线的绣品或织金锦，因此，过去比较确定的是，捻金线技术在宋代已经非常成熟。但是，法门寺的发现，把这一技术的成熟年代大大提前，提前到了唐朝。法门寺织物上的捻金线非常纤细，直径仅 0.01 厘米左右，比人的头发丝还细，制造工艺非常高超。这样的工艺成熟度，绝不是一朝一夕就能达到，所以说，在此之前，捻金线技术必定已经有了很长一段发展历史。

金线制作技术，似乎最早是从西域传入中原。西汉时代，桓宽《盐铁论》"散不足"篇中，就谈道："中者罽衣金缕。"其上下文是谈古今使用毛皮服饰的风气之变，照文中的说法，在西汉中期，中等富裕的人家就时兴穿闪烁金缕的"罽衣"。罽是指当时流行的一类毛织品，主要产自西域。罽衣饰以金缕，很可能是西域地区的服饰习惯，被引入中原之后成了时髦。《后汉书》"西域传"记大秦国的风俗，在其国的特别出产中，列有："刺金缕绣，织成金缕罽、杂色绫。"在汉代人的概念里，用金线刺绣、织锦罽，是遥远神秘的大秦国（罗马）的长技，这说明，在那个时候，用于绣、织的金线，对汉代人来说还比较神奇。到南北朝以后，文献中关于金缕线的记载就比较频繁了。至于这些时代所言的金缕是什么样的金线，捻金线是何时出现，其技术是异域传入还是在本土诞生，这些重要问题都还有待进一步研究。

法门寺出土丝织物上的捻金线，至少是解决了关于唐代"金缕"的旧有疑问。在捻金线产生之后，片金线也继续存在了很长时间，直到明代，还常用片金线直接上织机，作为织金锦的纬线之一种。从成品效果来看,片金线比较容易断碎,掉下星星细屑。捻金线要比片金线更结实,小心拿在手里,一般不会断,也不会掉金屑。在唐代,织金锦的生产与使用都很有限,所谓"金缕衣""金缕裙"绝大多数都是采用刺绣方式完成,这在唐代诗词中交代得相当清楚:

> 何处游女,蜀国多云雨。云解有情花解语,窣地绣罗金缕。(韦庄《清平乐》)
> 锦浦,春女,绣衣金缕。(韦庄《河传》)
> 愁倚锦屏低雪面,泪滴绣罗金缕线。(魏承班《玉楼春》)
> 翡翠黄金缕,绣成歌舞衣。(李白《赠裴司马》)
> 珠帷怨卧不成眠,金凤刺衣著体寒。(李贺《十月》)
> 妾有绣衣裳,葳蕤金缕光。(张潮《长干行》)
> 朝参暮拜白玉堂,绣衣著尽黄金缕。(陈羽《古意》)
> 红楼富家女,金缕绣罗襦。(白居易《秦中吟》"议婚")
> 绣凤不教金缕暗,青楼何处有寒砧。(司空图《洛中》)
> 罗衫叶叶绣重重,金凤银鹅各一丛。(王建《宫词》)

用金线刺绣,人手与金线接触的机会比较多,片金线恐怕很难在这种接触中不断不碎。目前,似乎还没有看到用片金线刺绣的情况。宋词中就明确提到用捻金线刺绣的事实,如王安中《蝶恋花·梁才甫席上次韵》:"翠袖盘花金捻线。"蔡伸《感皇恩》："捻金双合字，无心绣。"唐代"金缕"衣裙那般盛行，恰恰应该与捻金线技术的成熟有关。

二

法门寺文物中，在盛放捧真身菩萨的漆盒底部，出土了五件绛红罗地"金缕"明衣。所谓"明衣"，是仿照实物制作的袖珍服饰、用具"模型"，法门寺的这套"明衣"，显然是奉献给同出的捧真身菩萨——按衣物帐中的记录，应称为"珍珠装银金花菩萨"。这套明衣历经千年，奇迹地完好留存下来，红罗色依然鲜浓，捻金线绣花的图案也是光辉闪闪，把唐代金缕衣的灿烂奢侈一直传递到了今天。

这套明衣共五件，分别是：夹"半臂"、夹裙、袈裟、案裙、拜垫。

所谓半臂，也就是袖子半长的短袖衣，是初唐女性最常穿的上衣形式之一，一般是套在长袖衫外。五件明衣是作为珍珠装银金花菩萨的附属物一起放入漆盒，所以在衣物帐上没有记载。将所出的这件上衣模型判名为半臂，是研究者们根据唐代壁画、文献记载，认定其形制与壁画上、文献中的"半臂"相合，所以给予了这一定名。然而，有一个明显的事实是，从唐代艺术表现来看,"半臂"这种衣服只是在初唐女性中盛行,一入盛唐,地位便逐渐式微,到中唐之后,更从女服流行款式中失踪。另外,即使在初唐,半臂最风光的时代,它也是作为平民妇女、下层妇女的常装,并非贵族女性的正式服装。明确的记载见于《新唐书·车服志》:

> 公服者,常供奉之服也。去中单、蔽膝、大带,九品以上大事、常供奉亦如之。半袖裙襦者,东宫女史常供奉之服也。

太子东宫的宫人的日常服装,连"公服"也不配穿,只能穿"半袖、裙、襦",半袖,就是半臂的另一种称呼。在唐代艺术中,内穿长袖衫(襦)、外罩短半臂(半袖),下束长裙的女性,也确实多为宫女、女侍、歌舞乐妓、村妇等身份。诚心奉送给菩萨像的服装,何至于要送一件下层女性的寻常衣服呢?更何况,在法门寺诸宝入藏的时代,半臂早已从女服中淘汰多年,供奉者怎么会想到按照一种早被人忘记的衣式来做明衣?

有一种可能是,这件明衣,是在模仿晚唐时代贵族女服的主要上衣形式——"披衫""披袍""披袄子"。法门寺衣物帐中,记载有"可幅绫披袍五领,纹縠披衫五领"。这一记载,与《花间集》、和凝《宫词》等晚唐五代作品描写的女服上衣形式相吻合。关于何为披衫,唐人刘存《续事始》说得清楚:"《实录》曰：披衫，盖从褕翟而来，但取其红紫一色，而无花彩，长与身齐，大袖，下其领，即暑月之服。"披衫是从贵族女性的礼服"褕翟"而来，其特点是，采用或红或紫、单一色彩的衣料，这衣料讲究的就是艳丽的红紫单色，不带五彩花纹；是长衣，其长度几乎等于整个身长；袖子宽大；"下其领"一句的意思不太好掌握，我个人的理解是，指这种服装采用直领对襟形式，领口向下垂直延伸，转变成两条直襟；披衫在夏季穿着，属于热天的避暑服装。

满足《续事始》所列披衫的全部条件的服装形式，就出现在《簪花仕女图》中。在这卷画上，除了小女婢外，其他几位女性的上衣，都采用没有彩色花纹的单色轻罗，衣长几乎垂至足部，袖子阔大，直领对襟，而且采用半透明的轻罗衣料，肩臂的轮廓从罗色中隐约透露出来，显然是夏季的避暑之服。此外，五代后周显德五年（958）冯晖墓中，壁画里的女侍与砖雕中的乐伎，所穿上衣样式与《簪花仕女图》的表现完全一样，只是袖子没有宽大到《簪花仕女图》中那样夸张的地步而已，这是一个有力的证据，证明《簪花仕女图》中的长衫形式，是晚唐、五代流行的衣式。实际上，在同时期的其他艺术品中，这一衣式也频频露面，说明该衣式在当时十分流行，《簪花仕女图》表现的上衣，既非艺术家的凭空发挥，也不是偶尔出现的孤例。

法门寺衣物帐中记载，当时入藏的恩赐衣服为"纹縠披衫五领"。"縠"当为"縠"字之误，縠是绉纱，一种采用特殊工艺，表面起松紧皱纹效果的薄纱；"纹縠（縠）"即织有暗花纹的绉纱。縠作为纱的一种，非常轻薄，在唐代是夏天服装的衣料，白居易就有《寄生衣与微之，因题封上》一诗，说：

> 浅色縠衫轻似雾，纺花纱袴薄于云。
> 莫嫌轻薄但知著，犹恐通州热杀君。

他怕元稹在通州被暑热搞坏了身体，所以特意寄去"轻似雾"的"浅色縠衫"。没想到元稹答以《酬乐天寄生衣》，告诉他说：

> 秋茅处处流疲疟，夜乌声声哭瘴云。
> 羸骨不胜纤细物，欲将文服却还君。

当时通州正闹瘟疫，元稹怕自己一向就弱的身子骨扛不住，友人好意送来的夏装，是"纤细物"，太薄，元稹不敢穿。这一赠一答的诗，把縠衫的特点说得再清楚不过：非常薄，非常轻，用作夏服。出现在法门寺衣物帐中的"披衫"为"纹縠"，也就是高档薄纱衣料，这与文献中相关"披衫"特点的记载吻合，与《簪花仕女图》中的表现也相符。法门寺出土的唐服实物严重炭化、结块，不知揭取工作最后会得出什么样的结果。不过，从前引各种资料来看，几乎可以肯定，纹縠披衫，就是《簪花仕女图》中表现的那一上衣样式。

　　法门寺出土金缕上衣"明衣",其样式与《簪花仕女图》的上衣,与《续事始》所给出的披衫样式,完全一致。甚至,就其采用大红单色罗衣料这一点来讲,都与《续事始》的记载惊人相合。不过,法门寺出土金缕上衣"明衣"虽然采用罗料,但其内缝有绢里,是一件夹衣。因此,严格来讲,这件衣服与《簪花仕女图》中的透明薄罗上衣不同,不属于夏服。在唐代,春秋的服装中,采用罗料为面、内衬绢里的夹衣占很重要的地位。正如法门寺衣物帐所显示,当时与披衫并行有一种衣式,

《簪花仕女图》局部。

叫"披袍"。和凝在一首《临江仙》中咏道："披袍窣地红宫锦，莺语时啭轻音。"披袍的衣料是彩锦，比纱罗厚重，当然适合更冷的天气。同一作者在其一首《宫词》中就明确地交代：

> 云行风静早秋天，竞绕盆池蹋采莲。罨画披袍从窣地，更寻宫柳看鸣蝉。

直言披袍的穿着季节是秋天。一诗一词中都强调披袍非常长，甚至衣裾一直垂到地上，说明其形式与披衫一样，都是长衣。法门寺衣物帐中记"可幅绫披袍五领，纹縠披衫五领"，披衫用夏天的衣料薄绉纱，披袍用质地相对厚密的绫，所有这些线索似乎可以推出一个结论：披衫有一个春秋版，就是"披袍"；披袍与披衫在样式上完全一样，但采用不同的衣料，是春秋季节的服装。

实际上，从目前所掌握的图像资料来看，晚唐、五代贵族女服上衣一律都是直领对襟的形式。其中又以长上衣为主，这直领对襟的长上衣样式，到宋代还发展为"背子""大衣（大袖）"，成为中原女性无分贵贱统一采用的衣式。因此"披袍"作为当时寒冷季节使用的长外衣，只可能是直领对襟的形式，也就是说，与披衫的形式一致。因此，法门寺出土金缕上衣"明衣"作为一件夹衣，只能是披袍，不太可能有其他的名目。可以说，法门寺出土金缕上衣"明衣"，是具体而微地再现了晚唐、五代"披袍"的形象。但要顺便说一句的是，"罨画披袍"中的"罨画"是彩画、富有纹彩的意思；"披袍窄地红宫锦"，锦的特点就是有丰富的彩色花纹，因此，披袍在纹彩风格上也与披衫不同，讲究采用带彩色花纹的厚面料。金缕上衣"明衣"通身绣满折枝花朵，可能就是在模拟披袍遍体花彩的特色。

与这件金缕"披袍明衣"同出的还有一件金缕夹裙明衣，如果把二者视为一套上衣下裙的话，二者的比例也很说明问题。夹裙下摆宽 11.6 厘米，身长 7.2 厘米。金缕披袍衣长达 6.5 厘米，仅比夹裙在身长方面短不到 1 厘米。如果按照其与夹裙的长度比例来看，这件上衣的身长并不短，绝不是初唐半臂那样的短小服装。

还要考虑到，唐代女性，包括晚唐女性，常常是把裙腰高束到腋下，裙腰就在齐腋的地方，有时，裙腰的位置会下移一点，至多也只是低移到乳房下沿为止；另外，裙下摆还要在地上拖垂一截，如此，裙子的长度就相当可观。在这样的情况下，金缕披袍明衣与夹裙明衣在衣长上 6.5∶7.2 的比例，就更显示前者是长衣，并非短小的半臂。如果按照两件明衣的比例加以实际放大的话，假设一位身高 150 厘米的女性，她当胸系一条长裙，为 130 厘米长（实际应该更长，因为要有长长一段裙裾拖在地上），按比例计算，金缕披袍明衣所对应实物的长度就为 117 厘米左右。（南宋末年黄升墓中出土的宋代贵妇所穿"大衣"和"背子"，衣长在 110—130 厘米，与此假设衣长接近。）

| 金缕披袍明衣。(法门寺出土)

| 金缕裙明衣。(法门寺出土)

金缕披袍明衣通袖长（两袖平展之后，袖口间的长度）为14.1厘米，按照上述假设比例，所对应实物的通袖长就达254厘米左右。如此尺寸的通袖长度并不足怪，明代定陵出土两位皇后的上衣，就有几件的通袖长度在230—260厘米，说明古代贵妇服装的袖长确实可以相当夸张。（南宋黄升墓出土"大衣"，通袖长最宽仅为186厘米。）如果把这件金缕上衣按实物比例放大，则袖口宽度也相当惊人。不过，这正是晚唐披衫、披袍的特点，袖子以宽大为美，从《簪花仕女图》、唐人佚名画作《引路菩萨像》等艺术品中都可以直观地看到这一特色。

夹裙明衣的下摆宽11.5厘米，裙腰长16.5厘米，按照上述假设比例，则对应的实物下摆宽达207厘米，裙腰长297厘米。裙下摆长达两米余，在古代女裙中也不算惊人，还举明代的例子，定陵出土"织金八宝纹罗裙"，下摆就宽达213厘米。至于裙腰的长度按比例放大后显得很夸张，是因为夹裙明衣的裙腰两侧各延伸出一段，象征着系裙的裙带。实际的情况是，唐代女性要把裙带在裙腰上缠绕一到两圈，以便把裙腰系牢，所以裙带非常之长。

以上列出一串烦琐的假想尺寸，无非是想证明，这套明衣虽然并非真正使用的服装，但基本是按照真实服装的实际形制加以缩小，大致不离谱。按照这套明衣的比例、形制等各方面来看，其中的金缕上衣模仿的是晚唐、五代流行的长上衣——披袍，而非初唐的小短罩衣——半臂。

因此，呈现在今人面前的，正是一套晚唐豪华女服的袖珍版：那时有地位的女性就是当胸系一条长裙，然后外披一件长披衫或披袍。这里唯一缺席的是一件抹胸，在实际的着装中，这件抹胸围在女性的胸背间，下缘掖入裙腰内。抹胸、长披衫、长裙，是当时女服的标准"三件套"。

弄清了这一情况，根据法门寺出土金缕披袍明衣，再参考《簪花仕女图》，我们就不难想象和凝《天仙子》中描写的女性形象：

> 柳色披衫金缕凤，纤手轻拈红豆弄。翠蛾双敛正含情，桃花洞，瑶台梦，一片春愁谁与共。

词中美人手里把弄着代表相思的红豆，满怀情思。她身上一袭长大的披衫，正像法门寺出土的金缕披袍明衣一样，布满金线绣的花纹。不同的是，她这件披衫不带衬里，是单衣，衣料是半透明的纱罗，染成娇嫩的浅绿色（"柳色"）。这浅绿轻纱上，金线盘绣的凤凰纹闪闪烁烁，从金纹与绿纱色里，隐约映现出她肩臂的肌肤嫩色。

正如前面谈到的，披衫、披袍，是当时有闲阶级女性最日常的上衣式样，所以，《花间集》中对于"金缕衣"的描写，差不多都可以按照这一思路去进行想象。其中，李珣的一首《浣溪沙》，描写的美人形象与《簪花仕女图》中的仕女惊人地相像：

晚出闲庭看海棠，风流学得内家妆，小钗横戴一枝芳。镂玉梳斜云鬓腻，缕金衣透雪肌香，暗思何事立残阳。

她在黄昏时分到庭院中玩赏海棠，采用了"内家妆"的时髦打扮，头上簪着一枝鲜花。《簪花仕女图》中的仕女也是在头上簪着大朵的鲜花，其中恰恰有一位手持一朵红花，在玩赏花朵。与画上不同的是，词中美人头插镂花玉梳，披衫上满是金线绣的花纹，不过这披衫也像画中一样轻薄，使她雪一样的娇肤都隐现出来。

《簪花仕女图》局部。

三

金缕披袍明衣虽然尺寸不大,但是制作一丝不苟,非常到位。衣领是用捻金线勾界而成,饰以捻金线盘成的云纹;衣面上则满布捻金线盘成的折枝花,非常生动。《花间集》中多有"罗衣金缕"一类的描写,在这件明衣的金光照耀下,这些描写都变得明白如话。披袍明衣上的朵朵金缕折枝花纹,也让我们明白,何以美人们伤心哭泣的时候,金线会遭池鱼之殃:

> 烟雨晚晴天,零落花无语。难话此时心,梁燕双来去。琴韵对薰风,有恨和情抚。肠断断弦频,泪滴黄金缕。(魏承班《生查子》)

因为金线的花纹就闪耀在前襟上:

> 少年何事负初心,泪滴缕金双衽。(魏承班《满宫花》)

也盘绕在双袖上:

> 魂断晚窗分首,泪沾金缕袖。(孙光宪《应天长》)

法门寺金缕披袍明衣的金线装饰还有一个特色：不仅领边、襟边、袖口边、裾边用金线加以勾勒，而且，袖口下方的衣料合缝处也饰以双道金线。同样地，双道金线还蔓延在两侧腋下的开衩的边缘。由于古代丝织品的幅宽有限，两只长袖必须各接缝一段袖筒，明衣上，在相当于这一接缝的地方，一样绣有双道金线。明衣上的这一装饰手法，也完全是依据当时实物服装的作风而来，有现实的出处。

南宋黄升墓出土服装中的几件大衣、背子，就是用金泥、贴金、彩绣"花边"，缝缀在上衣的领、襟、袖缘及下摆边缘、胁下开衩的两侧。在四件正式礼服——大衣上，恰恰也是大袖的下侧、衣料缝合处镶有一道金色花边。这些大衣上的袖筒接缝处，一样饰有一道金色花边。（参见《金泥衣》一文）南宋时期的这几件大衣上金色花边的运用方法，与法门寺披袍明衣对双股金线饰边的应用，完完全全一致，没有分毫差异。这是多么令人震惊的事实啊。

这一事实说明，如黄升墓大衣那样，用金色饰带装饰长上衣的所有边缘、所有接缝，作为一种服装装饰手法，最迟在晚唐就时髦成风了。这种金色饰带遍体纵横的华丽上衣，从晚唐到南宋末年，至少盛行了三百多年。

黄升墓大衣上的金色饰带，均采用贴金、泥金加彩绘手法。法门寺披袍明衣的区别，是用金线绣成道道饰带，而这一手法恰恰解释了李清照的词意：

> 暖日晴风初破冻。柳眼梅腮，已觉春心动。酒意诗情谁与共。泪融残粉花钿重。　乍试夹衫金缕缝。山枕斜欹，枕损钗头凤。独抱浓愁无好梦。夜阑犹剪灯花弄。(《蝶恋花》)

春天来了，日子转暖，女词人脱下棉衣，改穿上春天的夹衣，试试看是否可以摆脱冬装。这件春天的衣裳，所有的边缘，所有的接缝处，都被金线绣花形成的饰带点缀得金影浮动。它是夹衫，它遍绣金线，它必然是黄升墓所出宋代豪华女服——大衣、背子的样式，而大衣、背子与披袍样式一致，因此，李清照的这件春裳，一切的特点都与法门寺出土金缕披袍明衣相符合。或者，不如说，词中所谈的金缕夹衫，就通过这件小小的明衣，直接跃现到后人眼前。我们的女词人，在成为一个文学家之前，首先是一位贵妇人来着。

四

法门寺所出的绛红罗金缕夹裙明衣，让这样的唐人诗句变得无比直观：

> 玉京初侍紫皇君，金缕鸳鸯满绛裙。（杨衡《仙女词》）

夹裙明衣上正是绣满金线云纹，偶间以山纹，出土物与诗作对照，互证了彼此的诚实：那时候的金缕裙，确实是在裙面上遍布金线绣纹。

夹裙明衣上，还用捻金线勾勒出一道道褶裥的界线。宋人贺铸《菩萨蛮》中，恰恰有这样的句子：

金线绣始终是重要的服饰装饰手段。到了清代，人们还利用黄金成色的不同，制出颜色深浅不同的金线。由此，同一片刺绣花纹中、不同色泽的金线会产生微妙的对比。这件清代垫套，就是采用了"二色金"的绣法。

金缕衣 / 421

> 绛裙金缕摺,学舞腰肢怯。

说绛红色的裙子上,一道道褶裥都用金线来勾边。古代女性的裙子一般都做成"百褶裙"的式样,裙上叠出多道褶裥,最华美的百褶裙,则会用金线装饰褶裥的边缘。这一做法在明末清初登峰造极,发展出所谓"月华裙""凤尾裙":

> 裙式,以缎裁剪作条,每条绣花,两畔镶以金线,碎逗成裙,谓之"凤尾"。(清人李斗《扬州画舫录》卷九)

把不同颜色的彩缎裁剪成细长条,每一条上都精心绣花,然后,在细条的边缘用金线勾边。把这样一条条不同色地的绣花长条拼缝在一起,让百褶裙上的每一道褶裥都彼此颜色不同,并且金线闪闪,是清初女裙最华贵的式样。

如果留心文献的话,不难得出这样的印象:唐代女性的华裙,其装饰的绚烂、奢侈,比起清代凤尾裙来,实在是有过之而无不及。另外,唐代女性不缠足,走起路来灵活轻捷,不怕踩到裙子上绊跟头,所以,裙子一直都很长,要在地上长长拖出一段裙裾,才算时尚。于是,女性所过之处,就会有绣满金线的裙裾逶迤拖拽在地:

> 玉殿春浓花烂漫,簇神仙伴。罗裙窣地缕黄金,奏清

> 音。（毛文锡《恋情深》）
> 云解有情花解语，窣地绣罗金缕。（韦庄《清平乐》）
> 丛头鞋子红编细，裙窣金丝。（和凝《采桑子》）

裙子在寒冷季节有夹裙、绵裙，但是，暑热天的轻纱罗裙会非常薄、透：

> 瑟瑟罗裙金线缕，轻透鹅黄香画袴。垂交带，盘鹦鹉，袅袅翠翘移玉步。　　背人匀檀注，慢转娇波偷觑。敛黛春情暗许，倚屏慵不语。（顾敻《应天长》）

罗裙可以薄得隐现出内里的长裤。这样一件薄罗金缕裙，促使词人描写出了一个非常妩媚天真的艺妓形象：宝石蓝色的薄罗裙布满金线绣花，有五彩花纹的鹅黄色彩裤在蓝罗色中半隐半现。她拖着金缕长裙走动起来，交结在身前的裙带轻轻荡动，抹胸上的五彩鹦鹉图纹随着披衫两襟的飘动而时隐时现，头饰上高翘的翠羽更是颤个不住。这样的装扮本来就够撩人，这位艺妓还用娇憨的神态，有意无意地拨挑着旁人的心弦：她背转身去补口红，同时，忍不住转着眼波偷偷地、好奇地打量她感兴趣的陌生人。过一会，不知怎么闹起心事来，她忽然收起了这副活泼的情态，倚在床屏上独自出神，不理人了。《花间集》中很多作品彼此内容重复，境界也不高，但都写得很有神气，在大无聊中翻出小新意,也是一绝。

法门寺夹裙明衣的裙腰上布满金缕云纹,原来这也是那时的时髦:

> 瑟瑟罗裙金缕腰,黛眉隈破未重描。(和凝《杨柳枝》)

隋唐女性都把裙束得很高,裙腰的位置高可齐腋,最低也在乳房下沿处,但从来不会下滑到腰间。这样做的目的,是让人显得身形颀长、挺拔,遮掩起中国女性腰长腿短的缺陷。如此一来,裙腰就横在当胸的部位,很惹眼,当然就成了装饰的重点。因为裙腰的位置突出,所以唐代还流行过宽裙腰:

> 东邻起样裙腰阔,剩蹙黄金线几条。(孙棨《题妓王福娘墙》)

"阔"裙腰,更成了金线大显身手的舞台。用银线装点裙腰,也很流行:

> 裙腰银线压,梳掌金筐蹙。(白居易《和梦游春诗一百韵》)

另外,法门寺夹裙明衣的裙腰两端各延伸出一截,象征裙带,其上同样布满金线绣。事实是,唐人甚至在细细的裙带上也不惜破费:

> 轻转石榴裙带，故将纤纤玉指，偷拈双凤金线。（欧阳炯《贺明朝》）
> 罗带重，双凤，缕黄金。（顾敻《诉衷情》）
> 罗带缕金，兰麝烟凝魂断。（顾敻《酒泉子》）
> 薄妆桃脸，满面纵横花靥。艳情多，绶带盘金缕，轻裙透碧罗。（欧阳炯《女冠子》）

唐裙的裙带要在裙腰上牢牢缠绕一圈，然后交系在胸前，两端长长地垂下。所以，女性总会有一对裙带垂在身前，很吸引人的注意力，当然不能忽视。石榴裙带，也就是红裙带，在《捣练图》中就有描绘，是一对细而长的窄带。在这样的窄带上绣金线双凤纹，也真不怕费功夫。不过，古代服装长期不配备衣袋，唐代女性就把随手要用的小物件拴在裙带上，什么零花钱、镜子、梳子、手帕、小盒小袋，乃至红豆之类的定情物，都是裙带上的常客：

> 同心带里脱金钱，买取头花翠羽连。（施肩吾《少女词》）
> 罗带惹香，犹系别时红豆。（温庭筠《酒泉子》）
> 鹤绫三尺晓霞浓，送与东家二八容。罗带绣裙轻好系，藕丝红缕细初缝。（徐夤《尚书筵中咏红手帕》）

因此，裙带对于女性来说可不是只起固定裙子的作用，而是非

纹饰精美的裙腰。(《捣练图》局部)

石榴裙带。(《捣练图》局部)

唐代女性也会把裙带系结在背部,让两端长垂在身后。另外,还可以在身体两侧的裙带上再系一对长绶,绶带穿挂玉佩,打出花结。随着女性的行动,裙带与长绶一起微微荡动,玉佩叮铮作响。(山西运城唐薛儆墓石椁线刻画局部)

常亲切、重要的存在,甚至仿佛身体的一种延伸,怎能不加以善待呢。

关于法门寺出土的五件金缕明衣,可以品味的东西还有很多。比如,金缕袈裟明衣,再现了唐代文献中"金缕袈裟""金襕袈裟"的风华:

> 金缕袈裟国大师,能销坏宅火烧时。复来拥膝说无住,知向人天何处期。(卢纶《送昙延法师讲罢赴上都》)

金缕拜垫、金缕案裙则显示出,在当时的居室"布艺"装饰中,金线的角色无比活跃:

> 别起芙蓉织成帐,金缕鸳鸯两相向。(张说《安乐郡主花烛行》)
>
> 红泥椒殿缀珠珰,帐蹙金龙窣地长。(和凝《宫词》)

五

金线毕竟不像丝线那样纤细、柔软,也就不可能像丝绣那样"穿针引线"。所谓"金线绣",实际是把金线按照花纹的要求,平铺到丝织物表面上,然后用穿有丝线的针,沿着金线隔一小段距离钉一针,一针一钉地,用丝线把金线固定住。如今,这种绣法称为"钉金绣"。金缕明衣上的金线,就是如此固定在绛红罗面上。唐诗中形容女性用金线刺绣时,会用一个动词"压",有时写作"押",或许就与这一具体的工序有关:

> 苦恨年年压金线,为他人作嫁衣裳。(秦韬玉《贫女》)
> 恰值小娥初学舞,拟偷金缕押春衫。(司空图《杨柳枝寿杯词》)
> 裙腰银线压,梳掌金筐蹙。(白居易《和梦游春诗一百韵》)

压或押,大约是指引针在金线上一路缝线,用丝线把金线"压"住的技术动作。

传统刺绣中,运用金线的绣法很多。比如法门寺出土丝织物残件上就有"圈金"针法,先用彩色丝线绣出花纹,然后沿着花纹的边缘钉一圈金线,给彩绣花纹勾出金色的轮廓。金缕明衣则主要使用了"盘金"手法。盘金,是用金线在丝织物表面一圈圈盘绕,用一层层金线密排在一起的方式,形成整片金色花纹。这种方法可以随意"盘"出所需要的任何花纹,花纹面积可大可小,完全呈金色,效果之灿烂,金缕明衣就是最好的例证。在金线绣中,盘金是主打的绣法,所以唐诗中也不可避免地会涉及:

> 妾家基业薄，空有如花面。嫁尽绿窗人，独自盘金线。（于濆《越溪女》）
>
> 艳情多，绶带盘金缕，轻裙透碧罗。（欧阳炯《女冠子》）
>
> 灯前飞入玉阶虫，未卧常闻半夜钟。看著中元斋日到，自盘金线绣真容。（王建《宫词》）

说到盘金，就不能不谈到唐代文献中一个关于金线绣的专业词汇"蹙金"，谈到杜甫那著名的诗句：

> 绣罗衣裳照暮春，蹙金孔雀银麒麟。（《丽人行》）

十分惊人的是，法门寺衣物帐中记有："重真寺将到物七件：袈裟三领，武后绣裙一腰、蹙金银线披袄子一领……"

"蹙金银线披袄子"这一名称，实际解释了"蹙金孔雀银麒麟"一句的意思：彩绣的罗衣上，有金线的孔雀纹，与银线的麒麟纹。由于对唐代生活情况不了解，后世的人容易对唐诗中的种种瑰丽描写产生怀疑，觉得是才子们在夸张。但是，近年大量的出土实物还了诗人们一个清白，让我们不得不承认，在很多情况下，他们非常老实，有啥说啥。问题出在我们，像初进大观园的刘姥姥一样，啥都没见识过，所以唐人说的一切都显得不可思议。杜甫笔下的这句"蹙金孔雀银麒麟"，不过是顺手把当时日常通行的服饰用语直接写下来而已，实际是一句大白话，就像今天哪位诗人把"闪片珠花裙"这样的时髦词写进诗里一样。

欧阳炯的一首《贺明朝》中也提到"蹙金"：

碧罗衣上蹙金绣，睹对对鸳鸯，空裹泪痕透。

明白无误地指明蹙金是一种刺绣手法，"蹙金银线披袄子"更具体说明是用金线、银线刺绣。法门寺衣物帐中还提到"蹙金鞋五量"，文献中也屡有提到蹙金的情况，蹙金显然是当时很重要的一种绣法。但是，具体是什么样的绣法呢？也许，法门寺丝织物的清理工作最终会给我们准确的答案。在目前，研究专家们一般都认为，唐时的"蹙金"就是指盘金绣，是否确实如此，唯有等待法门寺文物清理研究的最终结论。

唐代盘金绣蝴蝶花卉残片。（法门寺出土）

在法门寺出土丝织品中，有一小片珍贵的盘金绣蝴蝶残片，出土时金线盘绣成的图案仍然光芒闪烁，基本保持了当初的状态。可以看到，这一蝴蝶纹完全靠细细金线一道道排列而成，不仅外形生动，而且翅上布满富于装饰味的大小蝶眼，其中大蝶眼也是用金线盘成，看去仿佛是一股股金线形成的涌潮在织物上奔流，并形成一个个旋涡，光线映照其上形成的反光效果变幻不定。绣蝶形象的灵巧，还显示出当时的金线绣如何敏锐地利用了花鸟画在写实性上的新成果，让绣针下的形象清新活泼，富有生命的动感。像这样用金线、银线盘绣出的花鸟小品，当初是普遍地闪亮在女性们的衣裙上：

罗衫叶叶绣重重，金凤银鹅各一丛。（王建《宫词》）

试问于谁分最多，便随人意转横波，缕金衣上小双鹅。（孙光宪《浣溪沙》）

在这一时期，写实精神备受推崇，艺术家对于飞禽走兽的写实能力达到很高的水准。（陕西礼泉唐章怀太子墓壁画）

金缕衣 / 431

参考文章：

《法门寺所出纺织品》，王亚蓉著，《文物》1988年第10期，26—28页。

《印染织绣工艺美术的光辉传统（下）》"织金技术的空前发展"一节，黄能馥著，《中国美术全集·印染织绣（下）》，文物出版社，1987年，1—3页。

◆ 红酥 ◆

一

有一种闺中的技艺，几乎已经被后人彻底遗忘。幸亏有和凝这样的男性文学家喜欢奶油甜食，个人的口味在其创作中不免有所流露，于是不自觉地留下了种种线索，也就让我们得以对一种已逝传统进行钩沉。

在归名于和凝的百首《宫词》中，有三首作品都谈到了那一时代很风行的一种甜食——"酥山"，其中之一谈道：

红酥点得香山小，卷上珠帘日未西。

直接言明，有染成红色的酥——红酥，用这样的红酥一样可以做成酥山。

《齐民要术》中专门介绍了"抨酥法"，据现代学者研究，按这一方法制出的"酥"，"即酥油，奶油，也叫黄油"，"与现在少数民族制黄油的传统方法基本相同"（《齐民要术校释》，贾思勰著，缪启愉校释，中国农业出版社，1998年，438页）。但

食案当中是一盘酥山。(长安南里王村唐墓壁画)

是,要特别注意的是,从"酥"在古典文学中所呈现的意象来看,这种从牛、羊、马、骆驼等乳汁中提炼出来的精华,不像今日常见的西式黄油那样呈黄色,而是表现为非常细腻的莹白色,这一点将涉及我们对古典文学中相关意象的领会,因此需要特别注意。

酥山,常常就用本色的白酥做成。因此,唐人王泠然《苏合山赋》中,形容酥山如同"雪岫""玉台","其色璀璨,灼烁皓旰"。制作甜酥食品,有着特殊的方法,古人常称之为"点",相关的技艺,也就称为"点酥"。如和凝的另一首《宫词》谈道:

> 暖金盘里点酥山,拟望君王仔细看。更向眉中分晓黛,岩边染出碧琅玕。

至于"点酥"的具体方式,据《苏合山赋》介绍:

> 味兼金房之蜜,势尽美人之情。素手淋沥而象起,玄冬涸沍而体成。足同夫霜结露凝,不异乎水积冰生。盘根趾于一器,拟崖萼于四明。

"素手淋沥而象起"——把酥加工得松软,甚至让酥近乎融化,然后,由女性握在手里,让酥不断从手中漏下,利用手

手捧酥山的宫女。(陕西乾县章怀太子墓壁画)

的巧劲，让酥在滴落的过程中形成造型。这多少让人联想到今天向蛋糕上挤奶油裱花的方法，也被称为"滴酥"或"沥酥"。和凝又在其《宫词》之一中谈道：

谁人筑损珊瑚架，仔细看时认沥苏。

古人常把"酥"写作"苏"，因此，这里的"沥苏"实为"沥酥"。一座红酥做成的酥山造型是那么巧妙，初一看让人以为是带有"残缺美"的珊瑚架，再仔细观察，才发现其实是用酥"沥"成的奶油甜食。

宋人孟元老《东京梦华录》"州桥夜市"中说，北宋东京夜市上冬天常卖的"杂嚼"也就是小吃之一，就是"滴酥"；《梦粱录》"夜市"条，也写南宋杭州城中，每夜"市西坊卖鲍螺、滴酥"；《武林旧事》"果子"中，则只列了"鲍螺"一名。但实际上，鲍螺，也写作抱螺、泡螺、鲍螺等，是用"滴酥"工艺制成的甜食之一种，因为造型独特，如同螺蛳而得名。《金瓶梅》第三十二回就写道，"李瓶儿与玉箫在房首拣酥油鲍螺儿"；第六十七回又写，月姐送给西门庆两盒茶食，其中"一盒酥油泡螺儿"。明人方以智《物理小识》卷六"饮食类"中"醍醐酥酪抱螺"条介绍，从牛奶中提炼出来的酥，"或少加羊脂，烘，和蜜，滴旋水中，曰泡螺。皆寒月造"。抱螺的制作在原理上与酥山基本相同：酥掺入少量羊脂，加热，拌入蜜，然后把一定量的甜酥滴到冷水中，在水中将酥加以拨旋，使酥形成螺旋的形状，并且在水中凝冻成形。应伯爵就赞月姐做的泡螺"上头纹溜就相（像）螺蛳儿一般，粉红、纯白两样"，说明是在制作中要用红酥、白酥两股绕在一起，形成红白两色的螺旋纹路，与今天双色火炬冰淇淋的顶头部分倒是有几分相像！

这样精巧的奶油食品，制作起来是需要一点技巧的，并不容易掌握。西门庆的六房妻妾中，只有李瓶儿会做，以至于西门庆见了月姐做的泡螺，还起了伤感："我见此物，不免又使我伤心，唯有死了的六娘，他会拣。他没了，如今家里谁会弄他！"应伯爵则以其一向擅长的粗俗打诨道："我头里不说的，我愁什么，死了一个女儿会拣泡螺孝顺我，如今又钻出个女儿会拣了。偏你也会寻，寻的多是妙人儿。"这一通话虽然低级，倒也透露出一个信息：对于古代女性来说，会制作泡螺这类奶油食品，意味着心灵手巧，会受到舆论的赞赏。

实际上，从古代文学中透露的丝丝线索，如"势尽美人之情""更向眉中分晓黛，岩边染出碧琅玕"等描写，都把这类造型讲究的甜酥食品，归为女性专门擅长的功夫。而在女性们的手下，"点酥"，或说"滴酥"这一技巧，向着工艺化的方向有着非常大的发展。点酥而成之物，渐渐不再是为了入口，而是变成了单纯的观赏品。在这一方面有个极端的例子，见于北宋李廌《师友谈记》"苏叔党言蒲澈妇惟以滴酥为事"：

> 苏过（叔党）言：其堂姊嫁蒲澈。澈，资政传正之子也。传正守长安日，澈之妇闭户不治事，惟滴酥为花果等物。每请客，一客二十钉，皆工巧，尽力为之者。只用一次。复速客，则更之。以次诸妇日夜滴酥不辍。

一个显宦之家，却以家中妇女善于"滴酥"制作"花果诸物"为自豪。请客时，每个客人面前都要设二十盘滴酥花果，只是作为欣赏的"看盘"，并不入口。像蒲家这样不遗余力地制作观赏性滴酥工艺品，当然属于过分狂热的情况。不过，在唐宋时代，用点酥工艺制作观赏性花果，其实是很普遍的情况。中唐时代的诗人王建，就在一首《宫词》中咏道：

> 两楼相换珠帘额，中尉明朝设内家。
> 一样金盘五千面，红酥点出牡丹花。

描写一次大型的宫廷活动中，陈设了式样完全一致的五千只金盘，盘中则是用红酥点成的牡丹花。

《武林旧事》卷三"赏雪"中讲述南宋宫廷赏雪的场面：

> 禁中赏雪，多御明远楼（禁中城"楠木楼"）。后苑进大小雪狮儿，并以金铃彩缕为饰，且作雪花、雪灯、雪山之类，及滴酥为花及诸事件，并以金盆盛进，以供赏玩。

为了皇帝与后妃赏雪，宫中要堆出大大小小的雪狮子，同时，还要用雪堆、雕成花、灯、山的造型，再用滴酥工艺制作出花以及其他造型的观赏玩意，雪与酥做的这些玩意，都盛在金盆里，摆设在御前。

二

明代泡螺的制作，是在冷水中加工出酥的造型，这与今日藏族手艺人制作酥油花的方式相近，不知二者之间是否有什么联系。唐宋时代，酥山、酥花等的做法，似乎并不借助冷水，而是制作人把酥不断地向一只盘子上滴淋，一边淋一边完成造型，所谓"暖金盘里点酥山"。因为一般都是在冷天制作，酥山、酥花迅速冷却，会凝冻在盘底上，"盘根趾于一器"正是对此的一种诗意描写。在今日所见一些唐宋传世佛教绘画上，每每可以见到盛放在浅盘中的供养花朵。如宋佚名《燃灯授记释迦文图卷》中，紧随在佛后的一位菩萨，手中捧一大盘，盘中明显有一朵硕大的牡丹花，配有四朵绿叶，推测起来，此处很可能是在表现"点"在盘中的酥制牡丹花。另外，如现藏法国吉美东方美术馆的一件唐代《供养菩萨立像》绢画中，供养菩萨手中捧一带足浅盘，盘中一朵娇艳的多瓣红花，配四片绿叶，应该也是在表现红酥点成的牡丹花。现藏英国的一幅《观世音菩萨立像》绢画，据画上题记，是绘于910年，正是五代时期，画中供养人恭敬地以双手捧一浅盘，盘中一朵六瓣红花，下衬绿叶；藏于法国吉美东方美术馆的一件《不空罥索观音菩萨坐像》绢画，创作年代在五代至北宋期间，画左下部分，一位供养菩萨同样双手捧一平底盘，盘内有一朵四瓣红花，配有绿叶。这些场景，很可能都是在表现红酥花朵。类似供养人或菩萨手捧四瓣或多瓣盘花的形象，在唐宋佛教绘画中实不鲜见，敦煌壁画中也不乏类似的表现，典型如著名的61窟五代曹氏贵妇行列中，女供养人们大多双手捧平底盘，盘中是各式各样的花朵。这样的描绘，完全符合在"金盘"中"红酥点出牡丹花"的文学记载，说明早在那个时代，人们就大量地制作酥花来作为佛前的供养，接近今日西藏佛寺中的做法。

当然，如《师友谈记》所言，这类点酥工艺品同样大量地用于美化日常生活。不过，只有宫廷借大型御用冰窖之力，可以在夏天也制作酥山这样的甜品。民间，做酥山、酥花，一般都只能在冬天制作，靠自然的低温状态来使酥凝定成型，所谓"皆寒月造""玄冬涸冱而体成"。也因此，在宋代，酥花就自然地成了冬季节日的应景装饰，特别是冬至这一天，普遍流行摆设酥花。有陆游《冬至》诗为证：

岁月难禁节物催，天涯回首意悲哀。……探春漫道江

手捧酥点红牡丹花的供养菩萨。（法国吉美东方美术馆藏唐代《供养菩萨立像》绢画局部）

绘画中的红酥花丰硕艳丽。（敦煌三六窟五代壁画）

梅早，盘里酥花也斗开。

朱敦儒也有《点绛唇》词云：

至日春云，万般祥瑞朝来奏。太平时候，乐事家家有。　玉指呵寒，酥点梅花瘦。金杯酒，与君为寿，只愿人长久。

石正伦《清平乐》描写一位巧慧的女性，也有"梅巧红酥滴"之句。有意思的是，从这些词作中可以发现，由于宋人爱梅，冬至（至日）这一天的应景"节物"，也变成了酥点而成的梅花。此外，陆游《朝中措》词云："冬冬傩鼓饯流年，烛焰动金船。彩燕难寻前梦，酥花空点春妍。""彩燕"是立春这一天必带的节物，从词意可知，立春这一天，人们也同样习惯于制作酥花来增添一分春色。黄庭坚则有《木兰花令》："新年何许春光漏。小院闭门风日透。酥花入坐颇欺梅，雪絮因风全是柳。"写初春时节的聚会，席上也有酥花来点缀。这一切都说明，在宋代的寒冷季节里，酥花总是宴会上重要的装点。

黄庭坚一句"酥花入坐颇欺梅"，是随手拈来的比喻，但是，却恰好反映了唐宋诗词中的一个有趣现象：人们制作酥花，本来是以假仿真，但是，显然是因为酥花的制作工艺高超，看去极其的娇嫩、凝艳，逗得诗人们在吟咏天然花朵的时候，纷

纷援引酥花来"说事儿",以增加说服力。如王建《同于汝锡赏白牡丹》:

> 月光裁不得,苏合点难胜。

说他见到的白牡丹,就是把月光裁剪成花片,也难以复制其莹洁;就是用白酥(苏合)点成的花朵,也比不上其冷妍。而白居易《玩半开花赠皇甫郎中》"八年寒食日池东小楼上作"则说:

在宴会的大案上,摆设有一盘盘假花,或许就是酥花点成。(宋·赵佶《文会图》局部)

> 勿讶春来晚,无嫌花发迟。人怜全盛日,我爱半开时。紫蜡黏为蒂,红苏点作蕤。

形容半开的花朵仿佛紫色蜡做成的花蒂,红酥点成的花瓣,玲珑精致。

按常理,酥一遇热就会融化,这一特点也为文人们提供了玩弄文字游戏的余地。如唐人皮日休的《樱桃花》:

> 婀娜枝香拂酒壶,向阳疑是不融酥。晚来嵬峨浑如醉,惟有春风独自扶。

写婆娑盛开的樱桃花,倒像是凝酥在阳光的沐浴下却不融化,娇妍而莹洁。他的一首《咏白莲》则形容挂着晶莹水珠的白莲花是:

> 向日但疑酥滴水,含风浑讶雪生香。

在宋人诗词中,以酥喻花的手法更加普遍,如文同《惜杏》诗:"北园山杏皆高株,新枝放花如点酥。"李石《南乡子》咏"十月海棠",则说:

> 十月小春天。红叶红花半雨烟。点滴红酥真耐冷,争

先。夺取梅魂斗雪妍。

在宋人这里，凡是红色浓重的花朵，都可以红酥喻。不过，宋词中，以红酥花喻梅最为普遍。这一比喻的流行，不仅由于宋人爱梅，也因为当时生活中常常见到红酥做的梅花，以致人们会产生"假作真时真亦假"的混淆感：

惨惨枯梢，初疑似、真酥点滴。见深红蒂萼，方认早梅消息。（吕胜己《满江红》）

大约宋时的点酥红梅花制作精妙，形神兼备，所以词人们甚至把天然梅花的开放，比喻为大自然的"点酥"功夫：

超然坐久，幽径试寻寒梅。酥点竹间稀，正疏蓓吐南枝。（曹勋《法曲（入破第三）》）
淡淡宫梅，也依然点酥剪水。（陆游《月上海棠》"成都城南有蜀王旧苑，多梅，皆二百余年古木"）

甚至干脆把新开放的梅花直接称为"红酥"：

日上南枝春有意，已讶红酥如缀。（李弥逊《清平乐》）
红酥肯放琼苞碎，探著南枝开遍未。不知酝藉几多香，

但见包藏无限意。(李清照《玉楼春》)

恰则小庵贪睡著,不知风撼梅花落。一点儿春吹去却。香约略,黄蜂犹抱红酥萼。(毛滂《渔家傲》)

在宋词中,以酥来比喻梅花,约定俗成地,成了通用的喻象,在咏梅的词作中常常出现。我们一般都以为,宋人赞咏梅花,只是一味强调其清、冷、傲、幽独的脱俗气质。但是,一旦弄清酥,特别是红酥的面目之后,再读以上作品,就会强烈感受到,这些词篇中的红梅花,在天寒地冻中绽吐点点浓艳,提前报春,在枯与冷的世界中,迸发出热烈与妩媚,是另一种意趣。可见,梅花给予宋人的心理感受是多重的,并不单一。不管怎么说,红酥点的梅花,原本是在模仿天然的真花,但是,词人们为了描写出真红梅的浓艳、动人,反而屡屡地把真花比喻成那假仿的酥花,酥花这样喧宾夺主,反"欺"了真梅,是很有趣的现象。

参考文章:
《酥·酥山·冰淇淋》,孟晖著,《万象》2000 年第 12 期。